GLÜCK Lebensadern unserer Erde
FELICITÀ Arterie Vitali della Terra
GELUK Levensaders van onze Aarde
BONHEUR Les Arteres Vitales de la Terre
HAPPINESS Life Lines Of Our Earth

六十余州名所図会
美濃 養老瀧
廣重筆
彫竹

GLÜCK
FELICITÀ
GELUK
BONHEUR
HAPPINESS

Lebensadern unserer Erde
Arterie Vitali della Terra
Levensaders van onze Aarde
Les Arteres Vitales de la Terre
Life Lines Of Our Earth

Dieses Werk dient der Förderung eines neuen kulturellen Empfindens gegenüber der Natur, dem gemeinsamen Erbe der Menschheit.
Obgleich in unserer Zeit die Technik immer mehr unser Leben zu bestimmen scheint, wird uns in steigendem Maß bewußt, daß alles Leben auf der Erde untrennbar miteinander verbunden ist. Dabei nehmen die „Lebensadern der Erde", also die Bäche, Flüsse und Ströme der Welt, eine herausragende Stellung ein. Denn ohne sie kann Leben nicht existieren.
Der vorliegende vierte Band der in der Kultur-, Sport- und Natur-Edition verlegten Natur-Reihe stellt uns in einer faszinierenden Weise Lebensadern des „Raumschiffes Erde" dar.
Der Mensch hat es heute in der Hand, eine gemeinsame Geschichte dieser Erde zu schreiben. Deswegen ist er in der Pflicht, sich in einem neuen Verständnis der Welt zu beweisen.
Dieses neue Denken setzt Wissen voraus und darüber hinaus das rechte Empfinden. Mit diesem Band wird versucht, beide Lebensbereiche in uns gleichermaßen anzusprechen, damit wir über die durch uns beeinflußte Natur und das Erkennen wissenschaftlich beweisbarer Fakten zu einem neuen kulturellen Empfinden gelangen können.
Wir danken den Käufern für ihr Interesse an diesen Zielen.

Roland Wolf
Herausgeber

La presente opera mira a promuovere una nuova percezione culturale nei confronti della natura, eredità comune dell'intera umanità.
Sebbene nell'era in cui viviamo la tecnica sembri influenzare sempre più la nostra vita, ci rendiamo anche conto, in misura crescente, che tutte le forme di vita esistenti sulla terra sono collegate tra loro in maniera inscindibile.
In questo contesto le "arterie vitali della terra", vale a dire ruscelli e fiumi, sia piccoli che grandi, assumono un'importanza di prim'ordine. Senza essi, infatti, non potrebbe esserci vita sul nostro pianeta.
Il presente quarto volume della serie sulla natura, pubblicata in seno alle nostre edizioni culturali, sportive e naturali, ci presenta, in maniera affascinante, arterie vitali dell' "astronave terra".
L'uomo ha oggi la possibilità di scrivere una storia comune di questa terra. Per questo ha anche l'obbligo di dimostrare che possiede un nuovo concetto del mondo.
Questa nuova forma di pensiero presuppone conoscenze specifiche e, inoltre, il giusto grado di percezione. Con il presente volume si cerca di indirizzare la nostra attenzione, in pari misura, verso questi due aspetti della vita, in modo da poter giungere, attraverso la natura da noi influenzata e l'individuazione di aspetti verificabili scientificamente, ad una nuova forma di percezione culturale.
I responsabili editoriali della SpA ringraziano il WWF per la cooperazione concessa nella realizzazione volume.
Ringraziamo, inoltre, tutti i sostenitori della presente opera che hanno permesso di contribuire, anche finanziariamente, alla riuscita del programma del WWF a favore della tutela della natura.

Roland Wolf
Editore

Deze uitgave dient tot bevordering van een nieuw kultureel bewustzijn ten opzichte van de natuur, het gemeenschappelijke erfgoed van de mensheid.
Hoewel de techniek ons leven in de huidige tijd steeds meer schijnt te bepalen, worden wij ons er steeds meer van bewust dat al het leven op aarde onafscheidelijk met elkaar verbonden is.
Daarin zijn de „levensaderen van de aarde", dus de beken, rivieren en stromen van de wereld van existentieel belang. Want zonder hun kan leven niet bestaan.
Dit vierde deel uit de natuur-serie van Kultuur-, Sport- en Natuur-edities laat ons op een fascinerende wijze met de levensaderen van het „ruimteschip aarde" kennis maken.
De mens heeft 't in de huidige tijd in de hand, samen de geschiedenis van deze aarde te schrijven. Daarom is hij verplicht te bewijzen dat hij een nieuw begrip voor deze wereld heeft ontwikkeld.
Dit nieuwe denken vereist kennis van zaken en daarnaast het juiste bewustzijn. Met deze uitgave wordt getracht beide levensbereiken in onszelf aan te spreken, zodat wij via de door ons beïnvloede natuur en het erkennen van wetenschappelijk bewijsbare feiten een nieuw kultureel bewustzijn kunnen verkrijgen.
Onze dank gaat uit naar de kopers van deze uitgave voor hun interesse aan dit doel.

Roland Wolf
Uitgever

Cet ouvrage entend servir à la promotion d'une nouvelle sensibilité culturelle envers la nature, cet héritage commun de l'humanité.
Bien que de nos jours, la technique semble déterminer la vie de façon croissante, nous avons de plus en plus conscience que sur la terre chaque élément vital est inséparablement soudé. En ce sens, ruisseaux, cours d'eau et fleuves de la planète occupent une position remarquable. Car sans eux, il n'y a pas de vie.
Ce volume, le quatrième, de la série «Nature» de l'édition Culture – Sport – et Nature nous présente, d'une manière fascinante les artères vitales du «vaisseau-terre».
L'homme a aujourd'hui le pouvoir d'écrire une histoire commune de cette terre. C'est pourquoi c'est un devoir que de témoigner d'une nouvelle compréhension du monde.
Cette nouvelle réflexion suppose des connaissances et plus est la véritable faculté de ressentir. Ce volume souhaite s'adresser de même façon aux deux domaines vitaux qui nous habitent afin que nous puissions arriver de par la nature que nous avons influencée et la reconnaissance de faits vérifiables scientifiquement à une nouvelle forme d'émotion culturelle.
Nous remercions les acquéreurs de ce livre de prêter attention à ces lignes.

Roland Wolf
Editeur

This work serves to help further a new cultural sensibility towards nature, the common inheritance of humanity.
Although technology seems to be increasingly determining our life in this our day and age, we are nontheless becoming more and more aware that all forms of life on this earth are intricately connected. In this respect the "life lines of our earth", the streams, rivers and waterways of the world, play an outstanding role. For without them life cannot exist.
The volume at hand, the fourth in the Nature series in our Culture, Sport and Nature editions, portrays in fascinating fashion the life lines of the "spaceship Earth".
Today man has it in his power to write a common history of the earth. It is therefore now up to him to display his new understanding of the world.
This new way of thinking presupposes the necessary knowledge and the right attitude.
This volume attempts in like manner to address both these spheres so that through our influence on nature and our recognition of scientifically verifiable facts we can arrive at a new cultural sensibility.
We extend our thanks to all purchasers of this book for their shared interest in these aims.

Roland Wolf
Publisher

Inhalt

Contenuto

Inhoud

Table des matières

Contents

Christoph Fasel
Wasser – die Quelle der Kultur

Wasser, das störrische Element, ist dem Menschen Segen und Fluch zugleich. Es stillt seinen Durst und tränkt sein Vieh; auf dem fruchtbaren Schlamm der großen Ströme treibt er Ackerbau und beginnt feste Siedlungen zu errichten. Er lernt das Wasser zu zähmen und mit ihm seine Felder zu bewässern. Flüsse und später die Meere tragen seine Schiffe an fremde Orte, wo er Handel treibt. Wasser schützt seine Städte und treibt seine ersten Maschinen, gibt ihm Gesetze und Religionen, ermöglicht ihm Komfort und Hygiene.
Segen und Fluch zugleich: Wasser bedroht das Land des Menschen und zerstört seine Häuser; Wasser bringt Seuchen und Feinde; es reißt seine Schiffe in die Tiefe – und oft genug ihn selbst.
Doch wann immer das Wasser drohte, der Mensch ergab sich nicht. Indem das Element ihn herausforderte, zwang es den Menschen gleichzeitig, es zu bezwingen. Die Geschichte unserer Zivilisation von den ersten Kulturen des Orients bis zu den Metropolen der Gegenwart ist – auch – die Geschichte des Wassers und seiner Beherrschung. Es ist die Geschichte von erstaunlichen Zeugnissen menschlicher Kultur – aber auch von der Hybris des Homo faber.
Der Mensch fand seine Kultur im Fluß. Das fruchtbare Schwemmland der großen Ströme machte es zum ersten Male möglich, viele Menschen auf engem Raum zu ernähren. Gleichzeitig konnte sich der Flußbewohner gegen die Naturgewalt des Wassers nur wehren, wenn er mit anderen zusammenarbeitete. Der Strom machte also die Stadt möglich. Das unstete Element fesselte die Menschen an seine Ufer.
Die babylonischen Tempelstädte waren am Anfang der Kultur. Uruk, vor 7000 Jahren gegründet, war im Jahre 2700 v. Chr. die größte Stadt der Welt. In seinen Ringmauern von 9 Kilometern Länge lebten damals 100000 Menschen – eine Zahl, die Berlin erst im 18. Jahrhundert erreichte. Der Euphrat hatte Uruk gegründet, und er besiegelte sein Schicksal. Nichts beweist deutlicher, wie wichtig das Wasser für die Kulturen ist, als die Tatsache, daß viele Städte des Altertums verfielen, sobald sie von ihm abgeschnitten wurden. Um 500 n. Chr.

Giuseppe Brunamontini
Il fiume è questo mondo

Un folto gruppo di frati, con sopra le spalle un carico, si appresta al guado di un fiume.
La corrente è piuttosto forte ed i primi vi s'avventurano, seguiti ben presto dai confratelli. Le tonache probabilmente avvoltolate al cingolo, i piedi a cercare appoggi sicuri e le braccia sollevate per non perdere quanto portavano.
Questo fa pensare che la profondità non fosse ritenuta eccessiva e che il peso fosse ben prezioso per non abbandonarlo al momento del pericolo, perché una parte di quei monaci perirono a neppure un quarto del percorso, un'altra non giunse a metà, altri affogarono dopo averla superata e gli ultimi sopravvissuti mentre si apprestavano a toccare l'opposta, sospirata riva. Che non sapessero nuotare è evidente.
Testimone della catastrofe era un religioso, osservatore angosciato ma impotente. Il quale non ebbe il tempo di elevare al cielo le dovute preghiere dei defunti, che una nuova schiera di frati arrivò nei paraggi preparandosi allo stesso attraversamento.
Per fortuna erano liberi da qualsiasi ingombro, peso, intralcio. Spiccava, anzi, la loro palese miseria. Ebbene, costoro affrontarono il fiume, la sua corrente violenta, e lo attraversarono senza danno alcuno.
A questo punto frate Lione, così si chiamava, rinvenne dalla sua estasi e tornò nella realtà. Realtà importante, perché stava assistendo Santo Francesco gravemente ammalato. Infatti, accanto a lui pregava con più passione ed arrivava ad avere rapimenti costellati di sogni e visioni.
Naturalmente, Francesco intuì questo passaggio fuori dal reale del monaco e gliene chiese i particolari. Di essi, frate Lione fece un resoconte preciso aspettando dal Santo l'interpretazione ed i significati.
E non dovette aspettare molto per sentirsi rispondere: "Ciò che tu hai veduto è vero. Il grande fiume è questo mondo; i frati ch'affogavano nel fiume sono quelli che non seguitano la evangelica professione, e spezialmente quanto all'altissima povertade: ma coloro, che senza pericolo passavano, sono quelli frati, li quali nessuna cosa terrena, né

Jacobus Biesheuvel
Brommer op zee

Isaäc stond al uren op het achterdek. Hij was een aardige maar een beetje vreemde jongen: als hij aan boord werkte verlangde hij naar een baantje aan de wal en als hij op kantoor zat, verlangde hij naar de zee. Hij kon de saaie eentonigheid van het walbestaan niet verdragen en geld om zeereizen te maken had hij niet. Maar als hij – in de hoedanigheid van enig willekeurig bemanningslid (brildrager dus altijd ketelbink, messbediende of officiersbediende, nooit matroos laat staan stuurman, zijn grote droom… – op een schip was, dan had hij te maken met het ruwe gebral van de matrozen, die kaartten met het mes op tafel en die elkaar en Isaäc uitscholden voor alles wat mooi en lelijk was. Isaäc hoorde er nooit echt bij. Op een schip paste hij nog het minst in de gemeenschap, nog minder dan in de haven, in de bottelarij of op de fabriek en op kantoor, en juist op een schip dacht hij steeds weer de ware romantiek te zullen vinden. Als het werk gedaan was kon je hem altijd op het achterdek vinden. Het was nu al twee uur na middernacht, maar Isaäc bleef staan omdat het een maanheldere nacht was, je kon alle bekende sterren van het zuidelijk halfrond duidelijk zien en het gevaarlijk wit bruisende schroefwater achter het schip (wie uren op een achterdek van een varend schip in volle zee heeft gestaan, weet dat schepen bij nacht en ontij, overdag, in de regen of in de mist, in poolstreken of in de tropen, in grijs, groen of helderblauw water altijd en altijd over een witte weg varen, die weg loopt van de horizon naar de schroef, een drenkeling die een kwartier later de baan kruist ziet de weg niet meer).
Er stond een heerlijke zoele wind. Als je goed keek zag je inderdaad de horizon of iets dichterbij het lichtje van een wegloevend schip, dat, was Isaäc een uur eerder geweest recht op hem af was komen varen. Maar, zoals blijken zal, de zintuigen kunnen ons bedriegen. Er zijn filosofen die beweren dat alles wat is, inbeelding is en het tegendeel valt ook niet te bewijzen! Isaäc voer op een wildevaartschip en zag 's nachts nooit schepen. Hij dacht eraan hoelang het nog zou duren voor hij weer thuis was. Hij keek naar de winches, de bolders, de trossen, de railing en de gemakkelijke stoel die hij voor zichzelf op het achterdek had

Albert Camus
La mer
au plus près

J'ai grandi dans la mer et la pauvreté m'a été fastueuse, puis j'ai perdu la mer, tous les luxes alors m'ont paru gris, la misère intolérable. Depuis, j'attends. J'attends les navires du retour, la maison des eaux, le jour limpide. Je patiente, je suis poli de toutes mes forces. On me voit passer dans de belles rues savantes, j'admire les paysages, j'applaudis comme tout le monde, je donne la main, ce n'est pas moi qui parle. On me loue, je rêve un peu, on m'offense, je m'étonne à peine. Puis j'oublie et souris à qui m'outrage, ou je salue trop courtoisement celui que j'aime. Que faire si je n'ai de mémoire que pour une seule image? On me somme enfin de dire qui je suis. «Rien encore, rien encore...». C'est aux enterrements que je me surpasse. J'excelle, vraiment. Je marche d'un pas lent dans des banlieues fleuries de ferrailles, j'emprunte de larges allées, plantées d'arbres de ciment, et qui conduisent à des trous de terre froide. Là, sous le pansement à peine rougi du ciel, je regarde de hardis compagnons inhumer mes amis par trois mètres de fond. La fleur qu'une main glaiseuse me tend alors, si je la jette, elle ne manque jamais la fosse. J'ai la piété précise, l'émotion exacte, la nuque convenablement inclinée. On admire que mes paroles soient justes. Mais je n'ai pas de mérite: j'attends. J'attends longtemps. Parfois, je trébuche, je perds la main, la réussite me fuit. Qu'importe, je suis seul alors. Je me réveille ainsi, dans la nuit, et, à demi endormi, je crois entendre un bruit de vagues, la respiration des eaux. Réveillé tout à fait, je reconnais le vent dans les feuillages et la rumeur malheureuse de la ville déserte. Ensuite, je n'ai pas trop de tout mon art pour cacher ma détresse ou l'habiller à la mode.
D'autres fois, au contraire,je suis aidé. A New-York, certains jours, perdu au fond de ces puits de pierre et d'acier où errent des millions d'hommes, je courais de l'un à l'autre, sans en voir la fin, épuisé, jusqu'à ce que je ne fusse plus soutenu que par la masse humaine qui cherchait son issue. J'étouffais alors, ma panique allait crier. Mais, à chaque fois, un appel lointain de remorqueur venait me rappeler que cette ville, citerne sèche, était une île, et qu'à la pointe de la

Ernest Hemingway
The Old Man
and the Sea

The old man drank his coffee slowly. It was all he would have all day and he knew that he should take it. For a long time now eating had bored him and he never carried a lunch. He had a bottle of water in the bow of the skiff and that was all he needed for the day.
The boy was back now with the sardines and the two baits wrapped in a newspaper and they went down the trail to the skiff, feeling the pebbled sand under their feet, and lifted the skiff and slid her into the water.
"Good luck old man."
"Good luck," the old man said.
He fitted the rope lashings of the oars onto the thole pins and, leaning forward against the thrust of the blades in the water, he began to row out of the harbour in the dark. There were other boats from the other beaches going out to sea and the old man heard the dip and push of their oars even though he could not see them now the moon was below the hills.
Sometimes someone would speak in a boat. But most of the boats were silent except for the dip of the oars. They spread apart after they were out of the mouth of the harbour and each one headed for the part of the ocean where he hoped to find fish. The old man knew he was going far out and he left the smell of the land behind and rowed out into the clean early morning smell of the ocean. He saw the phosphorescence of the Gulf weed in the water as he rowed over the part of the ocean that the fishermen called the great well because there was a sudden deep of seven hundred fathoms where all sorts of fish congregated because of the swirl the current made against the steep walls of the floor of the ocean. Here there were concentrations of shrimp and bait fish and sometimes schools of squid in the deepest holes and these rose close to the surface at night where all the wandering fish fed on them.

Christoph Fasel
Wasser – die Quelle der Kultur

änderte der Euphrat seinen Lauf. Seiner Lebensader beraubt, verfiel Uruk der Wüste. Wie die Perlen einer Kette reihten sich im zweiten und dritten Jahrtausend v. Chr. Hunderte von Städten an den Ufern von Euphrat und Tigris. Auf den Flüssen tauschte man Getreide und Öl, Tuch und Metalle, Holz und Kunsthandwerk. Sogar einen öffentlichen Postdienst gab es, der die keilschriftliche Kommunikation entlang der Ströme ermöglichte. Der Fluß gab Heimat, Nahrung, Wohlstand, Kultur – und indem er zu seiner Beherrschung zwang, Fortschritt der Technik. „Ägypten ist die Gabe des Nils", notierte der Geschichtsschreiber Herodot im fünften vorchristlichen Jahrhundert. Da blickte das Land, das sich an den Strom klammert, schon auf 2500 Jahre alte Städte zurück. Ihre geistige Kultur war auf die Ufer des Nils gegründet, denn auf den Fluß und seine jährlichen Überschwemmungen konzentrierten sich Wirtschaft und Leben. Ohne Nilschlamm heute kein Brot morgen – unter diesem Zwang entwickelten die Ägypter Wissenschaft und Technik. Sie erfanden die Mathematik, um Fluten zu berechnen, und die Geometrie, um Felder nach der Überschwemmung neu zu vermessen.
Die Baumeister der antiken Flußkulturen schufen kunstvolle Brunnen und Zisternen, um Trinkwasser zu gewinnen. Als der Nil 3000 v. Chr. die Königsstadt Memphis bedrohte, leiteten die Ägypter den Fluß kurzerhand um. Schon 500 Jahre später gab es vollständige Abwasseranlagen, die den Bewohnern Hygiene und Komfort garantierten.
Mit Wasser machten die ägyptischen Könige Eroberungen. So ließ König Möris einen ganzen Landstrich, eineinhalbmal so groß wie Hamburg, durch den Nil in fruchtbares Ackerland verwandeln. Die Wassertechnik der Anlage beeindruckte Herodot so sehr, daß er sie über das Weltwunder der Pyramiden stellte. Auch beim Kanalbau waren die Kinder der Flußkulturen mit allen Wassern gewaschen. Die längste Rinne des Altertums gruben die Chinesen. Eine 1600 Kilometer lange Wasserstraße von Peking im Norden nach Hangtschu im Süden des riesigen Reiches. Der

Giuseppe Brunamontini
Il fiume è questo mondo

carnale cercano, né posseggono in questo mondo: ma avendo solamente il temperato vivere e vestire, sono contenti, seguitando Cristo nudo in croce; e il peso e il giogo soave di Cristo, e della santissima obbedienza portano allegramente, e volentieri; e però agevolmente dalla vita temporale, passano a vita eterna."
La citazione è al capitolo XXXVI de *I fioretti di san Francesco d'Assisi*, santo della lotta disarmata, ecologista leggendario e sacro che non avrebbe consentito, vivo oggi, la metamorfosi blasfema per inquinamento della preghiera "Laudato sii, mi Signore, per sora acqua, la quale è molto utile et humile et preziosa et casta".
Valore supremo, dunque, se arriva a farne oggetto di miracolo quando, nell'ascesa di un monte, ad un povero villano ancora diffidente sulla sua santità avendolo poco prima addirittura ammonito, ma che si lamentava per la terribile sete, indicò la strada di una sorgente appena sbocciata per sua intercessione. "Corri va tosto a quella pietra", gli disse, "e ivi troverai l'acqua viva, la quale Gesù Cristo in questa ora, per la sua misericordia, ha fatto uscire da quella pietra."
D'altra parte, nei *Fioretti* si legge pure di santo Antonio il quale, recatosi ad Arimino, ove gli eretici abbondavano, e volendo a questi predicare per indurli alla sua fede, trovò solo indifferenza. Per molti giorni tentò di far ascoltare la sua appassionata parola; ma invincibile era la ostinata sordità degli eretici. Non volevano udire.
Ed allora, come ispirato, ripiega sul fiume, luogo ambientale tradizionale per lo svolgersi di tanti avvenimenti religiosi. E che fa? Avvicinandosi alla sponda, porta la parola di Dio ai pesci "dappoiché gli infedeli eretici la schifano d'udire".
Ebbene, i pesci, miracolosamente, percepiscono il messaggio e accostano in gran moltitudine: grandi, piccoli, di ogni misura e peso, che mai se n'erano visti tanti in quelle acque.
Tenevano la testa a filo di corrente in modo da poter guardare il volto di sant'Antonio ed intenderne segni e parole. E qui altro discorso ecologico-ambientale sul "nobile elimento"

Jacobus Biesheuvel
Brommer op zee

neergezet. Op een gegeven moment zag Isaäc het lichtje in de verte een bruuske zwenking maken, het leek een korte bocht op het water te beschrijven en toen kwam het recht op hem af. Toen het alsmaar dichterbij kwam was Isaäc tot de slotsom gekomen dat dit haast geen schip kon voorstellen of zijn, aangezien het dermate onderhevig was aan de „beweging der golven", en vooral omdat het maar steeds bij één lichtje bleef. Een schip met alleen een heklicht aan? Gevaarlijk. Toen het merkwaardig voertuig tot op een afstand van tweehonderd vadem van Isaäc was genaderd, zag hij dat het een brommer was. Voor het eerst in zijn leven gebeurde er iets met Isaäc dat „met recht merkwaardig" was. Wat hij nu zag zou iemand anders in zijn stoutste dromen nog niet durven of kunnen bedenken. Aanvankelijk was Isaäc bang maar tenslotte kon hij toch niet aannemen dat een nieuwe profeet of Messias zich aldus over de aarde zou bewegen. Hoewel de christenen beweren dat Jezus over water heeft gelopen. De brommer was Isaäc nu tot een meter of zestien genaderd. Isaäc stond te roepen en te zwaaien dat het een aard had, maar hij vergat in zijn opwinding de touwladder uit te werpen. Hierop werd hij door de berijder van de bromfiets opmerkzaam gemaakt. De vreemde was zoals uit de tongval bleek een landgenoot van Isaäc. Hij stuurde zijn brommer op heel merkwaardige wijs en uiterst voorzichtig naar de touwladder toe, op zijn brommer gezeten gedroeg hij zich tegenover de gladde scheepswand als een bokser die zijn tegenstander in de ring nog even aftast, licht schudden met het bovenlichaam, trappelen met de voetjes en afwerende of juist agressieve gebaren met de armen maken en toen sprong hij hop! in één keer met brommer en al op de touwladder. „Voorzichtig, voorzichtig," riep hij alsmaar. De man droeg een brilletje dat behoorlijk beslagen was en een pet waarvan de leren kleppen, die dienden om de ogen en de oren tegen zeewater te beschermen, ver uitstaken. De brommer was een normale brommer. Hij had geen speciale voorzieningen. Isaäc hielp de man met het aan dek zetten van de brommer. De man zei: „Geef mij te eten." Isaäc ging het halen. Hij merkte dat de

Albert Camus
La mer au plus près

Battery l'eau de mon baptême m'attendait, noire et pourrie, couverte de lièges creux. Ainsi, moi qui ne possède rien, qui ai donné ma fortune, qui campe auprès de toutes mes maisons, je suis pourtant comblé quand je le veux, j'appareille à toute heure, le désespoir m'ignore. Point de patrie pour le désespéré et moi, je sais que la mer me précède et me suit, j'ai une folie toute prête. Ceux qui s'aiment et qui sont séparés peuvent vivre dans la douleur, mais ce n'est pas le désespoir: ils savent que l'amour existe. Voilà pourquoi je souffre, les yeux secs, de l'exil. J'attends encore. Un jour vient, enfin... Les pieds nus des marins battent doucement le pont. Nous partons au jour qui se lève. Dès que nous sommes sortis du port, un vent court et dru brosse vigoureusement la mer qui se révulse en petites vagues sans écume. Un peu plus tard, le vent fraîchit et sème l'eau de camélias, aussitôt disparus. Ainsi, toute la matinée, nos voiles claquent au-dessus d'un joyeux vivier. Les eaux sont lourdes, écailleuses, couvertes de baves fraîches. De temps en temps, les vagues jappent contre l'étrave; une écume amère et onctueuse, salive des dieux, coule le long du bois jusque dans l'eau où elle s'éparpille en dessins mourants et renaissants, pelage de quelque vache bleue et blanche, bête fourbue, qui dérive encore longtemps derrière notre sillage.
Depuis le départ, des mouettes suivent notre navire, sans effort apparent, sans presque battre de l'aile. Leur belle navigation rectiligne s'appuie à peine sur la brise. Tout d'un coup, un plouf brutal au niveau des cuisines jette une alarme gourmande parmi les oiseaux, saccage leur beau vol et enflamme un brasier d'ailes blanches. Les mouettes tournoient follement en tout sens puis, sans rien perdre de leur vitesse, quittent l'une après l'autre la mêlée pour piquer vers la mer. Quelques secondes après, les voilà de nouveau réunies sur l'eau, basse-cour disputeuse que nous laissons derrière nous, nichée au creux de la houle qui effeuille lentement la manne des détritus.
A midi, sous un soleil assourdissant, la mer se soulève à peine, exténuée.
Quand elle retombe sur elle-même, elle fait

Ernest Hemingway
The Old Man and the Sea

In the dark the old man could feel the morning coming and as he rowed he heard the trembling sound as flying fish left the water and the hissing that their stiff set wings made as they soared away in the darkness. He was very fond of flying fish as they were his principal friends on the ocean. He was sorry for the birds, especially the small delicate dark terns that were always flying and looking and almost never finding, and he thought, the birds have a harder life than we do except for the robber birds and the heavy strong ones. Why did they make birds so delicate and fine as those sea swallows when the ocean can be so cruel? She is kind and very beautiful. But she can be so cruel and it comes so suddenly and such birds that fly, dipping and hunting, with their small sad voices are made too delicately for the sea.
He always thought of the sea as *la mar* which is what people call her in Spanish when they love her. Sometimes those who love her say bad things of her but they are always said as though she were a woman. Some of the younger fishermen, those who used buoys as floats for their lines and had motorboats, bought when the shark livers had brought much money, spoke of her as *el mar* which is masculine. They spoke of her as a contestant or a place or even an enemy. But the old man always thought of her as feminine and as something that gave or withheld great favours, and if she did wild or wicked things it was because she could not help them. The moon affects her as it does a woman, he thought.
He was rowing steadily and it was no effort for him since he kept well within his speed and the surface of the ocean was flat except for the occasional swirls of the current. He was letting the current do a third of the work and as it started to be light he saw he was already further out than he had hoped to be at this hour.
I worked the deep wells for a week and did nothing, he thought. Today I'll work out where the schools of bonito and albacore are and maybe there will be a big one with them.
Before it was really light he had his baits out and was drifting with the current. One bait was

Christoph Fasel
Wasser – die Quelle der Kultur

„Große Kanal" wurde im sechsten Jahrhundert v. Chr. begonnen und wird noch heute in Teilen befahren. Schon anderthalb Jahrtausende zuvor hatten die Ägypter mit einem Kanal den ersten Nilkatarakt umschifft. Die ersehnte Verbindung vom Nil zum Roten Meer gelang 500 v. Chr. dem persischen Eroberer Darius, der quer durch die Wüste einen 45 Meter breiten und 5 Meter tiefen Kanal ausschachten ließ – zum Nutzen des Handels und zur Pflege seines Nachruhms.
Die Auseinandersetzung mit dem Wasser brachte nicht nur Kanäle und Wasserleitungen, Schleusen und Staudämme, sondern auch feinere Technik. In Ägypten tröpfelten lange vor der Zeitwende Wasseruhren zuverlässig die Stunde. Um 1700 v. Chr. drehten sich im Orient die ersten Wasserräder. Sie erfreuten sich so großer Beliebtheit, daß die ältesten überlieferten Gesetzestexte ausdrücklich Strafen für den „Wasserradklau" vorsahen. War das Rad ab,mußte der Dieb, so ertappt „fünf Shekel an dessen Besitzer" zahlen – das bestimmte § 259 der Gesetzessteele des Königs Hammurabi.
Wasser macht Gesetze. Schon um 3000 v. Chr. hatte sich die ägyptische Bürokratie des Nils bemächtigt. Sie widmete ihm eine eigene Behörde für Bewässerung. Hammurabis Gesetzestext aus Mesopotamien enthält 1300 Jahre später die ältesten uns überlieferten Texte über Hochwasserschutz und Bewässerung.
In China erscheint um 1100 v. Chr. das erste Handbuch über den Wasserbau. Solon, der Reformer der athenischen Polis, führt im 6. Jahrhundert mit der Demokratie in Athen gleich die ersten Wassergesetze ein. Streng behördlich ging es im alten Rom zu. Dort tagte ab dem Jahre 11 v. Chr. der ständige Rat der „Curatores Aquarum", eine Planungsbehörde, die der Wasserversorgung der Weltstadt Druck verleihen sollte.
Wasser löscht den Durst der ständig wachsenden Zivilisation. Spektakulär waren die schon seit dem 7. Jahrhundert v. Chr. in Persien gebauten „Kanate". Das waren bis zu 80 Kilometer lange, waagerechte Stollen, in denen sich Grundwasser sammelte, das dann zu weit entfernten Siedlungen geführt wurde. Die Länge aller damals gegrabenen Kanate

Giuseppe Brunamontini
Il fiume è questo mondo

delle acque che essi hanno avuto per abitazione. Discorso al quale, anche allora, i pesci dovevano essere interessati; tanto che il loro numero cresceva continuamente, al punto da doversi disporre sullo scorrere della corrente quasi in ordine di misura, essendosi collocati sulle prime file i pesci più piccoli, più indietro i mezzani e, in acque profonde, quelli di maggior peso che meglio avevano possibilità di sporgersi.
Il Santo, così confortato, ulteriore forza diede al suo predicare. Diceva: "Benedetto sia Iddio eterno, perocché più l'onorano i pesci acquatici, che non fanno gli uomini eretici; e meglio odono la sua parola gli animali non ragionevoli, che gli uomini infedeli."
La storia ebbe esito positivo e confortante, su quel suggestivo scenario del fiume, in quel di Arimino, oggi Rimini, ove il santo Antonio si trattenne per numerosi giorni "facendo molto frutto spirituale d'anime".

Jacobus Biesheuvel
Brommer op zee

matrozen en de stuurlui en de machinemannen al naar kooi waren. Toen Isaäc terugkwam vroeg hij aan de vreemde: „Waarom rijdt u op het water?" De man beweerde dat hij een record wilde vestigen. „Hoe is het mogelijk dat u op het water rijden kan?" vroeg Isaäc verbaasd. „Dat is een kwestie van oefenen," zei de man, „ik ben begonnen met een speld op het water te leggen. Als je dat heel voorzichtig doet, blijft hij drijven. Op de lange duur nam ik steeds zwaardere voorwerpen. Het was mij natuurlijk om mijn brommer te doen en tenslotte reed ik mijn eerste schamele rondjes op de stadsvijver. Nu rijd ik over de hele wereld. Ik kom nergens aan land, maar omdat ik af en toe eten moet, rijd ik vaak naar een schip. Ik ga het liefst in het holst van de nacht. Dan ligt iedereen te slapen. De eerste keren ging ik bij vol daglicht naar de schepen toe, maar toen zijn er mensen hodeldebodel geraakt. Eerst riepen ze dat dit het mooiste was dat ze in hun hele leven hadden meegemaakt en vervolgens begonnen ze wartaal uit te slaan of ze werden gek. Ik ben van plan om veertigduizend kilometer over zee af te leggen, het mogen wel wat kilometertjes meer worden, als ik de hele aardbol maar rond heb. Ik wil iets doen wat nog nooit iemand heeft gekund. Dat is altijd mijn ideaal geweest."
„Bent u nooit bang om te verdrinken?" vroeg Isaäc. „Welnee," antwoordde de man. „Het is de wijze waarop men stuurt, daar zit het hem in, en steeds voorzichtig gas bijgeven natuurlijk en gas terugnemen. Een hoge golf bijvoorbeeld moet je nooit met te grote snelheid nemen, anders wordt de zijkant van de banden nat, en als dat eenmaal gebeurd is, is het einde zoek."
„Ja, dat begrijp ik," zei Isaäc, die de man vol bewondering aankeek. De man zat zich werkelijk vol te vreten. Hij dronk ook veel melk en alcohol. Tenslotte vroeg hij om een flesje jodium, want daar had hij behoefte aan. Het was inmiddels een uur later geworden en de man slingerde zijn brommer weer overboord en hing hem aan de touwladder. Toen nam hij afscheid van Isaäc. Deze vroeg of het niet mogelijk was dat hij de rest van de tocht als bijrijder op de bromfiets meemaakte. „Ik kan bijvoorbeeld de weg wijzen, want ik heb veel gevaren," besloot hij zijn vraag. Maar de man

Albert Camus
La mer au plus près

siffler le silence. Une heure de cuisson et l'eau pâle, grande plaque de tôle portée au blanc, grésille. Elle grésille, elle fume, brûle enfin. Dans un moment, elle va se retourner pour offrir au soleil sa face humide, maintenant dans les vagues et les ténèbres.
Nous passons les portes d'Hercule, la pointe où mourut Antée. Au delà, l'Océan est partout, nous doublons d'un seul bord Horn et Bonne Espérance, les méridiens épousent les latitudes, le Pacifique boit l'Atlantique. Aussitôt, le cap sur Vancouver, nous fonçons lentement vers les mers du Sud. A quelques encâblures, Pâques, la Désolation et les Hébrides défilent en convoi devant nous. Un matin, brusquement, les mouettes disparaissent. Nous sommes loin de toute terre, et seuls, avec nos voiles et nos machines.
Seuls aussi avec l'horizon. Les vagues viennent de l'Est invisible, une à une, patiemment; elles arrivent jusqu'à nous et, patiemment, repartent vers l'Ouest inconnu, une à une. Long cheminement, jamais commencé, jamais achevé... La rivière et le fleuve passent, la mer passe et demeure. C'est ainsi qu'il faudrait aimer, fidèle et fugitif. J'épouse la mer.
Pleines eaux. Le soleil descend, est absorbé par la brume bien avant l'horizon. Un court instant, la mer est rose d'un côté, bleue de l'autre. Puis les eaux se foncent. La goélette glisse, minuscule, à la surface d'un cercle parfait, au métal épais et terni. Et à l'heure du plus grand apaisement, dans le soir qui approche, des centaines de marsouins surgissent des eaux, caracolent un moment autour de nous, puis fuient vers l'horizon sans hommes. Eux partis, c'est le silence et l'angoisse des eaux primitives.
Un peu plus tard encore, rencontre d'un iceberg sur le Tropique. Invisible sans doute après son long voyage dans ces eaux chaudes, mais efficace: il longe le navire à tribord où les cordages se couvrent brièvement d'une rosée de givre tandis qu'à bâbord meurt une journée sèche.
La nuit ne tombe pas sur la mer. Du fond des eaux, qu'un soleil déjà noyé noircit peu à peu de ses cendres épaisses, elle monte au contraire

Ernest Hemingway
The Old Man and the Sea

down forty fathoms. The second was at seventy-five and the third and fourth were down in the blue water at one hundred and one hundred and twenty-five fathoms. Each bait hung head down with the shank of the hook inside the bait fish, tied and sewed solid and all the projecting part of the hook, the curve and the point, was covered with fresh sardines. Each sardine was hooked through both eyes so that they made a half-garland on the projecting steel. There was no part of the hook that a great fish could feel which was not sweet smelling and good tasting.
The boy had given him two fresh small tunas, or albacores, which hung on the two deepest lines like plummets and, on the others, he had a big blue runner and a yellow jack that had been used before; but they were in good condition still and had the excellent sardines to give them scent and attractiveness. Each line, as thick around as a big pencil, was looped onto a green-sapped stick so that any pull or touch on the bait would make the stick dip and each line had two forty-fathom coils which could be made fast to the other spare coils so that, if it were necessary, a fish could take out over three hundred fathoms of line.
Now the man watched the dip of the three sticks over the side of the skiff and rowed gently to keep the lines straight up and down and at their proper depths. It was quite light and any moment now the sun would rise.
The sun rose thinly from the sea and the old man could see the other boats, low on the water and well in toward the shore, spread out across the current. Then the sun was brighter and the glare came on the water and then, as it rose clear, the flat sea sent it back at his eyes so that it hurt sharply and he rowed without looking into it. He looked down into the water and watched the lines that went straight down into the dark of the water. He kept them straighter than anyone did, so that at each level in the darkness of the

Christoph Fasel
Wasser – die Quelle der Kultur

übertrifft die Entfernung zwischen Erde und Mond.
Das Mittelalter konnte der Antike nicht das Wasser reichen. Auch in der Wassertechnik blieb es finster. Erfindungen waren Mangelware, und die Zeugnisse der Antike verfielen. Erst der Aufbruch der Renaissance, die geistige Öffnung für die modernen Naturwissenschaften, brachte neue Bewegung. Leonardo da Vinci, Universalgenie aus der Toskana, entwickelte seine kritische Auffassung von Wissenschaft an der Natur und vor allem am Beispiel des Wassers. Wasser macht Wissenschaft: Leonardos Arbeiten über das feuchte Element wurden zu Beispielen objektiver Beobachtung, die den Geist des kommenden Zeitalters bestimmen sollten.
Für die Menschen des Mittelalters und der Neuzeit war das Wasser nicht mehr so vertrauenswürdig wie für den Bewohner der antiken Stadt. Mehr als in den Jahrhunderten zuvor durchzogen große Seuchen Europa, doch wußte der Mensch des 14. Jahrhunderts noch nicht: Wasser macht krank.
Der Umgang mit Wasser ist so etwas wie die Visitenkarte einer Kultur. Der fortschrittsgläubige Homo faber der Industrialisierung dokumentiert seinen Rang gegenüber der Natur, indem er das Wasser nicht einfach benutzt, sondern seinen Gebrauch mit Symbolgehalt versieht. Der Mensch des 19. Jahrhunderts baut Tasperren und Wassertürme, Pump- und Speicherwerke, die er seinem Selbstbewußtsein entsprechend verziert. So zwingt er das störrische Element in die Trutzmauern wehrhaft dreinblickender Talsperren oder martialischer Wassertürme.
Erschüttert wurde dieser Kulturglaube durch ein Schiff, das als unsinkbar galt: Der Untergang der Titanic schien wie ein Menetekel auf die menschliche Hybris, die meinte, dem Wasser völlig selbstverständlich trotzen zu können.
Der Homo sapiens verdankt seine Kultur dem Wasser; mit seiner Hilfe hat er die Zivilisation entwickelt. Doch das Verhältnis hat sich verändert. Mittlerweile zwingt der technische Mensch seine Kultur dem Element auf.
Von der Herrschaft zur Hybris – wie groß ist der Schritt?

Giuseppe Ungaretti
I fiumi

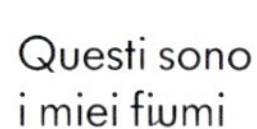

Questi sono
i miei fiumi

Questo è il Serchio
al quale hanno attinto
duemil'anni forse
di gente mia campagnola
e mio padre e mia madre

Questo è il Nilo
che mi ha visto
nascere e crescere
e ardere d'inconsapevolezza
nelle estese pianure

Questa è la Senna
e in quel suo torbido
mi sono rimescolato
e mi sono conosciuto

Questi sono i miei fiumi
contati nell'Isonzo

Questa è la mia nostalgia
che in ognuno
mi traspare
ora ch'è notte
che la mia vita mi pare
una corolla
di tenebre

Jacobus Biesheuvel
Brommer op zee

schoot in de lach. „Je zou eerst jaren moeten oefenen," zei de man, „maar als ik per se wilde nam ik je mee. Ik kan zo goed sturen en mijn banden nog zover oppompen dat het lukken zou, maar ik heb er geen zin in. Wat heb ik met jou te maken? Ik rij nu al maanden op zee en de laatste week zou jij je plotseling bij me voegen? Wat zou dat voor zin hebben? Het is mij nu eenmaal om een eenmans-record te doen. Ik kan de mensen bij het eindpunt toch niet uitleggen dat jij er pas op het laatst bent bijgekomen? Ik zou trouwens ontzettend mijn best moeten doen om de brommer met twee man rijdende te houden. En ik heb nog nooit geoefend met een tweede man. Weet ik veel wat voor onverwachte bewegingen jij kan maken? Het is zaak om als het ware luchtigjes over het water te dansen," ging de man voort, „heb je verstand van koorddansen?" vroeg hij. Isaäc, die de zin van de vraag niet helemaal begreep, zei van nee. Toen nam de vreemde man afscheid en daalde met zijn brommer de trap weer af. Isaäc wilde de touwladder nog wat verstellen, maar weer riep de man en dit keer erg luid, telkens: „Voorzichtig, voorzichtig!" Toen de man vlak bij het water was gekomen, zette hij de motor hard aan, zodat de wielen in de lucht boven het water in het rond tolden. Af en toe hield de man de banden heel voorzichtig een beetje tegen het wateroppervlak aan, en op een gegeven moment sprong hij met een onverwachte beweging van de touwladder op de razende brommer, die met een noodgang wegspoot. Het werd al enigszins licht. Isaäc voelde zich bedroefd. De brommer was binnen een kwartier over de horizon verdwenen. Isaäc ging nog maar een uurtje naar bed.
De volgende dag vertelde hij de marconist wat hij 's nachts had meegemaakt. Deze haalde zijn schouders op en toen Isaäc maar bleef aandringen, begon hij te lachen. Een uur later wist het hele schip dat Isaäc 's nachts een man over het water had zien rijden. Iedereen lachte. Toen de dag voorbij was, had Isaäc erge slaap. Maar voor hij naar bed ging, liep hij nog even naar het achterdek.

Albert Camus
La mer au plus près

vers le ciel encore pâle. Un court instant, Vénus reste solitaire au-dessus des flots noirs. Le temps de fermer les yeux, de les ouvrir, les étoiles pullulent dans la nuit liquide.
La lune s'est levée. Elle illumine d'abord faiblement la surface des eaux, elle monte encore, elle écrit sur l'eau souple. Au zénith enfin, elle éclaire tout un couloir de mer, riche fleuve de lait qui, avec le mouvement du navire, descend vers nous, inépuisablement, dans l'océan obscur. Voici la nuit fidèle, la nuit fraîche que j'appelais dans les lumières bruyantes, l'alcool, le tumulte du désir.
Nous naviguons sur des espaces si vastes qu'il nous semble que nous n'en viendrons jamais à bout. Soleil et lune montent et descendent alternativement, au même fil de lumière et de nuit. Journées en mer, toutes semblables comme le bonheur...
Cette vie rebelle à l'oubli, rebelle au souvenir, dont parle Stevenson.
L'aube. Nous coupons le Cancer à la perpendiculaire, les eaux gémissent et se convulsent. Le jour se lève sur une mer houleuse, pleine de paillettes d'acier. Le ciel est blanc de brume et de chaleur, d'un éclat mort, mais insoutenable, comme si le soleil s'était liquéfié dans l'épaisseur des nuages, sur toute l'étendue de la calotte céleste. Ciel malade sur une mer décomposée. A mesure que l'heure avance, la chaleur croît dans l'air livide. Tout le long du jour, l'étrave débusque des nuées de poissons volants, petits oiseaux de fer, hors de leurs buissons de vagues.
Dans l'après-midi, nous croisons un paquebot qui remonte vers les villes. Le salut que nos sirènes échangent avec trois grands cris d'animaux préhistoriques, les signaux des passagers perdus sur la mer et alertés par la présence d'autres hommes, la distance qui grandit peu à peu entre les deux navires, la séparation enfin sur les eaux malveillantes, tout cela, et le cœur se serre. Ces déments obstinés, accrochés à des planches, jetés sur la crinière des océans immenses à la poursuite d'îles en dérive, qui, chérissant la solitude et la mer, s'empêchera jamais de les aimer?

Ernest Hemingway
The Old Man and the Sea

stream there would be a bait waiting exactly where he wished it to be for any fish that swam there. Others let them drift with the current and sometimes they were at sixty fathoms when the fishermen thought they were at a hundred.
But, he thought, I keep them with precision. Only I have no luck any more. But who knows? Maybe today. Every day is a new day. It is better to be lucky. But I would rather be exact. Then when luck comes you are ready.
The sun was two hours higher now and it did not hurt his eyes so much to look into the east. There were only three boats in sight now and they showed very low and far inshore.
All my life the early sun has hurt my eyes, he thought. Yet they are still good. In the evening I can look straight into it without getting the blackness. It has more force in the evening too. But in the morning it is painful.
Just then he saw a man-of-war bird with his long black wings circling in the sky ahead of him. He made a quick drop, slanting down on his back-swept wings, and then circled again.
"He's got something," the old man said aloud. "He's not just looking."
He rowed slowly and steadily toward where the bird was circling. He did not hurry and he kept his lines straight up and down. But he crowded the current a little so that he was still fishing correctly though faster than he would have fished if he was not trying to use the bird.
The bird went higher in the air and circled again, his wings motionless. Then he dove suddenly and the old man saw flying fish spurt out of the water and sail desperately over the surface.
"Dolphin," the old man said aloud. "Big dolphin."
He shipped his oars and brought a small line from under the bow. It had a wire leader and a medium-sized hook and he baited it with one of the sardines. He let it go over the side and then made it fast to a ring bolt in the stern. Then he baited another line and left it coiled in the shade of the bow. He went back to rowing and to watching the long-winged black bird who was working, now, low over the water.

Kunst und Wasser – japanische Holzschnitte zeugen von der Bewunderung des Menschen für dieses Element

In der Kunst nimmt die Darstellung des Wassers einen großen Raum ein. Seen, Flüsse und Meere faszinieren den Menschen schon seit jeher. Sie sind nicht nur lebensnotwendige Nahrungsquellen und Transportwege, sondern auch elementare Naturschauspiele. Die Künstler haben immer wieder versucht, das ‚Element' Wasser auf die Leinwand zu bannen. Dabei haben sie über die Jahrhunderte hinweg ein Stück Menschheitsgeschichte illustriert. Sie stellen in ihren Bildern nämlich nicht nur die Vielfältigkeit dieses ‚Elements' dar, sondern auch seine Bezwingung durch den Menschen. Es wurden Schiffe gebaut, um das Meer zu befahren, und Brücken, um die Flüsse zu überqueren. Die Ruhe der Teiche wurde in Wassergärten kultiviert wie die Heilkraft der Quellen durch kunstvolle Einfassungen nutzbar gemacht wurde.
Wer die Bilder, die Künstler sich vom Wasser gemacht haben, aufmerksam betrachtet, wird die Unterschiede der Kulturen erkennen. Er wird aber auch eine große Gemeinsamkeit entdecken: Die Abhängigkeit des Menschen vom lebensspendenden Wasser und seine Bewunderung für dessen Vielgestaltigkeit.

Arte ed acqua – xilografie giapponesi testimoniano l'ammirazione dell'uomo per questo elemento

La rappresentazione dell'acqua riveste un ruolo importante nell'arte. Laghi, fiumi e mari affascinano l'uomo da sempre. Essi non sono solo essenziali fonti di nutrimento e vie di trasporto, ma anche spettacoli elementari della natura. Gli artisti cercano da sempre di immortalare l' "elemento" acqua sulla tela, illustrando così, nel corso dei secoli, uno scorcio di storia dell'umanità. Nei loro quadri essi non riproducono soltanto la molteplicità di questo elemento, ma anche i cambiamenti impostigli dall'uomo. Si costruirono navi per percorrere il mare e ponti per attraversare i fiumi. La quiete degli stagni fu trasportata nei giardini, come anche il potere curativo delle fonti venne reso utile per mezzo di fontane artistiche. Chi osserva attentamente le opere create dagli artisti che riproducono l'immagine dell'acqua, riconoscerà di certo le differenze di cultura. Vi troverà, però, un importante aspetto in comune: la dipendenza dell'uomo dall'acqua dispensatrice di vita e la sua ammirazione per il polimorfismo di quest'ultima.

Kunst en water – Japanse houtsnijwerken zijn een getuigenis van de bewondering van de mensen voor dit element

In de kunst wordt aan het water veel aandacht besteed. Meren, rivieren en zeeën fascineren de mensen reeds van oudsher. Zij zijn niet alleen van levensbelang voor de voedselvoorziening en transportwegen maar ook elementaire natuurschouwspelen. Kunstenaars hebben steeds weer getracht het „element" water op het doek te vereeuwigen. Daarmee hebben ze in de loop der eeuwen een stuk geschiedenis der mensheid geïllustreerd. In de schilderkunst werd niet alleen de veelzijdigheid van dit „element" afgebeeld, maar ook zijn beheersing door de mensen. Schepen werden gebouwd om de zeeën te bevaren en bruggen om de oevers van rivieren met elkaar te verbinden. De rust van vijvers werd in tuinen gecultiveerd en de geneeskracht van kunstig omsloten bronnen kon uitgenut worden.
Wie de taferelen die kunstenaars van het water hebben gemaakt aandachtig bekijkt, zal ook kultuurverschillen herkennen. Maar hij zal ook een grote overeenkomst ontdekken: De menselijke afhankelijkheid van het water als levensbron en zijn bewondering voor zijn veelzijdigheid.

Art et eau – ces estampes japonaises sont témoins de l'admiration de l'homme pour l'eau

L'art a toujours accordé à la représentation de l'eau une place importante. Lacs, fleuves et mers ont toujours exercé une grande fascination sur l'homme. Car ceux-ci ne sont pas seulement essentiels en tant que sources de nourriture et voies de transport mais aussi des spectacles naturels élémentaires. Les artistes n'ont cessé de tenter de fixer «l'élément» eau sur la toile et ainsi ont-ils illustré au cours des siècles une partie de notre histoire. Dans leurs œuvres, ils n'ont pas seulement représenté la diversité de cet «élément» mais aussi sa conquête par l'homme. Les bateaux ont permis de sillonner les mers, les ponts à traverser les cours d'eau. Les étangs paisibles sont devenus jardins et des retenues ingénieuses ont su rendre utile le pouvoir guérisseur des sources.
Quiconque regarde attentivement ce que les artistes ont fait de l'eau, remarque les différences entre les cultures. Pourtant, cette dépendance de l'homme envers l'eau restera le grand point commun. Elle est source de vie, on ne peut jamais assez l'admirer.

Art and water – Japanese woodcuts bear witness to man's admiration for this element

The depiction of water plays a very significant role in art. Rivers, lakes and seas have fascinated man since the beginning of time. They are not just vital sources of food and transport routes, they are also elemental natural spectacles. Artists have attempted over and over again to depict the element of water on canvas. In doing so they have over the centuries illustrated a piece of human history. In their pictures they depict not only the multiplicity of this element but also the way in which man has attempted to overcome it. Ships were built to navigate the seas and bridges to cross the rivers. The tranquillity of ponds was cultivated in water gardens while the healing power of sources was put to use by constructing artistic kerbs.
Those who take a closer look at the pictures which artists have made of water will recognize the differences between the cultures. They will however also discover one factor which all have in common: man's dependence on this life-giving element and his admiration for its manifoldness.

„Der Wirbel von Naruto
in der Provinz Awa"
Andô Hiroshige

"Il vortice di Naruto
nella provincia di Awa"
Andô Hiroshige

„De draaikolk van Naruto
in de provincie Awa"
Andô Hiroshige

«Le tourbillon de Naruto
dans la Province Awa»
Andô Hiroshige

"The Naruto whirlpool
in the Province of Awa"
Andô Hiroshige

„Der Kirifuri-Wasserfall
bei Kurokaiyama in
der Provinz Shimotsuke"
Katushika Hokusai

"La cascata di Kirifuri
presso Kurokayama, nella
provincia di Shimotsuke"
Katushika Hokusai

„De Kirifuri-waterval
bij Kurokayama in de
provincie Shimotsuke"
Katushika Hokusai

«La cascade de Kirifuri
près de Kurohaiyama dans
la province de Shimotsuke»
Katushika Hokusai

"The Kirifuri Waterfall
near Kurokaiyama in the
Province of Shimotsuke"
Katushika Hokusai

„Der Wasserfall bei Yoshino in der Provinz Yamato"
Katushika Hokusai

„De waterval bij Yoshino in de provincie Yamato"
Katushika Hokusai

"The Waterfall near Yoshino in the Province of Yamato"
Katushika Hokusai

"La cascata vicino Yoshino nella provincia di Yamato"
Katushika Hokusai

«La cascade près d'Yoshino dans la Province Yamato»
Katushika Hokusai

Katushika Hokusai (1760–1849)
„Die Woge"

Katushika Hokusai (1760–1849)
"Il flutto"

„De golf"
Katushika Hokusai (1760–1849)

Katushika Hokusai (1760–1849)
«La vague»

Katushika Hokusai (1760–1849)
"The wave"

Andô Hiroshige (1797–1858) „Blick auf die Wasserstrudel"

Andô Hiroshige (1797–1858) "Vista su vortici d'acqua"

Andô Hiroshige (1797–1858) „Blik op de waterkolk"

Andô Hiroshige (1797–1858) «Une sur le tourbillon d'eau»

Andô Hiroshige (1797–1858) "View of whirling water"

„Der Urami-Wasserfall in Shimotsuke"
Andô Hiroshige

"La cascata di Urami a Shimotsuke"
Andô Hiroshige

„De Urami-waterval in Shimotsuke"
Andô Hiroshige

«La cascade d'Urami à Shimotsuke»
Andô Hiroshige

"The Urami Waterfall in Shimotsuke"
Andô Hiroshige

„Die Inakawa-Brücke in Noriji auf dem Kisokaidô" Keisai Eisen (1790–1858) und Andô Hiroshige (1797–1858)

"Il ponte Inakawa a Noriji sul Kisokaido" Keisai Eisen (1790–1858) Andô Hiroshige (1797–1858)

„De Inakawa-brug in Noriji op de Kisokaidô" Keisai Eisen (1790–1858) en Andô Hiroshige (1797–1858)

«Le pont d'Inakawa à Noriji sur le Kisokaidô»
Keisai Eisen (1790–1858) et
Andô Hiroshige (1797–1858)

"Inakawa Bridge in Noriji on the Kisokaidô"
Keisai Eisen (1790–1858) and
Andô Hiroshige (1797–1858)

Andô Hiroshige
(1797–1858)
Die Schwertfelsen
– „Bo-Ro-Wa"

Andô Hiroshige
(1797–1858)
Le rocce-spada
"Bo-Ro-Wa"

„Bo-Ro-Wa"
Andô
Hiroshige
(1797–1858)

Andô Hiroshige
(1797–1858)
Les falaises
– «Bo-Ro-Wa»

Andô Hiroshige
(1797–1858)
The Sword Rocks
– "Bo-Ro-Wa"

„Der Urami-Wasserfall“
Keisai Eisen (1790–1848)

"La cascata di Urami"
Keisai Eisen (1790–1848)

«La cascade d'Urami»
Keisai Eisen (1790–1848)

„De Urami-waterval"
Keisai Eisen (1790–1848)

"The Urami Waterfall"
Keisai Eisen (1790–1848)

六十余州名所図会
隠岐
焚火の社
広重筆

◄ Andô Hiroshige
„Takiwi co yashiro" (1797–1858)

Andô Hiroshige (1797–1858)
„Die Ohasi-Brücke bei Regen"

Andô Hiroshige
"Takiwi co yashiro" (1797–1858)

Andô Hiroshige (1797–1858)
"Il ponte di Ohasi sotto la pioggia"

Andô Hiroshige
„Takiwi co yashiro" (1797–1858)

Andô Hiroshige (1797–1858)
„De Ohasi-brug bij regen"

Andô Hiroshige
«Takiwi co yashiro» (1797–1858)

Andô Hiroshige (1797–1858)
«Le pont du Ohasi sous la pluie»

Andô Hiroshige
"Takiwi co yashiro" (1797–1858)

Andô Hiroshige (1797–1858)
"The Ohasi Bridge in the rain"

Katsushika Hokusai (1760–1849)
„Die Yahagi-Brücke in der Provinz am Tôkaidô"

Katsushika Hokusai (1760–1849)
"Il ponte di Yahagi nella provincia di Tôkaidô"

Katsushika Hokusai (1760–1849) „De Yahagi-brug in de provincie aan de Tôkaidô"

Katsushika Hokusai (1760–1849) «Le pont du Yahagi dans la province près du Tôkaidô»

Katsushika Hokusai (1760–1849) "The Yahagi Bridge in the Province of Tôkaidô"

吳偉

◀ „Winterstimmung an einem See"
Rollbild, 16. Jahrhundert Kano-Schule

"Paesaggio invernale di un lago"
Kakemono del 16° secolo, Scuola di Kano

„Winterstemming aan een meer"
rolschildering, 16e eeuw Kano-School

«Impression hivernale sur un lac»
Rouleau du 16e siècle, Ecole-Kano

"Winter atmosphere by a lake"
scroll, 16th Century Kano School

Utagawa Toyokuni (1760–1825)
„Wintereinbruch"
Mehrfarben-Holzschnitt

Utagawa Toyokuni (1760–1825)
"L'inizio dell'inverno"
xilografia multicolore

Utagawa Toyokuni (1760–1825)
„Het invallen van de winter"
meerkleuren-houtsnede

Utagawa Toyokuni (1760–1825)
«Entrée de l'hiver»
Gravure sur bois polychrome

Utagawa Toyokuni (1760–1825)
"Winter weather"
woodcut in several colours

Katsushika Hokusai (1760–1849)
„Wunderbare Ansichten berühmter Brücken in den Provinzen"

Katsushika Hokusai (1760–1849)
"Stupende panoramiche di famosi ponti di provincia"

Katsushika Hokusai (1760–1849)
„Fraaie afbeeldingen van beroemde bruggen in de provincies"

Katsushika Hokusai (1760–1849)
«Merveilleuses vues de célèbres ponts dans les provinces»

Katsushika Hokusai (1760–1849)
"Wonderful views of famous bridges in the provinces"

Andô Hiroshige (1797–1858)
„Der Gokei-Fluß im Gewitterregen"

Andô Hiroshige (1797–1858)
"Il fiume Gokei sotto la pioggia temporalesca"

Andô Hiroshige (1797–1858)
„De Gokei-rivier in een onweersbui"

Andô Hiroshige (1797–1858)
«La rivière Gokei sous une pluie d'orage»

Andô Hiroshige (1797–1858)
"The Gokei River in thundery rain"

Andô Hiroshige
„Der Fuji von Ryôgoku Tôto aus gesehen"

Andô Hirosighe (1797–1858)
"Il Fuji visto da Ryôgoku Tôto"

Andô Hiroshige (1797–1858)
„De Fuji vanuit Ryôgoku Tôto gezien"

Andô Hiroshige (1797–1858)
«Le mont Fuji vu de Ryôgoku Tôto»

Andô Hiroshige (1797–1858)
"Mount Fuji seen from Ryôgoku Tôto"

Kano Eitoku (1543–1590)
„Gebirgslandschaft mit Shinto-Heiligtum und Wasserfall"

Kano Eitoku (1543–1590)
"Paesaggio montagnoso con il santuario di Shinto e cascata"

Kano Eitoku (1543–1590)
„Berglandschap met Shinto-heiligdom en waterval"

Kano Eitoku (1543–1590)
«Paysage de montagne avec un sanctuaire Shinto et une cascade»

Kano Eitoku (1543–1590)
"Mountain landscape with Shinto shrine and waterfall"

Andô Hiroshige (1797–1858)
„Die Trommelbrücke von Kameido"
Vierfarbenholzschnitt, Juli 1856

Andô Hiroshige (1797–1858)
"Ponte con arcata a tamburo di Kameido"
xilografia a 4 colori, luglio 1856

Andô Hiroshige (1797–1858)
„De trommelbrug van Kameido"
vierkleuren-houtsnede

Andô Hiroshige (1797–1858)
«Le pont de Kameido»
Gravure sur bois quadrichromie, juillet 1856

Andô Hiroshige (1797–1858)
"The drum bridge of Kameido"
Woodcut in four colours, July 1856

1

Des Menschen Seele gleicht dem Wasser.
Vom Himmel kommt es, zum Himmel steigt es,
und wieder nieder zur Erde muß es;
ewig wechselnd.

L'anima dell'uom rammenta l'acqua.
Dal cielo viene, al cielo sale, e alla terra
nuovamente deve tornare;
eterna alternanza.

De ziel van de mens aardt naar het water.
Het komt uit de hemel, het stijgt op naar de
hemel,
en keert dan weer naar de aarde terug:
een eeuwige kringloop.

L'âme de l'homme est semblable à l'eau,
qui vient du ciel, monte au ciel,
et doit descendre sur terre à nouveau,
dans un mouvement perpétuel.

The soul of man is akin to water.
It comes from Heaven and ascends to Heaven,
and then it must return to earth again,
eternally alternating.

James Joyce
Ulysses – Wunder Wasser

Was bewunderte Bloom, der Wasserfreund, der Wasserzapfer, der Wasserträger, am Wasser, während er zur Feuerstelle zurückkehrte? Seine Universalität: seine demokratische Gleichheit und Konstanz gegenüber seiner Natur, indem es sich seine eigene Oberfläche suchte: seine riesige Ausdehnung als Ozean... die Rastlosigkeit seiner Wellen und Oberflächenpartikel, die umschichtig alle Punkte seines Gestades besuchten: die Unabhängigkeit seiner Einheiten: die Variabilität der Zustandsformen des Meeres: seine hydrostatische Ruhe bei Windstille: seine hydrokinetische Geschwollenheit bei Nipp- und Springfluten: seine Gelassenheit nach Verheerungen... seine klimatische und kommerzielle Bedeutung: sein Überwiegen im Verhältnis 3 zu 1 gegenüber dem trockenen Land auf der Erdkugel... seine Fähigkeit, alle lösbaren Substanzen einschließlich Millionen von Tonnen der edelsten Metalle aufzulösen und in Lösung zu halten: seine langsamen Erosionen von Halbinseln und Inseln... sein Gewicht, sein Volumen und seine Dichte: seine Unerschütterlichkeit in Lagunen, Atollen und Bergseen...seine Gewalt bei Seebeben, Wasserhosen, artesischen Brunnen, Eruptionen, Gießbächen, Strudeln, Hochwassern, Überschwemmungen, Grunddünungen, Wasserscheiden, Einzugsgebieten, Geisern, Katarakten, Wirbeln, Maelströmen, Überflutungen, Sintfluten, Wolkenbrüchen... sein geheimes Vorhandensein in Quellen und als latente Feuchtigkeit... die Einfachheit seiner Zusammensetzung, nämlich aus zwei Bestandteilen Wasserstoff und einem Bestandteil Sauerstoff... seine Eignung zum Reinigen, zum Löschen von Durst und Feuer, zur Nährung der Vegetation... seine Metamorphosen als Dunst, Nebel, Wolke, Regen, Graupel, Schnee, Hagel... seine Allgegenwärtigkeit, insofern es 90 Prozent des menschlichen Körpers bildete.

Giuseppe Brunamontini
I fiumi nell'arte

È di nascita relativamente recente (1647 – 51), eppure la fontana dei *Quattro fiumi* rappresenta quanto di meglio abbia potuto raggiungere sul tema l'arte barocca. L'autore è il grande Gian Lorenzo Bernini e il gruppo scultoreo, una delle sue opere più fortunate, si colloca al centro di Piazza Navona, vale a dire in una cornice fra le più suggestive del mondo. Essa esprime tutta la genialità della sua mente creativa, unendo all'elemento plastico e paesaggistico composto di rocce, alberi, animali quella componente sonora costituita dal crosciare dell'acqua.
È l'idea di fondere la natura con lo spazio urbano, fondamentale nella poetica berniniana, e quindi di portare l'acqua come elemento "architettonico" delle città. Qui tutto ciò gli riesce quasi al naturale, facendo perfino "sentire" il vento che piega le chiome delle palme, mentre le quattro statue allegoriche dei continenti e l'obelisco egizio che svetta verso il cielo dimostrano quanto l'arte si erga sulla natura.
Son pochi coloro che non hanno ammirato, e magari legato suggestivi ricordi a questa fontana dei *Quattro fiumi*, che sembra perfino superfluo aggiungere Roma al nome famoso della piazza.
Certo, è forse l'esempio più evidente, e sotto gli occhi di tutti, di quanto l'arte e i fiumi siano strettamente collegati. Altrimenti bisogna recarsi al Louvre, a Parigi, per ammirare la statua colossale del *Tevere*, oppure ai Musei Vaticani per godersi la *Personificazione del Nilo*. Ma quanti altri innumerevoli esempi si potrebbero proporre?
A questo punto sarà opportuno tentare una differenziazione, considerando i grandi fiumi come diretti ispiratori di opere d'arte, da un lato, e come fattori determinanti per la formazione delle più antiche civiltà e conseguenti arti, dall'altro.
Naturalmente qualche spiegazione storico-culturale è d'obbligo, a cominciare dai gruppi statuari celebrativi.
Le due statue cui accennavamo furono scoperte ad un anno di distanza l'una dall'altra, esattamente nel 1512 e 1513, nella zona

Basho
De smalle weg naar het hoge noorden

Toen ik langs de rivier de Fuji voortploeterde zag ik op de oever een klein kind van nauwelijks drie jaar oud, dat waarschijnlijk door zijn ouders achtergelaten was en dat jammerlijk huilde. Zij moeten gedacht hebben dat dit kind niet in staat zou zijn om de stormachtige rivieren van het leven te bevaren – die even hard stromen als deze rivier zelf – en dat hij voorbestemd was om een korter leven te hebben dan dat van de morgendauw. Het kind leek mij zo breekbaar als de bloemen van de bosklaver die bij het minste zuchtje van de herfstwind verspreid worden, en ik had zo'n medelijden met hem dat ik hem het weinige voedsel gaf dat ik bij mij had.

> De oude dichter
> die medelijden had met krijsende apen
> wat zou hij hiervan zeggen;
> een kind huilend in de herfstwind.

Hoe komt het dat dit kind in deze staat van uiterste ellende is beland? Wilde zijn moeder niets meer van hem weten, of verliet zijn vader hem? Helaas, het lijkt mij dat het onverdiende lijden van dit kind door iets veel groters en belangrijkers wordt veroorzaakt – door wat men de onweerstaanbare wil van de hemel zou kunnen noemen. Als dat zo is, mijn kind, moet je je stem tot de hemel verheffen, en ik moet verdergaan en jou hier achterlaten.
De dag dat ik de rivier de Oi wilde oversteken, regende het van 's morgens vroeg tot 's avonds laat en ik werd opgehouden door de gezwollen rivier.

> Een lange regenachtige herfstdag,
> mijn vrienden in Edo
> tellen misschien de dagen,
> denkend aan ons bij de rivier de Oi.
> *(geschreven door Chiri)*

Guy de Maupassant
Sur l'eau

J'avais loué, l'été dernier, une petite maison de campagne au bord de la Seine, à plusieurs lieues de Paris, et j'allais y coucher tous les soirs. Je fis, au bout de quelques jours, la connaissance d'un de mes voisins, un homme de trente à quarante ans, qui était bien le type le plus curieux que j'eusse jamais vu. C'était un vieux canotier, mais un canotier enragé, toujour près de l'eau, toujours sur l'eau, toujours dans l'eau. Il devait être né dans un canot, et il mourra bien certainement dans le canotage final.
Un soir que nous nous promenions au bord de la Seine, je lui demandai de me raconter quelques anecdotes de sa vie nautique. Voilà immédiatement mon bonhomme qui s'anime, se transfigure, devient éloquent, presque poète. Il avait dans le cœur une grande passion, une passion dévorante, irrésistible: la rivière.
– Ah! me dit-il, combien j'ai de souvenirs sur cette rivière que vous voyez couler là près de nous! Vous autres, habitants des rues, vous ne savez pas ce qu'est la rivière. Mais écoutez un pêcheur prononcer ce mot. Pour lui, c'est la chose mystérieuse, profonde, inconnue, le pays des mirages et des fantasmagories, où l'on voit, la nuit, des choses qui ne sont pas, où l'on entend des bruits que l'on ne connaît point, où l'on tremble sans savoir pourquoi, comme en traversant un cimetière: et c'est en effet le plus sinistre des cimetières, celui où l'on n'a point de tombeau.
La terre est bornée pour le pêcheur, et dans l'ombre, quand il n'y a pas de lune, la rivière est illimitée. Un marin n'éprouve point la même chose pour la mer. Elle est souvent dure et méchante, c'est vrai, mais elle crie, elle hurle, elle est loyale, la grande mer; tandis que la rivière est silencieuse et perfide. Elle ne gronde pas, elle coule toujours sans bruit, et ce mouvement éternel de l'eau qui coule est plus effrayant pour moi que les hautes vagues de l'Océan.

R.P. Masani
Holy Wells and Tanks

With the learned author of *Tom Tit Tot* we also think with sympathy of the worship of the saint Khwaja Khizr, who is believed by the Syrians to have caused water to flow in the Sabbati fountain in northern Syria and who is ranked among the prophets by the Mahomedans and recognised by the Hindus as a patron saint of boatmen, his Moslem name being Hinduised into Raja Kidar or Kawaj or Pir Badra. He is, however, most widely known as the patron saint of the water of immortality. When the great Sikandar, Alexander of Macedon, went in quest of the blessed waters, Khizr accompanied him, as a guide, to Zulmat, the region of darkness, where the spring of the water of immortality was believed to exist. When they reached Zulmat, Khizr said that only 12 persons should enter that region on 12 mares and that each mare's colt should be tied outside so that should any one lose his way, the mare on which he rode might lead him back to the starting point, following the direction from which she would hear the neighing of her colt. This course was followed. According to one account, the party succeeded in reaching the coveted spring. Khizr drank from it first and then asked Sikandar to drink as much as he liked. The conqueror of the East, however, stood still. He saw before him some very aged birds in a pitiable condition, longing for death and muttering *maut, maut, maut,* death, death, death! Death, however, would not come to them as they had tasted the water of immortality. This was enough to unnerve Alexander and he turned back without tasting the water.
According to another tradition, Khizr slipped away in the region of darkness, went alone to the spring and drank from it. Alexander and his comrades lost their way and were only able to emerge from the darkness with the help of their mares who instinctively followed the direction whence they heard the neighing of their colts.
In India the fish is believed to be the vehicle of Khwaja Khizr. Its image is therefore painted over

Peter Rosei
Wege – Das Erwachen der Flüsse

Die dunkleren Gespinste der Wolken haben sich heller gefärbt, das Licht ist eingebrochen. Scharf wehte der Wind jetzt um die Häupter der Hügel, als Pferd mit fliegender Mähne stürmte er über die Ebene hin, wo sich Bäume wie Peitschen gespannt haben. Ich stieg den Hang hinauf, und der Wind wohnte in meinem Haar. Zwischen den Schritten konnte ich nicht verlorengehen. War ich auch allein, so hatte ich doch meinen Weg durch den aufgehenden Tag. Die Wolken hatten Segel aufgespannt, und so flog ich mit ihnen. Die Feldsteine ließ ich wie meine Stapfen hinter mir zurück.
Oder der steinige Abhang, die leere Wange eines Abhangs, und unten ein Tal, ein weites Tal: Es ist ein Tal wie ein aus Steinen geformter Trog und darüber beschreiten die Vögel leichtgebaute, luftige Stege. Ich habe nicht gefragt, welche Richtung das Tal nimmt, ich habe es seine Richtung einschlagen lassen, leer wie es war, ohne Straße, ohne Dorf, ohne Menschen. Drüben der Hang, klar und scharf in der Helle der Luft, die kahle Wange des Hangs in lichtem Grau, Mäntel von Geröll, die weglosen Geröllzonen, und darüber die Felsenberge, fünf Türme und dahinter ein steinernes Meer. Fünf Türme, ich habe sie unterschieden wie Aufbauten gepanzerter Schiffe, die aus der See tauchen, aus einem eisenfarbenen Ozean, schief gegeneinander versetzt, Drachenzähne des Erddrachens, ihre Schatten fallen ins Tal. Fast ist es, als stürzten sie. Aber sie stürzen nicht. Sie wachsen höher aus der Erde. Fremd stehen sie in den Himmel hinein. Auf der Kante des Abhanges war ich aufgestellt, ein atmender Fels. Wortlos bin ich der Augenzeuge gewesen. Am Himmel sah ich Wolkenbänder von schneeigem Weiß. Sie waren in der Tiefe des Himmels befestigt, gehalten von der Atemlosigkeit des Windes, und darunter hingen dunklere Wolken wie Laub, das durch den Herbst fliegt, ja, sie bewegten sich, und ihre Schatten fielen, jene der Berge überschneidend, ins Tal. Die Sonne war mir verborgen, die Sonne sah ich nicht. Doch sie war unterwegs, das wußte ich, sie war da, strahlend in der Finsternis des Alls, wo auch meine Erde hinflog und wo die blühenden Gestirne waren in einer ungeheuren

Giuseppe Brunamontini
I fiumi nell'arte

dell'Iseo Campense in Roma, presso S. Maria della Minerva, e presentano significative analogie strutturali, nella positura sdraiata e nel volto barbuto.
Per ciò che concerne il Tevere, la scultura è quella di un vigoroso uomo semisdraiato su di un plinto che sembra fluttuare; è seminudo e impugna nella mano sinistra un remo appoggiato alla spalla, mentre la destra, che spinge contro il suolo, regge una cornucopia carica di frutta. Accanto, la lupa che nutre Romolo e Remo e nel basamento sbalzato scene che ricordano le origini di Roma. Il capo circondato da un serto di foglie.
L'ispirazione ellenistica
D'altra parte, la cospicua iconografia con la quale l'arte dà espressione allo storico fiume si rifà ad una tipologia di ispirazione ellenistica, di gusto classicheggiante, quasi derivata, pur nella molteplicità delle interpretazioni, da un unico modello. E questo vale anche per la pittura, come si può notare negli affreschi della casa di Romolo e Remo a Pompei e nelle raffigurazioni del colombario Esquilino sulla nascita di Roma. Ce ne era uno a Villa Adriana, presso Tivoli, purtroppo oggi scomparso, in cui al Tevere veniva riferito un preciso fatto storico: esattamente quando Marte gli affida i gemelli. Naturalmente il Tevere, come la maggior parte dei fiumi dell'antichità, fu oggetto di venerazione, peraltro mai troppo profonda; evidentemente era solo una componente della grande civiltà romana. La quale, comunque, gli consentiva di battere moneta, e numerose sono le effigi del Tevere riportate sulla pecunia di allora. La più frequente, quella che si rifà alla scultura del Louvre, usata dalla zecca di Antonino Pio e di Marco Aurelio.
C'è poi una specie di gemellaggio, in una moneta di Alessandria, in cui il Tevere appare nel gesto di stringere la mano al Nilo. Fiumi come uomini, sarebbe il caso di dire.
Ben più evidente è il carattere di divinità fluviale riconosciuto al grande padre dell'Egitto, anche se le sue raffigurazioni non assumono impronte proporzionatamente definite rispetto alla nascita e alla progressione del culto cui veniva

Basho
De smalle weg naar het hoge noorden

De volgende dag verliet ik de berg Haguro en kwam bij de stad Tsuru-ga-oka, waar ik warm ontvangen werd door de samurai Shigeyuki. Samen met hem en Zushi Sakichi die mij de hele weg vanaf de berg Haguro had vergezeld, maakten wij een boek met gebonden verzen. Nadat ik van hem afscheid had genomen, voer ik opnieuw de rivier de Mogami af en kwam bij de haven van Sakata waar ik door de arts Fugyoku werd onthaald.

> Het genot van de avondkoelte
> op het strand van Fukuura,
> de berg Atsumi achter mij
> ligt nog in de hete zon.
>
> De rivier Mogami –
> de brandende zomerzon
> verdronken in de golven.

Sinds mijn vertrek had ik onnoemlijk veel natuurschoon gezien dat door land, water, bergen en rivieren was gevormd. Toch kon ik de behoefte niet onderdrukken om de wonderbaarlijke schoonheid van Kisagata te gaan bekijken, een binnenzee die ten noordoosten van Sakata ligt. Ongeveer tien mijl volgde ik het smalle pad, beklom steile heuvels, daalde af naar de rotsige kust en sleepte mij voort langs het zanderige strand. Maar net toen de vage zon de horizon naderde stak er vanuit zee een sterke wind op die de fijne zandkorrels en regen opblies, zodat zelfs de berg Chokai onzichtbaar werd. Halfblind kroop ik verder tot ik tenslotte een vissershut bereikte, overtuigd dat, als er in deze donkere regen zoveel moois te zien was, het bij helder weer helemaal schitterend moest zijn. Een heldere lucht en een stralende zon begroetten mij de volgende ochtend en in een open boot voer ik de binnenzee over. Eerst

Guy de Maupassant
Sur l'eau

Des rêveurs prétendent que la mer cache dans son sein d'immenses pays bleuâtres, où les noyés roulent parmi les grands poissons, au milieu d'étranges forêts et dans des grottes de cristal. La rivière n'a que des profondeurs noires où l'on pourrit dans la vase. Elle est belle pourtant quand elle brille au soleil levant et qu'elle clapote doucement entre ses berges couvertes de roseaux qui murmurent.
Le poète a dit en parlant de l'Océan:
O flots, que vous savez de lugubres histoires!
Flots profonds, redoutés des mères à genoux,
Vous vous les racontez en montant les marées
Et c'est ce qui vous fait ces voix désespérées
Que vous avez, le soir, quand vous venez vers nous.
Eh bien, je crois que les histoires chuchotées par les roseaux minces avec leurs petites voix si douces doivent être encore plus sinistres que les drames lugubres racontés par les hurlements des vagues.
Mais puisque vous me demandez quelques-uns de mes souvenirs, je vais vous dire une singulière aventure qui m'est arrivée ici, il y a une dizaine d'années.
J'habitais, comme aujourd'hui, la maison de la mère Lafon, et un de mes meilleurs camarades, Louis Bernet, qui a maintenant renoncé au canotage, à ses pompes et à son débraillé pour entrer au Conseil d'Etat, était installé au village de C..., deux lieues plus bas. Nous dînions tous les jours ensemble, tantôt chez lui, tantôt chez moi.
Un soir, comme je revenais tout seul et assez fatigué traînant péniblement mon gros bateau, un océan de douze pieds, dont je me servais toujours la nuit, je m'arrêtai quelques secondes pour reprendre haleine auprès de la pointe des roseaux, là-bas, deux cents mètres environ avant le pont du chemin de fer. Il faisait un temps magnifique; la lune resplendissait, le fleuve brillait, l'air était calme et doux. Cette tranquillité me tenta; je me dis qu'il ferait bien bon fumer une pipe en cet endroit. L'action suivit la pensée; je saisis mon ancre et la jetai dans la rivière.

R.P. Masani
Holy Wells and Tanks

the doors of Hindus and Mahomedans in Northern India and it became the family crest of one of the royal families of Oudh. When a Mahomedan lad is shaved for the first time, a prayer is offered to the saint and a little boat is launched in his honour in a tank or river. The Hindus as well as the Mahomedans in Upper India invoke his help when their boats go adrift and they worship him by burning lamps and by setting afloat on a village pond a little raft of grass with a lighted lamp placed upon it. A Mahomedan friend who has often taken part in this ceremony which is known as *Khwaja Saheb ka Dalya*, has favoured me with the following description of it: "On the evening of the ceremony people congregate by the side of the river and bring with them a quantity of *dalya*, a confection of wheat, and a tiny boat prepared for the occasion. They then light a *diva* or ghee lamp, and place it by the side of the *dalya*, which is then consecrated in the name of Khwaja Khizr by reading *Fatiha* over it. A portion of the confection is then placed in the boat which is launched in the river with the small lamp in it. The remaining portion is distributed amongst friends and relations and the poor."
As a rule the Mahomedans do not worship water. They, however, hold the well Zumzum in Mecca in great veneration. It is believed that this single well supplies water to the whole city and that its water comes up bubbling on occasions of religious fervour. The water of the well is also credited with miraculous properties and on their return from the pilgrimage to the holy city almost all the Hajis (pilgrims) bring home the water of Zumzum in small tins and distribute it amongst friends who use it as a cure for several diseases and also sprinkle it on the sheet covering the dead.
No other holy well attracts the followers of Islam, but for the Hindus the number of such places of pilgrimage is legion. Particularly do they flock in numbers to the sacred rivers which

Peter Rosei
Wege – Das Erwachen der Flüsse

Zeit. Der Morgen war der Rauch meines Atems, wiederkehrend, wachsend, und was an Wärme in dieser Welt dampfte, war in mir. Sollte ich absteigen in die Ödnis des Tales, sollte ich aufsteigen zur feindlicheren Öde der Berge? In der Mitte schritt ich am Hang dahin, in der Kälte des Aufwinds. Nebel strichen über mein Gesicht. Schweigend spielte der Wind um die Löcher des Felses. In den Steinwüsten waren meine Blicke verloren wie meine Rufe in der Stille. Ruhelos trieb ich mich zwischen Abgründen herum. An Tümpeln ließ ich Steine in eisige Tiefe sinken. Mein Abbild im Wasser erkannte ich nicht. Es gibt dich, habe ich gedacht, du lebst, aber Gewißheit hatte ich nicht. So ferne war mir der Tag gerückt, eine unwirtliche Fremde umgab mich, an den finsteren Anfang war ich zurückverschlagen, in die Nacht jedes Beginns.
Anders aber ist es, in das Erwachen der Flüsse zu schauen, gegen die Helle dampfender Wasser, wo Äste darüberhängen und Zweige schleifen. So gleichmäßig strömen die Wasser in der Mitte dahin, quer durch die leise atmende Welt. In den Wiesen hat sich die Kühle des Taus auf meine Augen gelegt. Von Hügeln bin ich gekommen. Lang schon waren die graugrünen Bänder der Flüsse in meine Blicke gewirkt. In den Hohlwegen lag noch Dunkel, seitwärts sah ich Gestrüpp und die stumme Schichtung des Tegels. Vor mir war, zahlreiche Inseln umgreifend, der vielgliedrige, brückenlose Strom. Da hatte er über die Weite sein schimmerndes Haar ausgebreitet. Gut eingebettet war das flüssige Wasser im Antlitz der Erde, so floß es eine mäßige Neigung bergab gegen das endgültige Meer. Groß war die Schale der Welt, sicher gebaut, ein Oval gegen die graue, geschwungene Linie des Horizonts, und darunter die dämmernde Mitte, wo der Strom seine zahllosen Wege ging. Die Flußarme hatten ihren Platz, die Augen und die Sandbänke. Meiner bedurfte es nicht. So habe ich mich in das Schauen zurückgezogen, in das Hören und in das Riechen. Vom Fluß her wehten die alten Gerüche herauf, Blätter, Wasser und Holz. Als ein Zug von Gänsen aufflog, gedachte ich ihrer fernen Heimat. Weit weg verloren sie sich zwischen tiefsegelnden Wolken.

Giuseppe Brunamontini
I fiumi nell'arte

fatto oggetto. Non va dimenticato che Plutarco vedeva nel Nilo la divinità più alta del pantheon egiziano, mentre Esiodo e Diodoro attestano la sua discendenza sovrannaturale.
Feste propiziatorie gli erano tributate, riti diversi e cerimonie esaltanti la sua presenza benefica. Eppure le raffigurazioni del Nilo nell'arte egiziana sono piuttosto scarse, da contarsi sulle dita di una sola mano: due statuette, conservate rispettivamente presso il British Museum ed il Museo Gregoriano Egizio del Vaticano, e due bronzetti custoditi nel Museo di Bulaq, probabilmente oggi scomparse.
Numerose, invece, le opere dovute all'arte greca e romana. La più famosa, come s'è detto, è quella conservata nei Musei Vaticani: figura sdraiata, con 16 putti – i famosi 16 cubiti a cui saliva il livello del fiume – arrampicati sul suo corpo, mentre una cornucopia raffigura l'opulenza della natura. Eppure essa può considerarsi una ripetizione di quanto già venne scolpito, sotto Vespasiano, nel tempio della Pace a Roma. Un'opera in basalto nero a significare la sorgente etiopica dell'acqua. Naturalmente le tipologie, pur somiglianti, assumono diversificate caratteristiche con aggiunta di figure, come il coccodrillo o l'ippopotamo per non parlare della stessa Sfinge, strettamente connesse con la terra bagnata dal fiume. E qui l'iconografia è ricchissima e distribuita nel mondo intero. D'altra parte, le sembianze umane con le quali venivano raffigurati i singoli fiumi, oltre a favorirne la generica individuazione, evidentemente ne propiziavano il culto, ponendoli fra le forze più efficaci della natura e, quindi, tra le principali dell'Olimpo locale. L'Acheloo, la cui devozione era prescritta dall'oracolo di Dodona, e l'Alfeo venivano comunque venerati nell'intera Grecia.
Ma l'idolatria per le divinità fluviali precedeva, come del resto era naturale, la civiltà classica. Per i Greci medesimi i fiumi discendevano da Oceano; altrimenti li supponevano di provenienza celeste.

Basho
De smalle weg naar het hoge noorden

landde ik op een klein eilandje dat naar de priester Noin was genoemd en ik bekeek zijn hut. Toen voer ik naar de overkant waar een zeer oude kerseboom stond waarover de dichter Saigyo geschreven had, „zeilend over de golven van bloesems". Daar lag ook het mausoleum van keizerin Jingu en de tempel Kanmanjuji. Ik was verbaasd om te horen dat zij hier geweest was en terwijl ik in de grote zaal van de tempel zat die over de baai uitkeek, vroeg ik mij af of dat wel juist was.
Toen de rolgordijnen omhoog gingen ontvouwde zich een buitengewoon panorama voor mijn ogen – in het zuiden lag de berg Chokai die de hemel droeg als een zuil, met zijn weerspiegeling in het water; in het westen was nog net de grenspost van Muyamuya zichtbaar; in het oosten liep de eindeloze verhoogde weg tot Akita en in het noorden lag Shiogoshi, de mond van de baai waar de golven van de oceaan stukbreken. Hoewel het niet breder is dan een mijl doet deze baai in schoonheid niet onder voor Matsushima. Toch is er een verschil. Terwijl Matsushima van een vrolijk lachende schoonheid is, heeft Kisagata de schoonheid van een betraand gezicht. Het ligt niet alleen verlaten maar het is alsof het berouw heeft vanwege een onbekend kwaad. Inderdaad leek de baai het meest op een gekweld gezicht.

Een bloeiende zijdeboom
in de slaperige regen van Kisagata,
herinnert mij aan Mevrouw Seishi
als een droevig klaaglied.

Kraanvogels stappen rond
op het strand van Shiogoshi,
pootje badend
in de koele zee. *(Sora)*

Guy de Maupassant
Sur l'eau

Le canot, qui redescendait avec le courant, fila sa chaîne jusqu'au bout, puis s'arrêta; et je m'assis à l'arrière sur ma peau de mouton, aussi commodément qu'il me fut possible. On n'entendait rien, rien: parfois seulement, je croyais saisir un petit clapotement presque insensible de l'eau contre la rive, et j'apercevais des groupes de roseaux plus élevés qui prenaient des figures surprenantes et semblaient par moments s'agiter.
Le fleuve était parfaitement tranquille, mais je me sentis ému par le silence extraordinaire qui m'entourait. Toutes les bêtes, grenouilles et crapauds, ces chanteurs nocturnes des marécages, se taisaient. Soudain, à ma droite, contre moi, une grenouille coassa. Je tressaillis: elle se tut; je n'entendis plus rien, et je résolus de fumer un peu pour me distraire. Cependant, quoique je fusse un culotteur de pipes renommé, je ne pus pas; dès la seconde bouffée, le cœur me tourna et je cessai. Je me mis à chantonner, le son de ma voix m'était pénible; alors, je m'étendis au fond du bateau et je regardai le ciel. Pendant quelque temps, je demeurai tranquille, mais bientôt les légers mouvements de la barque m'inquiétèrent. Il me sembla qu'elle faisait des embardées gigantesques, touchant tour à tour les deux berges du fleuve; puis je crus qu'un être ou qu'une force invisible l'attirait doucement au fond de l'eau et la soulevait ensuite pour la laisser retomber. J'étais ballotté comme au milieu d'une tempête; j'entendis des bruits autour de moi; je me dressai d'un bond: l'eau brillait, tout était calme.
Je compris que j'avais les nerfs un peu ébranlés et je résolus de m'en aller. Je tirai sur ma chaîne; le canot se mit en mouvement, puis je sentis une résistance, je tirai plus fort, l'ancre ne vint pas; elle avait accroché quelque chose au fond de

R.P. Masani
Holy Wells and Tanks

are regarded as the dwelling places of some of the most benevolent deities. In Northern India the Ganges and the Jumma are known as "Ganga Mai", or Mother Ganges, and "Jumnaji" or Lady Jumna. Foremost in the rank of the holy rivers is the Ganges, which, like other rivers, is specially sacred at certain auspicious conjunctions of the planets when crowds of people are seen bathing on her banks. This sanctity is shared by several towns along the shores of the river such as Hardwar, Bithur, Allahabad, Benares and Ganga Sagar. No less sacred is the Godavari, believed to be the site of the hermitage of Gautama. When the planet *Brihaspati* (Jupiter) enters the *Sinha Rashi* (the constellation of Leo), a phenomenon which takes place once in twelve years, the holy Ganges goes to the Godavari and remains there for one year and during that year all the gods bathe in this river. Hence the pilgrimage of thousands of Hindus to Nasik to offer prayers to the Godavari. A pilgrimage similar to this is common in Russia. There, an annual ceremony of blessing the waters of the Neva is usually performed in the presence of the Czar. Multitudes flock to the site and struggle for some of the newly blessed water with which they cross themselves and sprinkle their clothes.
In his "Popular Religion and Folklore of Northern India" Crooke observes that many of the holy wells in Northern India are connected with the wanderings of Rama and Sita after their exile from Ayodhya. Sita's kitchen *(Sita ki rasoi)* is shown in various places, as at Kanauj and Deoriya in the Allahabad District. Her well is on the Bindhachal hill in Mirzapur, and is a famous resort of pilgrims. There is another near Monghyr and a third in the Sultanpur District in Oudh. The Monghyr well has been invested with a special legend. Sita was suspected of faithlessness during her captivity in the kingdom of Ravana. She threw herself into a pit filled with fire, where the hot spring now flows, and came

Friedrich Nietzsche
Zarathustra – Alles ist im Fluß

Wenn das Wasser Balken hat, wenn Stege und Geländer über den Fluß springen: wahrlich, da findet keiner Glauben, der da spricht: „Alles ist im Fluß."
Sondern selber die Tölpel widersprechen ihm. „Wie?" sagen die Tölpel, „alles wäre im Flusse? Balken und Geländer sind doch *über* dem Flusse!"
„*Über* dem Flusse ist alles fest, alle die Werte der Dinge, die Brücken, Begriffe, alles 'Gut' und 'Böse': das ist alles fest!" –
Kommt gar der harte Winter, der Fluß-Tierbändiger: dann lernen auch die Witzigsten Mißtrauen; und wahrlich, nicht nur die Tölpel sprechen dann: „Sollte nicht alles – *stille stehn?*"
„Im Grunde steht alles stille" –, das ist eine rechte Winter-Lehre, ein gut Ding für unfruchtbare Zeit, ein guter Trost für Winterschläfer und Ofenhocker.
„Im Grund steht alles still" –: *dagegen* aber predigt der Tauwind!
Der Tauwind, ein Stier, der kein pflügender Stier ist – ein wütender Stier, ein Zerstörer, der mit zornigen Hörnern Eis bricht! Eis aber – – *bricht Stege!*
O meine Brüder, ist *jetzt* nicht alles im *Flusse?* Sind nicht alle Geländer und Stege ins Wasser gefallen? Wer *hielte* sich noch an „Gut" und „Böse"?
„Wehe uns! Heil uns! Der Tauwind weht!" – Also predigt mir, o meine Brüder, durch alle Gassen!

Giuseppe Brunamontini
I fiumi nell'arte

La tesi trova riscontro nella tradizione induista secondo la quale il Gange, femminile in India, sgorgava direttamente dalla capigliatura del dio Siva, rappresentandone la grazia e la purificazione, la fertilità e la rinascita. Perché il Gange, originariamente, esisteva soltanto in cielo scorrendo nella Via Lattea; ma i figli di un monarca, morti e inceneriti, lo supplicarono lungamente di renderli nuovamente vivi scendendo in terra.
La dea Ganga, personificazione del fiume, e la Via Lattea finirono per commuoversi, ma chiesero al dio Siva di agevolare tale trasferimento consentendo di arrivare a terra attraverso la sua testa, ossia la vetta più alta dell'Himalaya, per poi fluire dai suoi capelli sciolti.
Ecco la giusta via delle sorgenti che propagarono l'acqua su terreni e valli rendendole fascinose e fertili.
Naturalmente, il percorso toccò subito le ceneri dei prìncipi deceduti che risorsero.
Così, le divinità fluviali, sia in Grecia che in Italia, per questa loro discendenza celeste hanno un posto fondamentale nella stessa arte.
Le bagnanti impudiche
Va, però, rilevato quanto i fiumi fossero sensibili al fascino femminile e come si innamorassero facilmente delle fanciulle che in essi, spesso impudicamente, si immergevano. In tal modo nascevano i figli, e da questi delle stirpi, che non potevano certo assurgere a vere divinità. Ecco le ragioni per le quali solo straordinariamente venivano dedicati ad essi dei templi, mentre abbondavano altari e, soprattutto, statue, sbalzi e mosaici.
Anche il toro si aggiunge alla simbologia faunistica dei fiumi, talvolta fuso con la figura umana: precisamente, corpi con piedi taurini, oppure normali volti ma con corna evidenti. Una sorta di simbiosi, dunque, identificabile maggiormente nelle monete che circolavano in Sicilia e nell'Italia del sud, recanti il corpo del toro con il viso umano. Ma compaiono pure il cane, il cinghiale, il lupo in monete di Segesta, Erice, Motye, Laodicea, Panormo.

Jan Slauerhoff
Het lente eiland

Lo T'oen, bekend door zijn geschiedenis der derde dynastie, heeft ook vele gedichten geschreven en een liefdesgeschiedenis. De gedichten zijn alle bij de grote boekenverbranding, die op last van keizer Yuanti, de laatste der Liangs, geschiedde, verloren gegaan.
Van de liefdesgeschiedenis is een manuscript in de grote kloosterbibliotheek te Kalgan. Maar het is onleesbaar, de bladen zijn omgekruld en verschroeid aan de randen en de inkt is vervloeid en uitgewist, alsof het handschrift tegelijk verbrand is en in het water heeft gelegen.
Ook is het half middendoor gescheurd.
Lo T'oen werkte altijd in de voornacht; hij was overdag, om voor zijn levensonderhoud te zorgen geldwisselaar. 's Avonds waste hij zijn door het kopergeld bezoedelde handen en begon te schrijven.
Toen hij na twintig jaar zijn geschiedwerk had voltooid en enige taëls had ontvangen, geloofde hij nu zeer te zullen genieten van zijn avond- en nachtrust; hij was oud en versleten geraakt en meende genoeg geld over te hebben om elke avond voor het naar bed gaan twee bekers wijn te kunnen drinken.
Maar hij sliep slecht en was 's morgens veel afgematter dan vroeger als hij de halve nacht aan zijn werk wijdde. Daarom zette hij zich op een avond weer aan het tafeltje bij het raam, doopte zijn stift in de inkt en begon karakters neer te penselen.
En als vanzelve begon hij de lotgevallen te beschrijven van een minnend paar aan de overkant van de grote stroom.
Eerst was alles licht en blij, hij mocht beleven hoe zij samen zachte en donkere bospaden

Guy de Maupassant
Sur l'eau

l'eau et je ne pouvais la soulever; je recommençai à tirer, mais inutilement. Alors, avec mes avirons, je fis tourner mon bateau et je le portai en amont pour changer la position de l'ancre. Ce fut en vain, elle tenait toujours; je fus pris de colère et je secouai la chaîne rageusement. Rien ne remua. Je m'assis découragé et je me mis à réfléchir sur ma position. Je ne pouvais songer à casser cette chaîne ni à la séparer de l'embarcation, car elle était énorme et rivée à l'avant dans un morceau de bois plus gros que mon bras; mais comme le temps demeurait fort beau, je pensai que je ne tarderais point, sans doute, à rencontrer quelque pêcheur qui viendrait à mon secours. Ma mésaventure m'avait calmé; je m'assis et je pus enfin fumer ma pipe. Je possédais une bouteille de rhum, j'en bus deux ou trois verres, et ma situation me fit rire. Il faisait très chaud, de sorte qu'à la rigueur je pouvais, sans grand mal, passer la nuit à la belle étoile.

Soudain, un petit coup sonna contre mon bordage. Je fis un soubresaut, et une sueur froide me glaça des pieds à la tête. Ce bruit venait sans doute de quelque bout de bois entraîné par le courant, mais cela avait suffi et je me sentis envahi de nouveau par une étrange agitation nerveuse. Je saisis ma chaîne et je me raidis dans un effort désespéré. L'ancre tint bon. Je me rassis épuisé.

Cependant, la rivière s'était peu à peu couverte d'un brouillard blanc très épais qui rampait sur l'eau fort bas, de sorte que, en me dressant debout, je ne voyais plus le fleuve, ni mes pieds, ni mon bateau, mais j'apercevais seulement les

R.P. Masani
Holy Wells and Tanks

out purified. When Dr. Buchanan visited the place, he heard a new story in connection with it. Shortly before, it was said, the water became so cool as to allow bathing in it. The Governor prohibited the practice as it made the water so dirty that Europeans could not drink it. "But on the very day when the bricklayers began to build a wall in order to exclude the bathers, the water became so hot that no one could dare to touch it, so that the precaution being unnecessary, the work of the infidels was abandoned."

A bath in the waters of wells is believed to have the same efficacy for expiating sin as a bath in the holy rivers. This belief rests on the theory that springs and rivers flow under the agency of an indwelling spirit which is generally benignant and that bathing brings the sinner into communion with the spirit and purifies him in the moral more than in the physical sense. It is believed that even the dead are benefited by such ceremonies.

A very typical case of the efficacy of such religious baths is that of King Trisanku, who had committed three deadly sins. According to one story he tried to win his way to heaven by a great sacrifice which his priest, Vashishtha, declined to perform. According to another account he ran away with the wife of a citizen, and killed in a time of famine the wondrous cow of Vashishtha. Another story accused him of having married his step-mother. After he had been sufficiently chastised, the saint Viswamitra took pity on him and having collected water from all the sacred places in the world, washed him clean of all offences.

The Brahmins also wash themselves of sins with the washing of their sacred thread every year, with a ceremony of sprinkling of water and cow's urine. This ceremony is known as Shrávani amongst the Marathas and Mārjan Vidhi amongst the Gujeratis.

H. Makowski, B. Buderath
Alles fließt
Wasser · Fluß

Ähnlich wie der Baum erfüllte auch das Wasser die Phantasie der Künstler mit einem großen Bedeutungsreichtum. Auch hier scheinen dichterische Entwürfe und die Versuche philosophischer Grundlegungen der malerischen Verarbeitung dieses Elementes vorausgeeilt zu sein. Vor allem in den antiken Philosophien, die das Denken und Handeln des Menschen in den Abläufen der Natur als Ebenbild vorzufinden und in einer Beschreibung der konkreten Welt auch sein Wesen zu erfassen hofften, wurde das Wasser zu einem Spiegelbild des Seins überhaupt und der menschlichen Existenz im besonderen.
Was Gottfried Benn mit „Heraklits Wogengefühl" umschrieb, auf den der Ausspruch „alles fließt" zurückgehen soll, war das Sinnbild für das In-der-Zeit-Leben des Menschen schlechthin geworden. Die Bewegung des Wassers und die Unaufhaltsamkeit des Augenblicks entsprachen und entsprechen einander geradezu unverändert in der damaligen und bis auf heute fortdauernden Dichtung. Die Naturverbundenheit der griechischen Philosophen des Festlandes und der Inseln ließ sie gerade im Wasser den natürlichen Quell für das eigene Empfinden des Sichwandelns suchen. Sie trachteten nicht nach abstrakten Denkkonzepten, um die Zeit im Verhältnis zum Raum zu dimensionieren oder im Verhältnis zum Licht zu relativieren, wie es die Philosophen und die Naturwissenschaftler im 20. Jahrhundert taten, sondern schöpften die Anschaulichkeit ihres Denkens aus der Beschreibung ihrer unmittelbaren Umgebung. Martin Heidegger für die Neuzeit und Heraklit für die Antike, der Seinsentwurf der Zeit und die der Natur abgeschaute Wahrnehmung, daß das Leben in Fluß sei, stehen durch die Jahrhunderte als Abstraktion und Konkretisierung einander gegenüber – beide im Begreifen desselben.
Einen Schritt weiter ging Thales von Milet, der gesagt haben soll, der Ursprung alles Seienden sei das Wasser. Doch das ist wohl ein Übertragungsfehler. Gemeint hatte er, die Qualität des Wassers und das Wesen des Lebens seien vergleichbar. Man stelle sich einen Augenblick die ruhige Oberfläche des

Giuseppe Brunamontini
I fiumi nell'arte

Tornando alle raffigurazioni antropomorfe dei fiumi, esistono opere di straordinaria importanza, sia singole che facenti parte di strutture composite come i frontoni di templi, tipo quelli di Zeus ad Olimpia e del Partenone. Negli angoli del primo ci sono l'Alfeo e il Cladeo, nel secondo il Cefiso, l'Eridano e l'Iliso. Taluni sono giovani snelli e muscolosi dalle costole in rilievo. Nel 4° secolo a. C., peraltro, il tipo di adolescente nudo non è infrequente. Ma l'aspetto tradizionale che prevale è, comunque, quello di un poderoso vecchio sdraiato, motivo ampiamente ripreso sulle monete diffuse nell'Asia minore. Altrimenti, sui sarcofagi o su mosaici, a cominciare da quello stupendo di Alfeo ed Aretusa conservato nel Museo di Alessandria.
Non mancano, come d'altronde s'è accennato per le statue del Tevere e del Nilo, attributi congeniali alla loro natura: il remo e la prora, oppure cornucopie con grano, giunchi e simili. Secondo la tradizione ellenistica, il Tevere appariva come un nuotatore che solcava la sua stessa acqua; e così appare sull'arco di Costantino nel rilievo che ricorda la battaglia di Ponte Milvio. Sulla Colonna Traiana, invece, e siamo sempre a Roma, c'è il Danubio che scaturisce dalle onde.
A questo punto sarà opportuno tornare al suggerimento iniziale di differenziazione, considerando l'importanza dei grandi fiumi non solo come diretti ispiratori di opere d'arte ma, contemporaneamente, come fattori determinanti nella formazione delle più antiche civiltà e, quindi, di un'arte indotta e conseguente, collegata alle grandi vie d'acqua. Sono le civiltà fiorite nelle valli del Tigri e dell'Eufrate, del Nilo come già detto, dell'Indo, dello Huangho e, nell'Europa centrale, in quella del Danubio.
In tali pianure, l'insediamento agricolo cresceva in civiltà urbana, ed il Danubio ne può essere uno dei particolari esempi. Le notizie di quella evoluzione risalgono alla metà del III millennio avanti Cristo e investono un territorio immenso che va dalla Slovacchia all'Ungheria, alla Germania settentrionale, alla Polonia per estendersi fino al Belgio.

Jan Slauerhoff
Het lente eiland

bewandelden, bloemen plukten bij het bloesemfeest, vuurwerk afstaken met nieuwjaar, ook hoe zij 's nachts in het geheim elkaar ontmoetten.
Zo wilde hij wel zijn verdere levensavond doorbrengen, zich verheugend in genietingen die hij zelf niet had genoten. Maar zonder dat hij het wilde, werd zijn verhaal nu en dan toch droevig, in de wijn hunner vreugde mengde zich de alsem der smarten en teleurstellingen, in de zuiverheid van hun liefde de valsheid der familieverhoudingen.
Lo T'oen spande zich in, alles weer in de paden der ware vreugde te leiden. Hij dronk geen wijn meer en kocht de edelste inkt en het beste papier. Maar niets hielp. Toen dronk hij meer wijn en sliep een paar maal verheugd in, menend gunstige wending aan hun lotgevallen te hebben gegeven.
Maar als hij het geschrevene de volgende dag overlas, zag hij dat er toch weer door een ogenschijnlijk verheugende gebeurtenis de kiem was gelegd voor verdere noodlottige verwikkelingen. Hij kon zich dan niet voorstellen dat hij het zelf geschreven had; hij meende het zo goed met het jonge paar. Zou iemand niet gedurende de nacht het manuscript stelen en telkens de tekst een klein beetje wijzigen, terwijl hij sliep?
Hij werd somberder weer, legde zijn manuscript onder zijn hoofdkussen, maakte een kopie die hij verborg achter de dubbele bamboewand en vergeleek 's morgens: neen, het verschilde geen tittel en toch werd het verhaal steeds droeviger, zodat de minnenden al over zelfmoord dachten. Hij waarschuwde ze in treffende parabels, maar het verlangen naar de verlossende dood werd erger. Hij schilderde hun de ontzetting van

Guy de Maupassant
Sur l'eau

pointes des roseaux, puis, plus loin, la plaine toute pâle de la lumière de la lune, avec de grandes taches noires qui montaient dans le ciel, formées par des groupes de peupliers d'Italie. J'étais comme enseveli jusqu'à la ceinture dans une nappe de coton d'une blancheur singulière, et il me venait des imaginations fantastiques. Je me figurais qu'on essayait de monter dans ma barque que je ne pouvais plus distinguer, et que la rivière, cachée par ce brouillard opaque, devait être pleine d'êtres étranges qui nageaient autour de moi. J'éprouvais un malaise horrible, j'avais les tempes serrées, mon cœur battait à m'étouffer; et, perdant la tête, je pensai à me sauver à la nage; puis aussitôt cette idée me fit frissonner d'épouvante. Je me vis, perdu, allant à l'aventure dans cette brume épaisse, me débattant au milieu des herbes et des roseaux que je ne pourrais éviter, râlant de peur, ne voyant pas la berge, ne retrouvant plus mon bateau, et il me semblait que je me sentirais tiré par les pieds tout au fond de cette eau noire.
En effet, comme il m'eût fallu remonter le courant au moins pendant cinq cents mètres avant de trouver un point libre d'herbes et de joncs où je pusse prendre pied, il y avait pour moi neuf chances sur dix de ne pouvoir me diriger dans ce brouillard et de me noyer, quelque bon nageur que je fusse.
J'essayai de me raisonner. Je me sentais la volonté bien ferme de ne point avoir peur, mais il y avait en moi autre chose que ma volonté, et cette autre chose avait peur. Je me demandai ce que je pouvais redouter; mon moi brave railla mon moi poltron, et jamais aussi bien que ce jour-là je ne saisis l'opposition des deux êtres qui sont en nous, l'un voulant, l'autre résistant, et chacun l'emportant tour à tour.

R.P. Masani
Holy Wells and Tanks

It would be impossible to enumerate the numerous sacred wells of India. A few instances may, however, be cited from the *Folklore Notes of Gujarat.*
Six miles to the east of Dwarka there is a *kund* called Pind tarak, where many persons go to perform the *Shrâddha* and the *Nârâyan-bali* ceremonies. They first bathe in the *kund;* then, with its water, they prepare pindas, and place them in a metal dish; red lac is applied to the pindas, and a piece of cotton thread wound round them; the metal dish being then dipped in the *kund,* when the *pindas,* instead of sinking, are said to remain floating on the water. The process is believed to earn a good status for the spirits of departed ancestors in heaven. It is further said that physical ailments brought on by the *avagati,* degradation or fallen condition, of ancestors in the other world, are remedied by the performance of *Shrâddha* on this *kund.*
The Damodar *kund* is situated near Junagadh. It is said that if the bones of a deceased person remaining unburnt after cremation are dipped in this *kund,* his soul obtains *moksha* or final emancipation.
There is a *vav* or reservoir on Mount Girnar, known as Rasakupika-vav. It is believed that the body of a person bathing in it becomes as hard as marble, and that if a piece of stone or iron is dipped in the *vav,* it is instantly transformed into gold. But the *vav* is only visible to saints and sages who are gifted with a supernatural vision.
Kashipuri (Benares) contains a *vav* called Gnyan-vav, in which there is an image of Vishweshwar (the Lord of the Universe, *i.e.,* Shiva). A bath in the water from this *vav* is believed to confer upon a person the gift of divine knowledge.
In the village of Chunval, a few miles to the north of Viramgam, there is a *kund* known as Lothesh-war, near which stands a pipal tree. Persons possessed by ghosts or devils are freed from

H. Makowski, B. Buderath
Alles fließt
Wasser · Fluß

Mittelmeeres unter einem wolkenlosen Himmel vor, eine Situation, die sich plötzlich verändern kann, um nachzuvollziehen, was der Naturphilosoph ausdrücken wollte. Als Grundelement des Lebens tauchte das Wasser im Schöpfungsbericht des Alten Testamentes auf: „Der Geist schwebte über den Wassern." Dieser Geburtsmythos der Welt wird in den Malereien des Abendlandes immer wieder auftauchen.
In dem Bedeutungsreichtum, in dem das Wasser im Neuen Testament erscheint, wird es auch symbolisch von den Künstlern des Mittelalters eingesetzt. Sie können aus der profunden Poesie des Evangeliums schöpfen, durch das sich das Thema des Wassers hindurchzieht. Dabei kristallisieren sich aber einige zentrale Sinngehalte des Wassers heraus, die inhaltlich und also auch im christlichen Denken miteinander wie Strom und Nebenflüsse verbunden sind. Ausgehend von der alttestamentlichen Vorstellung, die Welt sei von Gott aus dem ungeformten Urmeer gestaltet worden, greift die Taufe im See oder Fluß das Sinnbild als Ausdruck neuen Lebens wieder auf. Auch die Szene, in der Jesus Wasser in Wein verwandelt, spielt auf die Vervollkommung der Welt durch Gott an, wobei hier auch gleich der Bericht von der Kreuzigung vorweggenommen wird, der besagt, daß Blut und Wasser aus Christi Wunde geflossen sei, als sie der Hauptmann mit der Lanze öffnete.
Gerade dieses Motiv des ausströmenden Wassers verwendete sehr gern die Miniaturmalerei, die sich in ihren landschaftlichen Darstellungen ja zunächst auf die ihr vorliegende Welt des Klostergartens beschränken und das daraus entlehnte Naturmuster zu einem Symbolgebäude zusammenfügen mußte. Der Klostergarten war im Mikrokosmischen Ausdruck der von Gott makrokosmisch geordneten Welt. Nicht Urwald und Wildwuchs waren die geeigneten Vegetationsformen einer Nachschöpfung der Genesis, sondern der im Kleinen gepflegte und beherrschte Bereich des abgeschlossenen Gartens. So konnte auch das Wasser als Zeichen göttlichen Heils, das seine Bedeutung

Giuseppe Brunamontini
I fiumi nell'arte

Indubbiamente, questo grande fiume e tutta la trama dei suoi affluenti garantivano fecondità alla terra, sfruttabile senza troppa fatica con una specie di nomadismo agricolo.
Nasceva in tal modo l'arte danubiana, decorativa e figurativa, espressa inizialmente e principalmente nei fittili, accresciuta nel tempo dalle ceramiche dipinte per poi passare ai vasi ed a varie altre forme espressive. Le tematiche sono perciò molteplici, ma atte a testimoniare quali e quanti germogli si dipartissero dal fiume per indurre l'uomo a fissare con l'arte la sua realtà e le sue fantasie.
Per tornare al punto di partenza, ossia alla *Fontana dei Fiumi* posta al centro di Piazza Navona a Roma, essa rappresenta il Danubio e il Nilo, ma anche il Gange e il Rio della Plata, essendo quattro le figure umane che ne costituiscono i simboli. Quattro parti del mondo in cui l'acqua fluisce in esuberante, feconda ricchezza.
La pittura
I fiumi, dunque, protagonisti indiscussi, dei quali l'arte cerca di dare superba interpretazione.
Ma poi, quando la simbologia lascia il posto alla realtà, ecco tornare i fiumi nel loro alveo per essere così riportati sulle tele. È allora la pittura la principale protagonista, capace di dipingere, con tutti i suoi colori, ciò che la natura offre come meraviglioso spettacolo fluviale.
Il cosiddetto "paesaggio" sul quale il fiume si distende, con sulle rive boschi e città, castelli e ponti.
Sull'argomento il discorso diventa estremamente ampio, perché quasi ogni capitale, ogni grande o piccola città sembra avere il suo straordinario fiume: Parigi, Londra, Mosca.
E in Italia, Milano, Torino, Firenze, Roma, per non arrivare ai particolari di piccoli corsi d'acqua attorno ai quali l'arte sembra si sia voluta dare convegno.
Perciò ci vorrebbero cataloghi e cataloghi, di musei nazionali, regionali, comunali, di ogni tipo, per darsi conoscenza di questa capillare presenza dell'acqua in ogni settore specifico delle arti figurative.

Jan Slauerhoff
Het lente eiland

het bestaan der schimmen van wie moedwillig hun leven verkorten; steeds meer verwijlden hun gedachten bij de dood, zij spraken over de verschillende modi: goudblad, vergif, zijden snoer. Vooral het meisje, dat door haar moeder en broers werd gekweld, dacht er steeds aan; eens kocht zij een zijden snoer, maar Lo T'oen, wiens hoofd al neeg naar de peluw, liet in zijn laatste, met bevende hand neergeschreven regel het snoer voor de nacht nog stelen door een dienstbode, die het ook nodig had.
Toen kon hij niet verder, de laatste bron der vreugde was uitgeput; Lo T'oen liet beiden in een diepe slaap vallen door een acute ziekte, en zwierf zelf 's nachts rond, vrezend dat hij anders in zijn slaap zou opstaan en hun zelfmoord zou doen plaatshebben.
Op een avond kon hij niet uitgaan; zijn rechterbeen smartte hem al lang, hij leed aan de kwaal van de ouderdom, plotselinge bloedeloosheid. Ook was het weer somber, de wind woedde, de regen viel, de stroom repte zich voort en stuwde grote golven op. Het huis, dat vlak aan de oever stond, schudde. Lo T'oen liep in zijn gesloten kamer rond, maar bleef telkens stilstaan bij de schrijftafel aan het raam. Plotseling zette hij zich, besloten het paar te laten ontvluchten naar het land achter de westelijke bergen en daar een nieuw vredig leven te doen beginnen. Maar hij schreef: „...in de stormige nacht werden zij beiden uit hun huis gedreven en ontmoetten elkaar aan de oever van de onstuimige rivier. De wind verwoei hun kussen; het daveren van het water overstemde hun woorden. De stroom spoelde het oeverzand weg; zonder dat zij van hun plaats bewogen, kwam toch de rand van het kolkende water dichterbij..."

Guy de Maupassant
Sur l'eau

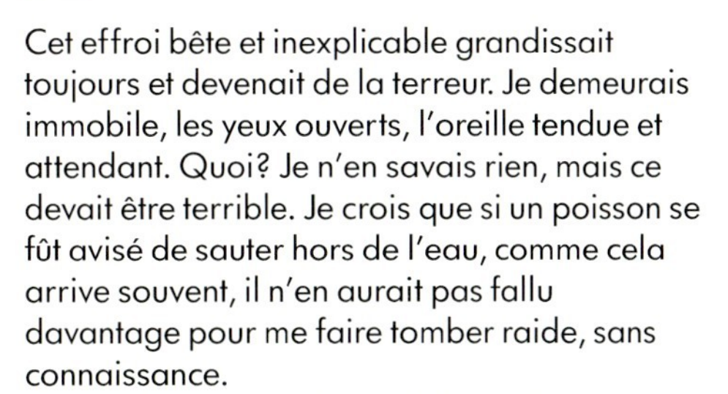

Cet effroi bête et inexplicable grandissait toujours et devenait de la terreur. Je demeurais immobile, les yeux ouverts, l'oreille tendue et attendant. Quoi? Je n'en savais rien, mais ce devait être terrible. Je crois que si un poisson se fût avisé de sauter hors de l'eau, comme cela arrive souvent, il n'en aurait pas fallu davantage pour me faire tomber raide, sans connaissance.
Cependant, par un effort violent, je finis par ressaisir à peu près ma raison qui m'échappait. Je pris de nouveau ma bouteille de rhum et je bus à grands traits. Alors une idée me vint et je me mis à crier de toutes mes forces en me tournant successivement vers les quatre points de l'horizon. Lorsque mon gosier fut absolument paralysé, j'écoutai. – Un chien hurlait, très loin. Je bus encore et je m'étendis tout de mon long au fond du bateau. Je restai ainsi peut-être une heure, peut-être deux, sans dormir, les yeux ouverts, avec des cauchemars autour de moi. Je n'osais pas me lever et pourtant je le désirais violemment; je remettais de minute en minute. Je me disais: «Allons, debout!» et j'avais peur de faire un mouvement. A la fin, je me soulevai avec des précautions infinies, comme si ma vie eût dépendu du moindre bruit que j'aurais fait, et je regardai par-dessus le bord.
Je fus ébloui par le plus merveilleux, le plus étonnant spectacle qu'il soit possible de voir, C'était une de ces fantasmagories du pays des fées, une de ces visions racontées par les voyageurs qui reviennent de très loin et que nous écoutons sans les croire.
Le brouillard qui, deux heures auparavant, flottait sur l'eau, s'était peu à peu retiré et ramassé sur les rives. Laissant le fleuve absolument libre, il avait formé sur chaque berge une colline ininterrompue, haute de six ou sept mètres, qui brillait sous la lune avec l'éclat superbe des neiges. De sorte qu'on ne voyait rien autre chose que cette rivière lamée de feu entre ces deux montagnes blanches; et là-haut, sur ma tête, s'étalait, pleine et large, une grande lune illuminante au milieu d'un ciel bleuâtre et laiteux.

R.P. Masani
Holy Wells and Tanks

possession by pouring water at the foot of the tree and taking turns round it, remaining silent the while.
There is a *kund* called Zelāka near Zinzuvadá with a temple of Naleshwar Māhadev near it. The *kund* is said to have been built at the time of King Nala. It is believed locally that every year, on the 15th day of the bright half of Bhādrapad, the holy Ganges visits the *kund* by an underground route. A great fair is held there on that day, when people bathe in the *kund* close by, known as Bholava, where the river Saraswati is believed to have halted and manifested herself on her way to the sea.
In Bhadakon near Chuda there is a *kund* called Garigavo. The place is celebrated as the spot of the hermitage of the sage Bhrigu and a fair is held there annually on the last day of *Bhádrapad.*
Persons anxious to attain heaven bathe in the Mrigi *kund* on Mount Girnar; and a bath in the Revati *kund,* which is in the same place, confers male issue on the bather. There is also a *kund* of the shape of an elephant's footprint *Pagahein* on Mount Girnar. It never empties and is held most sacred by pilgrims. People bathe in the Gomati *kund* near Dwarka and take a little of the earth from its bed for the purification of their souls. In the village of Babera, Babhruvāhan the son of Arjun is said to have constructed several *kunds,* all of which are believed to be holy.
A man is said to be released from re-birth if he takes a bath in the *kund* named Katkale-tirtha near Nasik.
A pond near Khapoli in the Kolaba district is held very sacred. The following story is related in connection with it. The villagers say that the water nymphs in the pond used to provide pots for marriage festivities if a written application was made to them a day previous to the wedding. The pots were, however, required to be returned within a limited time. Once a man failed to comply with this condition and the nymphs have ceased to lend pots.

H. Makowski, B. Buderath
Alles fließt
Wasser · Fluß

aus jenem Kreuzigungsbericht nahm, nicht ungehemmt ausfließen, sondern trat, dem Vorstellungsschema „Ordnung gleich Schönheit gleich gottgefällig" gemäß häufig aus Brunnen hervor und ergoß sich in alle vier Himmelsrichtungen. Darin konnte man nämlich an die vier Flüsse des Paradieses erinnern und sogleich Christus als Quell des Heils und Born der Seligkeit vergegenwärtigen. Mit der Zunahme an Realitätssinn wurde das Heils- und Lebensmotiv von der Architektur des unerschöpflichen Brunnens zu den Quellen und Bächen der unversehrten Landschaft verlegt, wo es nicht allein die direkte Erneuerung der Welt bezeigte, sondern auch in dem nicht feststellbaren Ursprung des Wassers und im Durchfließen die Natur als von Gott durchdrungen wirken ließ.
Mit der gleichen Intensität schlug die Bedeutung des Wassers um, wenn es darum ging, malerisch ein Sinnbild für den Menschen zu finden. Deutlich kam die Mahnung an die eigene Vergänglichkeit in den Selbstbespiegelungen im Wasser zum Ausdruck, wo sich dem Schauenden nicht selten eine ältere und häßlichere oder eine von Totenbleiche entstellte Gestalt an der Wasseroberfläche zeigte. Daß das Leben als unausweichlicher Weg zum Tode zu begreifen sei, versinnbildlichen schließlich die alles mit sich reißenden Wasserfälle. Das Motiv ist ebenso in der Mystik wie in den deftigen volkstümlichen Sprüchen aus der Zeit des niederländischen Barock zu finden. Auch Hölderlin greift es mit antikem Bezug in „Hyperions Schicksalslied" auf, wo es heißt:
„Doch uns ist gegeben
Auf keiner Stätte zu ruhen
Es schwinden, es fallen
Die leidenden Menschen
Blindlings von einer
Stunde zur anderen
Wie Wasser von Klippe
Zu Klippe geworfen
Jahr lang ins Ungewisse hinab."
Brahms vertonte das Gedicht und verband damit das Bild des herabstürzenden Wassers mit den fallenden Tonsprüngen und dem zeitlichen Verfließen der Musik.

Giuseppe Brunamontini
I fiumi nell'arte

Per ricordare un solo esempio e di un solo autore basterà visitare la Pinacoteca Capitolina, a Roma, e soffermarsi su quanto ha dipinto Gaspar van Wittel, meglio conosciuto come il Vanvitelli (1653 – 1736), sulla cui tavolozza pareva avesse un posto stabile il Tevere. Infatti, egli guarda il fiume da tutte le direzioni, da tutti gli scorci e così li propone, in oli e tempere. Ovvero, osserva dal fiume, ossia da "sotto", ciò che si erge sopra ed attorno.
Si passa, perciò, da Ponte Rotto alla veduta di Castel Sant'Angela e della tribuna di S. Giovanni dei Fiorentini; da Ponte Sisto all'Isola Tiberina; dalla veduta del Vaticano dai Prati di Castello a quella di San Pietro e di Castel S. Angelo da Tor di Nona.
Il pennello di Vanvitelli, dunque, per un solo fiume. Ma quanti altri maestri hanno dipinto il Tevere? E la Senna, il Tamigi, il Volga? È proprio un invito alla ricerca dell'acqua che fluisce dentro le cornici.
Ma una conclusione recente, contemporanea, ci vuole. Ed allora, ecco un altro grande pittore, sempre pregno di sanguigna attualità, da poco scomparso: Renato Guttuso.
Ebbene, Guttuso ha arricchito la sua tavolozza di una esperienza poetica, pastellata, dipingendo un suo diario figurativo, navigando sul Nilo, da Aswan fino al Delta.
Fu un'esperienza di trent'anni fa. Disegni e dipinti sono, infatti, datati ai primi giorni di gennaio 1959 e rispecchiano una forte interruzione del clima sociale di questo artista, che trova momentaneo diverso impegno nel calarsi nel puro ambiente ecologico della natura e della pittura, vivendo per giorni all'interno della sua stessa creazione, quasi da nilota.
Ed allora: acqua, scafi, vele, fauna e flora, volti di persone e persone intere, maschi e femmine e soprattutto quanto si vede scorrere attorno, di alberi, di costruzioni, di dromedari come se fosse la terra a passar via e non l'acqua in una lunga interminabile sequenza. E quando ci sono le soste in albergo, dal balcone si guarda ugualmente il Nilo. Un connubio intenso purtroppo limitato, che lascia comunque all'arte una testimonianza cromatica derivata da stupefatte emozioni.

Jan Slauerhoff
Het
lente
eiland

Een felle rukwind brak het raam open en hij zag ze staan aan de oeverkant, daar, achter de stroom; voortdurend gingen bliksemschichten heen en weer tussen hen en hem.
En nog bewoog zijn hand zich. Hij wilde opstaan, hen toeroepen, maar zijn hand werd op het papier gedwongen. Hij greep het manuscript en wilde het werpen in het hoogvlammend vuur; dit doofde uit alsof hij er bakken water in had uitgestort, en het manuscript was op dezelfde plaats op tafel teruggekeerd. En nu voelde hij het: een twaalfarmige demon had hem bij de nek, dwong zijn ledematen tot zitten en zijn rechterhand tot schrijven. De overige vangarmen waren om zijn lendenen en zijn hersenen geslingerd om er de éne zin uit te persen: „en toen verdronken zij zich!"
Maar zijn linkerhand was nog vrij, en had hij al zijn tanden niet, al was hij tachtig jaar?
Hij greep het manuscript met de niet schrijvende hand, beet in de rand en trok...
De golf die aan de overkant het wanhopige paar bedreigde, sloeg om naar deze zijde, drong het huisje van Lo T'oen binnen en vulde de kamer, schuimend en wentelend. Toen hij zich terugtrok, lag de oude man dood neer onder zijn tafel en het manuscript in een hoek gespoeld...De gelieven aan de overkant zagen op het laatst van hun misdadig voornemen af; op de rand van de waanzin der zelfvernietiging voelde de vrouw dat zij een kind droeg, de jongeman dat een edele geest zijn leven voor hun heil wilde geven.
Zij trokken weg naar het land achter de westelijke heuvelen; de jongeman bekleedde later een hoog ambt; zij waren gelukkig met hun nakomelingen.

Guy de Maupassant
Sur l'eau

Toutes les bêtes de l'eau s'étaient réveillées; les grenouilles coassaient furieusement, tandis que, d'instant en instant, tantôt à droite, tantôt à gauche, j'entendais cette note courte, monotone et triste, que jette aux étoiles la voix cuivrée des crapauds. Chose étrange, je n'avais plus peur; j'étais au milieu d'un paysage tellement extraordinaire que les singularités les plus fortes n'eussent pu m'étonner.
Combien de temps cela dura-t-il, je n'en sais rien, car j'avais fini par m'assoupir. Quand je rouvris les yeux, la lune était couchée, le ciel plein de nuages. L'eau clapotait lugubrement, le vent soufflait, il faisait froid, l'obscurité était profonde.
Je bus ce qui me restait de rhum, puis j'écoutai en grelottant le froissement des roseaux et le bruit sinistre de la rivière. Je cherchai à voir, mais je ne pus distinguer mon bateau, ni mes mains elles-mêmes, que j'approchais de mes yeux.
Peu à peu, cependant, l'épaisseur du noir diminua. Soudain je crus sentir qu'une ombre glissait tout près de moi; je poussai un cri, une voix répondit; c'était un pêcheur. Je l'appelai, il s'approcha et je lui racontai ma mésaventure. Il mit alors son bateau bord à bord avec le mien, et tous les deux nous tirâmes sur la chaîne. L'ancre ne remua pas. Le jour venait, sombre, gris, pluvieux, glacial, une de ces journées qui vous apportent des tristesses et des malheurs. J'aperçus une autre barque, nous la hélâmes. L'homme qui la montait unit ses efforts aux nôtres; alors, peu à peu l'ancre céda. Elle montait, mais doucement, doucement, et chargée d'un poids considérable. Enfin nous aperçûmes une masse noire, et nous la tirâmes à mon bord:
C'était le cadavre d'une vieille femme qui avait une grosse pierre au cou.

R.P. Masani
Holy Wells and Tanks

The nymphs of a pond at Varsai in the Kolaba district were also believed to lend pots on festive occasions. Persons held unclean, e.g., women in their menstrual period, are not allowed to touch it. Similarly, a pool at Pushkar in Northern India turns red if the shadow of a woman during the period falls upon it.
There are seven sacred ponds at Nirmal in the Thana district, forming a large lake. These ponds are said to have been formed from the blood of the demon Vimalsur.
There are sacred pools of hot water in the Vaitarna river in the Thana district, in which people bathe on the 13th day of the dark half of *chaitra*.
At Shahapur there is a holy spring of hot water under a *pipal* tree, called Ganga.
It is held holy to bathe in the *kundas* that are situated in the rivers Jansa and Banganga.
The Manikarnika well at Benares was produced by an ear-ring of Shiva falling into it. If one drinks its water, it brings wisdom. The water of the Jânavâpi well in Benares also possesses the same property.
At Sarkuhiya in the Basti district there is a well where Buddha struck the ground with his arrow and brought forth water just as Moses did from the rock.
Crooke says that he was shown a well in the Muzaffarnagar district into which a Faqir once spat, which for a long time after the visit of the holy man ran with excellent milk. The supply had, however, ceased before the visit.
A bath in the Man-sarovar near Bahucharaji is said to cause the wishes of the bather to be fulfilled. There is a local tradition that a Rajput woman was turned into a male Rajput of the Solanki class by a bath in its waters.

Der Colorado – charakteristischer Fluß Amerikas, wild und unbezwingbar

Tief eingeschnitten in das Gestein zieht sich der Colorado durchs Land. Ein unbezwingbarer Fluß, der alle Bemühungen, ihn nutzbar zu machen, zunichte machte. Alle Versuche, ihn mit Schiffen zu befahren und damit als Transportweg zu nutzen oder mit seinen Wassermassen die Felder zu bewässern, scheiterten. Es wurden Dämme gebaut, um seine Gewalt an der Zerstörung zu hindern. Doch auch gebändigt dient dieser Fluß dem Menschen nicht. Und der Goldrausch, den er dem Land gebracht hat, ist schon lange vorbei. Der Colorado ist geblieben, was er war: Eine Urgewalt, die durch ihre wilde Schönheit Bewunderung erregt. Neun Zehntel seines 2700 Kilometer langen Weges sind von Felsen gesäumt. Felsen, deren intensives Rot sich durch das wechselnde Tageslicht in immer neuen Schattierungen zeigt. Sie überragen die blau-silbernen oder auch braunen Wasserfluten, die sich tosend und schäumend durch die bizzare Gesteinswüste wälzen: Ein grandioses Naturschauspiel, eine menschenfeindliche Ödnis, die durch die spannungsreiche Nachbarschaft urgewaltiger Wassermassen und unfruchtbarer Erde geprägt ist.

Il Colorado – un caratteristico fiume americano, selvaggio ed indomabile

Incuneandosi profondamente nella massa pietrosa, il Colorado scorre nel suo alveo. È un fiume indomabile che ha vanificato ogni sforzo dell'uomo di renderlo navigabile o di impiegare le sue masse d'acqua per irrigare i campi circostani. Sono state, sì, costruite delle dighe per ostacolarne la forza distruttrice. Eppure, nonostante si sia riusciti a domarlo, questo fiume non è utile all'uomo. E la febbre dell'oro che esso ha causato nel paese è ormai finita da tempo. Il Colorado è rimasto quello che era: una forza primordiale la cui selvaggia bellezza suscita meraviglia. Nove decimi dei suoi 2700 km di lunghezza sono fiancheggiati da rocce, il cui rosso intenso si delinea in nuove sfumature di colore al cambiare della luce del giorno. Esse sovrastano i flutti blu-argento e marroni che, schiumeggianti, s'increspano rumorosamente nel bizzarro deserto pietroso: uno spettacolo grandioso della natura, un seno di abbandono ostile all'uomo, caratterizzato dalla presenza irrompente della masse d'acqua e della loro forza primordiale.

De Colorado – een karakteristieke Amerikaanse rivier, wild en ontembaar

Diep in het gesteente gesneden baant de Colorado zijn weg door het land. Een ontembare rivier die alle ondernemingen hem nuttig te maken deed mislukken. Alle pogingen hem met schepen te bevaren en daarmee als transportweg te gebruiken of met zijn watermassa's de velden te bewateren waren vergeefs. Er werden dammen gebouwd om zijn verwoestend geweld te verhinderen. Maar ook beteugeld levert deze rivier de mensen geen nut op. En de gold-rush is allang voorbij. De Colorado is gebleven wat hij was: een tomeloos geweld dat door zijn schoonheid bewondering opwekt. Negen tiende van zijn 2700 kilometer lange weg zijn met rotsen omzoomd. Rotsen waarvan het intensieve rood door het wisselende daglicht steeds andere schakeringen vertoont. Zij verheffen zich op de blauw-zilverachtige of ook bruine watervloed, die zich razend en schuimend door de bizarre steenwoestijn baan breekt. Een grandioos natuurschouwspel, een onvriendelijke woestenij die door de spanning van de geweldige watermassa's en de onvruchtbare aarde wordt gekenmerkt.

Le Colorado – fleuve bien américain, sauvage, indomptable

C'est en mordant profondément la roche que le Colorado s'ouvre un chemin à travers le pays. Malgré tous les efforts pour en faire un fleuve utile et navigable, on n'a pas réussi à en faire une voie de transport ni à utiliser son eau pour l'irrigation des champs. Et pourtant on a construit des barrages pour essayer de contenir son impétuosité et en empêcher les effets destructeurs: mais même dompté le fleuve ne sert pas à l'homme. La ruée vers l'or qu'il a entraînée est passée depuis longtemps. Le Colorado est resté ce qu'il était: la puissance dont la beauté sauvage ne cesse d'être admirée. 9 dixièmes de ses 2.700 kilomètres sont encaissés dans de profonds canons. Les escarpements rocheux qui le bordent sont d'un rouge profond, chatoyant. Ils surplombent les flots d'un bleu argenté ou marron qui se roulent, grondants et bouillonnants, à travers l'étrange désert de pierres. Le paysage n'est qu'un spectacle grandiose, un désert hostile portant le sceau de la tension qui naît de la contiguité de ces énormes masses d'eau et de cette terre aride.

The Colorado – a river characteristic of America, wild and indomitable

Deeply carved into the rocks, the Colorado winds its way through the country. An unconquerable river, which has defied all attempts to control it and make it useful. All the endeavours to ply the river, to use it as a transport route, or to irrigate the fields with its water, failed. Dams were built to curb its destructive powers yet even now in its restrained form this river still refuses to serve man. The gold-rush which it brought the country is long past, yet the Colorado has remained what it always was: an elemental power arousing admiration through its savage beauty. Nine-tenths of its 2,700-kilometer-long path are lined with rocks – rocks whose vivid red shows itself in ever new shades in the changing light of day. They tower above the silver-blue or brown floods of water which surge through the bizarre rockwork, thundering and foaming: an overwhelming spectacle of nature, a barren landscape completely inhospitable to man, characterized by the contrasting vicinity of an elemental mass of water and infertile ground.

Abendrot leuchtet über dem Colorado

Rosso di sopra il Colorado

Avondrood gloeit over de Colorado

Le coucher de soleil embrase le Colorado The flush of evening over the Colorado

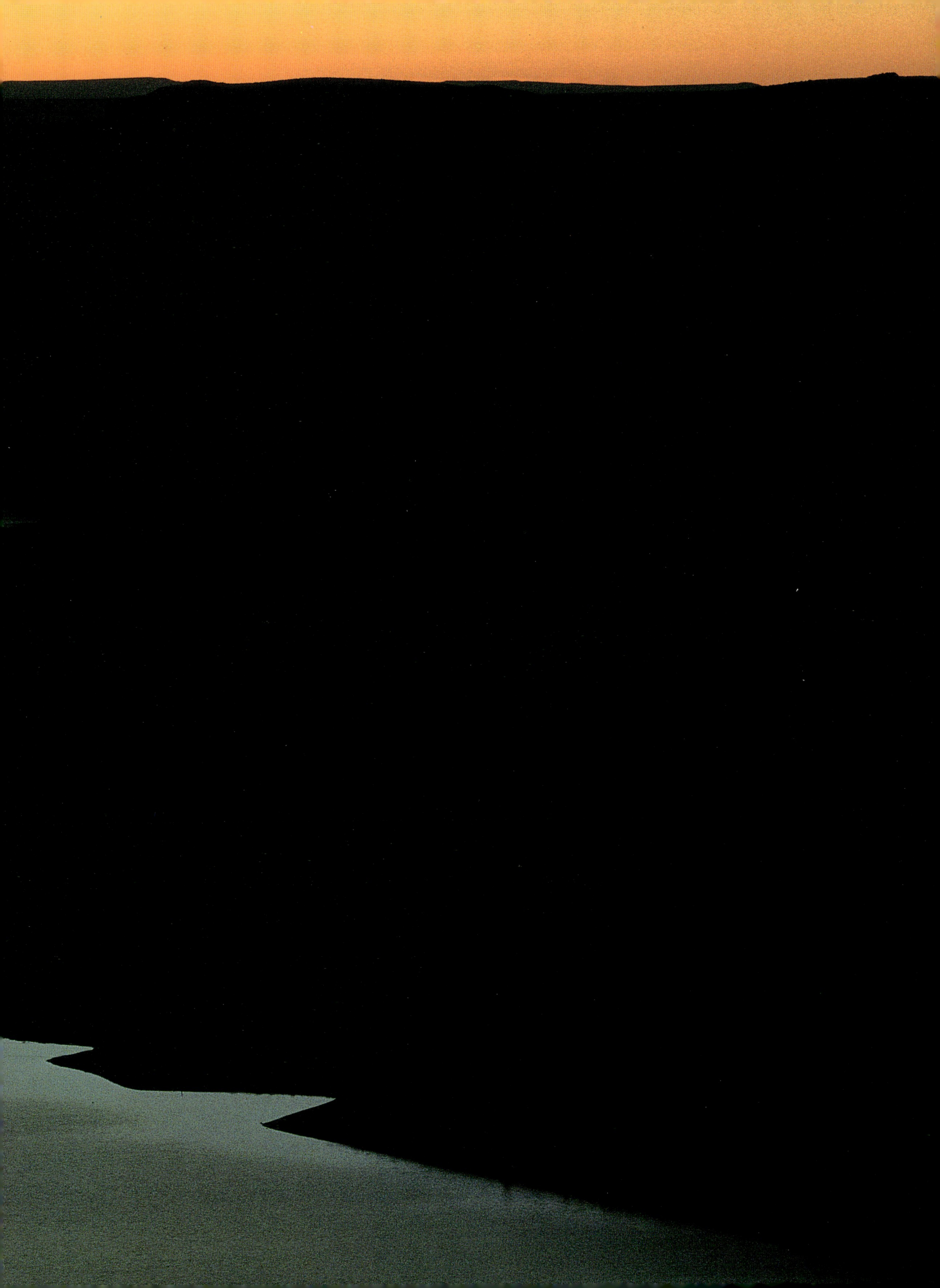

Der Colorado – ein silbernes Band

Il Colorado, una fascia color argento

De Colorado – een zilveren lint

Le Colorado – un ruban argenté

The Colorado – a silver strip

Tief eingeschnitten in das Felsengestein
findet der Fluß seinen Weg

Il fiume traccia il suo percorso incuneandosi
profondamente nella massa rocciosa

Diep ingeslepen in het rotsgesteente
baant de rivier zijn weg

Le fleuve trouve son chemin en mordant
dans le roc

Carved deep into the rocks, the river
finds its way

 Rot leuchtet die Felswüste

Il rosso illumina il deserto pietroso

Rood gloeit de rotswoestijn

Le désert de roches flamboie

The desert of rock lights up red

 Tiefes Blau und helles Rot

Blu profondo e rosso chiaro

Diep blauw en hel rood

Bleu profond et rouge clair

Deep blue and bright red

 Bizarre Formen, vom Fluß entworfen

Forme bizzarre disegnate dal fiume

Bizarre vormen, door de rivier ontworpen

Formes étranges, esquissées par le fleuve

Bizarre forms, designed by the river

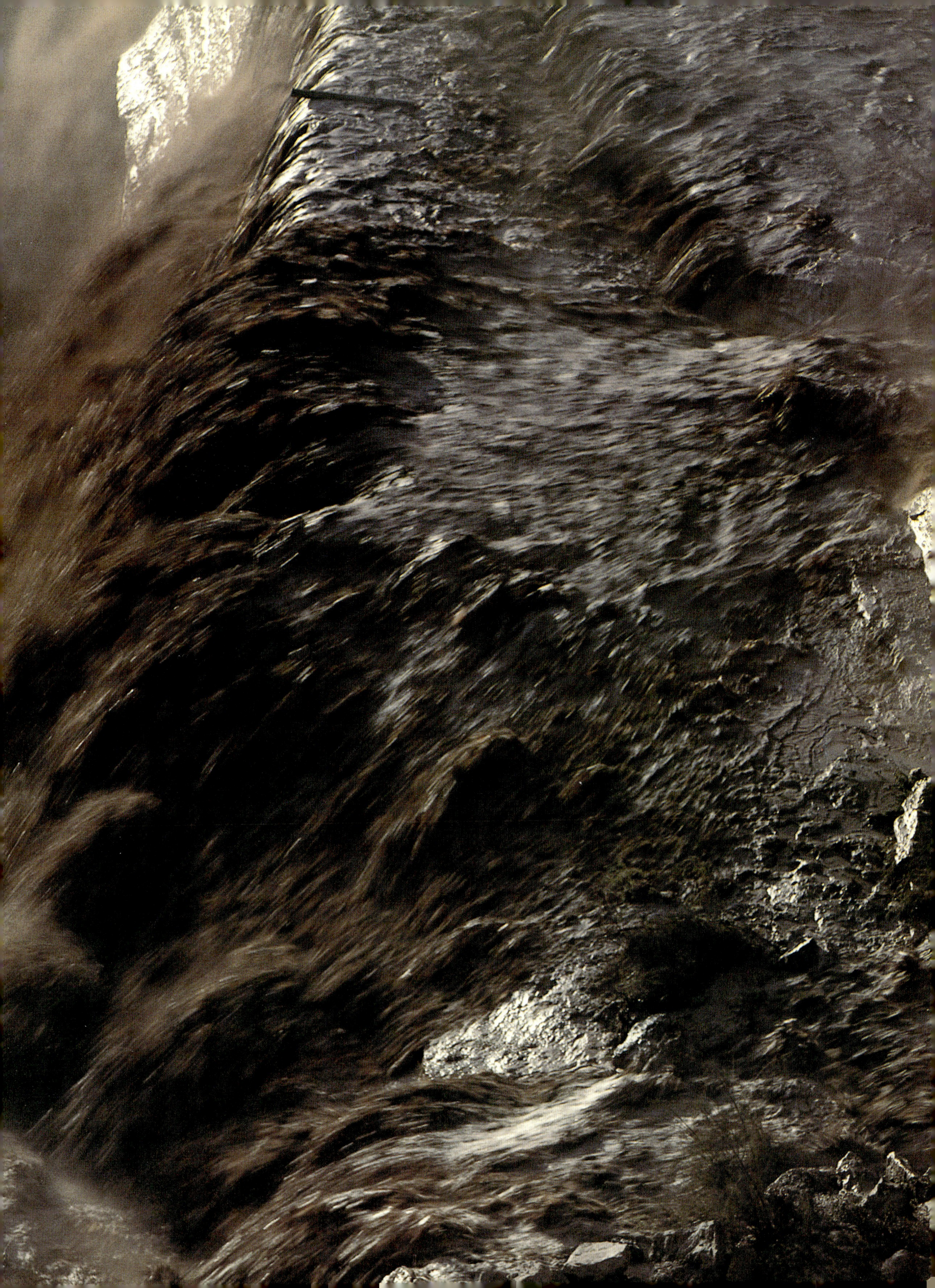

 Dürre neben den Wassermassen

Siccità e masse d'acqua

Droogte naast de watermassa's

Sécheresse près des masses d'eau

Aridity alongside a mass of water

 Die Erde – trocken und tot

La terra, arida e morta

De aarde – droog en dood

La terra – sèche et morte

The earth – arid and dead

Der abendliche Friede täuscht, in der Tiefe
braust und tobt es

La pace della sera è solo apparente,
in profondità la natura si scatena

De avondrust bedriegt, in de diepte
ruist en schuimt het

Paix du soir, elle est trompeuse, dans les
profondeurs ce n'est que grondements et
déchaînements

The peace of the evening is deceptive, down in
the depths it is roaring and raging

2

Oft verlor ich da mit trunknen Tränen
Liebend, wie noch langer Irre sich
In den Ozean die Ströme sehnen,
Schöne Welt! in deiner Fülle mich...

Spesso mi ci persi in stille ebbre
amando, come dopo tempo ci si perda
nell'oceano a nostalgia delle correnti,
bel mondo! nella tua interezza...

Vaak verloor ik daar met dronken tranen
in liefde, zoals na lang dwalen,
de stromen naar de oceanen smachten
in jouw overloed, mooie wereld, mijzelf...

C'est là que souvent,
ivre de larmes, débordant d'amour,
tels les fleuves qui, après avoir erré longtemps,
aspirent à l'océan,
je me suis perdu, bel univers, dans la
plénitude...

Often I lost there with drunken tears,
loving, just as after endless wandering,
the rivers long to join the ocean,
in your abundance, beautiful world, myself...

Max Schäfer
In der Waschtrommel des Colorados

Der Colorado war hier glatt wie Öl. Im Zeitlupentempo zogen flache längliche Wellen im spitzen Winkel entlang der blankgescheuerten schwarzglänzenden Felswand und versetzten mein Kajak in sanfte Schaukelbewegungen. Ich war jetzt genau in der Mitte des Flusses. Vor mir lagen noch 200 Meter dieser träge sich dahinwälzenden, rotbraunen Fluten. Dann verschwand das Wasser hinter einer glatten Kante, die sich waagrecht über die Breite des Flusses erstreckte.
Obwohl ich nur eine Wolke aus Wasserdampf und aufsprühenden Gischtfontänen sehen konnte, wußte ich, was mich unterhalb dieser Kante erwartete. Ein ohrenbetäubendes brüllendes Getöse drang zu mir herauf, ein Lärm, als ob pausenlos vollbeladene Güterzüge über eiserne Viadukte donnern würden.
Mich befiel jenes Gefühl der Einsamkeit und Verlorenheit, das ich von Alleingängen im Gebirge kannte. Mein Paddel schien wie aus Blei. Ich stemmte die Fersen gegen die Fußstütze und versuchte zum x-ten Male, in die ideale Sitzposition zu gelangen. Die Angst erzeugte eine lähmende Spannung, die erst wich, als die Fahrt allmählich schneller wurde und links und rechts von mir die ersten Wellen sich zu überschlagen begannen.
Dann kam die Kante. Dahinter war kein Fluß mehr, sondern eine brodelnde Lawine aus expoldierender Gischt und braunem Schaum. 1200 Tonnen Wasser stürzten jede Sekunde über diese Gefällstufe. Am Fuß der schrägen Bahn entstanden Wellen wie auf dem Ozean. Mit einer Geschwindigkeit von fünfzig Stundenkilometern raste mein Kajak auf dieser Lawine abwärts. Die erste Welle hatte die Größe eines Einfamilienhauses. „Wenn das alles auf dich runterfällt, bist du tot", schoß es mir durch den Kopf. Ringsum war braune Gischt, es wurde stockdunkel. Plötzlich ging's wie im Fahrstuhl nach oben. Als ich wieder Luft bekam und etwas sehen konnte, saß ich sechs Meter höher auf dem Kamm des Wellenberges.

Giuseppe Brunamontini
Le passioni dell'acqua

Ora ha i capelli verdi e il corpo d'acqua, la stupenda Aretusa, una delle ninfe dell'Acaia; ma quel giorno era affascinante più del solito, mentre percorreva il bosco, ansante, reduce dalla caccia. Aggiungeva, infatti, alle naturali doti, quelle di arciera inesorabile e di esperta pescatrice.
Proveniva dalla foresta di Stinfàlo e la sua bellezza balenava prorompente fra tronchi e vegetazione, malgrado la fatica, accresciuta dalla caligine meridiana, ormai palese nelle membra. Fu, perciò, provvidenziale quel fiume che le attraversava il cammino: limpido e senza gorghi, trasparente più di un cristallo che mostrava nitido il fondo.
Lo incorniciavano oscillanti pioppi e salici e piante che traevano nutrimento dall'umidità sotterranea, propagata dal fiume, a sua volta compensato dal discreto stormire delle foglie che ne appartavano pure la presenza.
Alfeo, il suo nome, e ad esso la fanciulla si accostò immergendo piedi e caviglie. Era così invitante quell'acqua e così forte l'afa, che la fanciulla si tolse ben presto la tunica ed ogni altro indumento, immergendosi completamente nuda. Guizzava e vibrava sopra e sotto la superficie, riemergendo col volto gocciolante, i capelli intrisi, abbracciando l'acqua, portandola verso il seno, l'esile collo.
Fu proprio nel momento di maggiore abbandono, quando il corpo sembrava privarsi del peso, che percepì uno strano, indistinto mormorio provenire dal fondo. Misterioso da intimorirla, da indurla a cercare subito la sponda.
Allora il bisbiglio assunse chiarezza di voce, rammaricata, per di più, per quell'improvviso defilarsi:
– Perché te ne vai, Aretusa? Dove vai con tanta fretta? –
Era l'Alfeo che parlava dalle sue acque.
Purtroppo le vesti erano appese ad un ramo di salice, sull'altra riva; ma Aretusa era troppo impaurita per preoccuparsene e non iniziare una fuga disperata per sottrarsi a qualche essere arcano che temeva volesse ghermirla.

William Least Heat-Moon
Verborgen in het open land

Ergens verderop lag de Colorado, volkomen verborgen in het open land. De rivier was hier nog geen anderhalve kilometer vandaan, maar er viel geen spoor van te bekennen in de woestijn die zich over een afstand van veertig, vijftig kilometer vlak en ononderbroken naar het westen uitstrekte, hoewel ik maar tachtig kilometer stroomopwaarts van de plek was waar hij de Grand Canyon binnengaat. Deze kant van het Coloradoravijn was voor de Hopi vroeger een belangrijke doorgangsweg naar het zuiden, en volgens sommigen hebben de Hopi-gidsen deze route genomen toen ze de eerste blanken naar de canyon brachten.
Hoewel het droge pad de loop van de rivier volgde, was het water onbereikbaar op een diepte van honderdtwintig meter. Het is kenmerkend dat de Hopi flexibel genoeg waren om de woestijn de baas te worden: de vrouwen begroeven op de heenweg op strategische punten kalebassen met water, om die op de terugweg te gebruiken.
De weg maakte onverwachts een scherpe bocht naar de Navaho-brug, een in elkaar overvloeiend geheel van zilverkleurige dwarsbalken en hoge rotspieken. En ineens zag ik de rivier, ver beneden me in de diepe, angstaanjagende canyon, waarvan de wanden zó steil omlaag liepen dat het leek of er een steenzaag aan te pas gekomen was; het van nature slibhoudende water had een onnatuurlijk groene kleur (colorado betekent „roodachtig") omdat het sediment was achtergebleven in het grote bezinkingsbekken dat een paar kilometer verder stroomopwaarts ligt, de zogeheten Glen Canyon Dam. De Navaho-brug, gebouwd in 1929 toen dit gebied ontsloten werd door de aanleg van verharde wegen, is het enige punt tussen de Glen Canyon Dam en de Hoover Dam, honderden kilometers

Henry Bavlig
Les plateaux du Colorado

La gouttière du Rio Grande et les Montagnes Rocheuses à l'Est, les monts Uinta au Nord, le Grand Bassin à l'Ouest, les déserts qui lui font suite au Sud encadrent une région que les premiers explorateurs scientifiques (Newberry en 1856, Powell en 1896–1872) nommèrent les Plateaux du Colorado. Dominées par les Rocheuses et les Uinta, dominant à leur tour le Grand Bassin et le Rio Grande, ces vastes plates-formes, à l'altitude de 2.000–3.000 mètres, sont entaillées par des vallées profondes et étroites, par des cañons typiques, et surmontées de montagnes isolées, pour la plupart volcaniques. Cette topographie traduit une structure essentiellement tabulaire faite d'une puissante série de couches primaires et secondaires, sensiblement concordantes, que couronnent les restes d'une couverture éocène, jadis beaucoup plus étendue. Le Primaire comprend des termes marins, notamment des bancs de calcaires massifs, mais leur faciès ne dénote pas une grande profondeur d'eau; des lacunes importantes, ainsi que l'intercalation de formations continentales, attestent de longues phases d'émersion. Le Permo-Trias est continental, de même que la plus grande partie du Jurassique et du Crétacé. Dès avant la fin des temps secondaires, la région échappe aux invasions marines; au Tertiaire, l'évolution, purement terrestre, se traduit par une sédimentation puissante à l'Éocène, par une

T. H. Watkins
Into the Great Unknown

June 17. – We run down to the mouth of Yampa River. This has been a chapter of disasters and toils, notwithstanding which the cañon of Lodore was not devoid of scenic interest, even beyond the power of pen to tell. The roar of its waters was heard unceasingly from the hour we entered it until we landed here. No quiet in all that time. But its walls and cliffs, its peaks and crags, its amphitheaters and alcoves, tell a story of beauty and grandeur that I hear yet – and shall hear...
The Yampa enters the Green from the east. At a point opposite its mouth, the Green runs to the south, at the foot of a rock, about seven hundred feet high and a mile long, and then turns sharply around it to the right, and runs back in a northerly course, parallel to its former direction, for nearly another mile, thus having the opposite sides of a long, narrow rock for its bank. The tongue of rock so formed is a peninsular precipice, with a mural escarpment along its whole course on the east, but broken down at places on the west...
Great hollow domes are seen in the eastern side of the rock, against which the Green sweeps; willows border the river; clumps of box-elder are seen; and a few cottonwoods stand at the lower end. Standing opposite the rock, our words are repeated with startling clearness, but in a soft, mellow tone, that transforms them into magical music. Scarcely can you believe it is the echo of your own voice. In some places two or three echoes come back; in other places they repeat themselves, passing back and forth across the river between this rock and the eastern wall...
June 18. – We have named the long peninsular rock...Echo Rock. Desiring to climb it, Bradley and I take the little boat and pull up stream as far as possible, for it cannot be climbed directly

Max Schäfer
In der Waschtrommel des Colorados

Ein Gefühl wie auf einem Sprungturm. Dann ging's wieder bergab. Die nächste Welle war schon etwas niedriger. Nach dem fünften Wellenberg hatte ich es geschafft.
Im offiziellen Colorado-Flußführer ist diese Stelle beschrieben: Crystal Rapid, Schwierigkeitsgrad zehn, einer der großen jedoch nicht der schwierigste Katarakt des Grand Canyon. „Habt ihr ein Glück", sagte Art Vitarelli zur Begrüßung in Los Angeles, „in diesem Sommer läuft viermal so viel Wasser als sonst durch den Grand Canyon. Das gibt phantastische Filmaufnahmen". Ich nickte beifällig und versuchte, mir nichts anmerken zu lassen. Mit Hochwasser hatte ich eigentlich nicht gerechnet, und die zu erwartenden Wassermassen stimmten mich, um ganz ehrlich zu sein, keineswegs besonders fröhlich. Art Vitarelli, 35 Jahre alt, dreimal amerikanischer Wildwassermeister, hatte unsere Tour durch den Grand Canyon organisiert. Wir waren Fünfzehn. Zwei Engländer – Dany und Ken aus Southampton –, zehn Amerikaner und drei „German Guys". Kameramann Hans Memminger, Spezialist für Kajak-Filme, Fred Schmidkonz, einer der besten alpinen Kajakfahrer Deutschlands, und ich als gewöhnlicher „Sonntagspaddler", gaben der Mannschaft einen Hauch von Internationalität, auf den Art Vitarelli so stolz war, daß er gleich ein Plakat für seinen Lastwagen malen ließ: „Internationale Grand Canyon Kajak-Expedition".
Ausrüstung und Verpflegung für achtzehn Tage wurden auf die drei großen Begleitschlauchboote verladen. Dazu eine etwa zehn Zentner schwere mit Eis gefüllte Kühlbox. „Wir können unser Coca-Cola doch nicht warm trinken", sagte Art vorwurfsvoll, nachdem ich gewagt hatte, den Sinn dieser Kiste anzuzweifeln, da das Wasser des Colorado ohnehin kalt genug zum Kühlen sei: Mit einer Temperatur von 8 Grad Celsius kommt der Fluß aus dem Powell Stausee. Er erwärmt sich auf der 450 Kilometer langen Strecke durch den Grand Canyon nur auf etwa 11 Grad Celsius.

Giuseppe Brunamontini
Le passioni dell'acqua

E non sbagliava, perché chi la inseguiva era progressivamente infiammato da una nudità valorizzata dal movimento plastico della corsa, che invogliava ad un immediato abbraccio.
La ragazza, perciò, si sentiva come un'agnella braccata dagli artigli di un rapace. I suoi piedi attraversarono terre e mari: giunsero nelle forre del Ménalo, al freddissimo Erimanto, fino all'isola di Ortigia. Aveva passato dirupi e sottoboschi, facendosi strada fra rami e cespugli, incurante dei graffi e del sangue. Tanto più che le forze cominciavano a mancarle. L'ombra del fiume, che aveva assunto sembianze umane, ormai la sovrastava. E lei, sfinita, invoca Diana, della quale era stata scudiera, perché la salvi.
La dea, pietosamente, lambisce una nuvola poco distante e la scaglia su Aretusa che ne viene avvolta, celandola alla vista di Alfeo. Il quale, però, tanto era il suo trasporto, non s'allontana neppure dalle periferiche nebbie e la invoca, chiamandola ripetutamente per nome.
D'altra parte, la congeniale pratica d'acqua posseduta dal fiume lo trasforma in segugio, portandolo a scoprire che nessuna orma di piede è uscita dalla nuvola; perciò la bellissima doveva esser lì dentro, racchiusa come in un candido bozzolo. L'assedio è conseguente: l'innamorato vi si pone con tenera pazienza.
Al contrario, la disperazione riassale Aretusa che si credeva salva.
Un sudore ghiacciato le rigagnola da tutto il corpo. Lacrime verde-azzurro le scendono dagli occhi e i capelli sono pieni di brina; se sposta un piede lascia impronte d'acqua e le membra sembrano sciogliersi, fluidificarsi. Quale sortilegio sta avvenendo?
Inspiegabilmente, magicamente, con una rapidità neppure valutabile in termini di tempo, la fanciulla si trasforma in acqua. Un'acqua che scorre via dalla nuvola e che il fiume riconosce come quella dell'amata.
È allora che abbandona l'aspetto di persona per riprendere quello di fiume in modo da mescolarsi finalmente a lei, d'improvviso spinta da pari anelito, acqua nell'acqua, per sempre.

William Least Heat-Moon
Verborgen in het open land

stroomafwaarts, waar je de Colorado kunt oversteken.
Ten westen van de kloof lagen groene weidegronden, voornamelijk bestemd voor een kudde bizons die in stand wordt gehouden door het Arizona Wildcomité; toen ik passeerde hieven de enorme beesten hun kop op om naar me te kijken met donkere, vochtige ogen, die glansden in het late zonlicht. In het noorden rees het driehonderd meter hoge uiteinde van de Vermillion Cliffs op; het gesteente was niet echt vermiljoen, maar door het contrast met de groene vallei in het oranje namiddaglicht leek het zo.
In 1776, een paar maanden nadat in witte kousen gestoken heren in Philadelphia de onafhankelijkheid hadden uitgeroepen, zwierf hier een Spaanse expeditie rond onder leiding van de missionarissen Francisco Silvestre Vélez de Escalante en Francisco Atanasio Domínguez. Ze hadden tevergeefs gezocht naar een goede noordelijke route naar de missieposten in Californië, en dwaalden moedeloos langs de Vermillion Cliffs terwijl ze in het doolhof van de Colorado een plaats probeerden te vinden waar ze het ravijn konden oversteken. Ze zochten tien dagen en waren gedwongen gekookte cactus te eten en twee van hun paarden te slachten voor ze een geschikte plek hadden gevonden; en toen moesten ze eerst nog treden uithakken om langs de honderdtwintig meter hoge loodrechte wanden naar beneden en daarna weer naar boven te klimmen. Ik had er, in zittende houding, twintig seconden voor nodig om de kloof over te steken. Wat ik als een bezienswaardigheid beschouwde, was voor de Spanjaarden een verschrikking die hen bijna het leven kostte.
De problemen die Escalante had ondervonden onderstreepten nog eens hoe gemakkelijk ik het had gehad op mijn negenduizend kilometer

Henry Bavlig
Les plateaux du Colorado

dénudation étendue depuis, et par des accumulations volcaniques au cours de toute la période. Les terrains sont tantôt dénivelés par des failles et flexures de grande amplitude, tantôt affectés de larges déformations en dômes et cuvettes, mais, depuis le Précambrien inclusivement, exempts de plissements véritables. Il s'agit donc d'un segment rigide de l'écorce, d'un fragment de la Laurentia, qui a résisté victorieusement aux compressions qui plissèrent les Rocheuses d'une part, les chaînons du Grand Bassin de l'autre.
Le climat est celui des hauts plateaux intérieurs, éloignés des influences marines. Le thermomètre accuse d'énormes différences du jour à la nuit, de l'été brûlant à l'hiver glacial, des plateaux culminants au fond des gorges les plus creuses. De même, les précipitations annuelles varient entre des maxima de 75 centimètres et plus dans les parties les plus hautes et des minima inférieurs à 10 centimètres au fond des plus grands cañons.
L'hiver amène des chutes de neige assez copieuses; en été, des averses locales et très violentes déterminent un ruissellement bref et brutal sur les pentes ravinées. L'évaporation, dans une atmosphère ténue et toujours en mouvement, est intense; et l'on voit souvent, en été, un nuage perdu se dissiper sans donner d'eau, ou les raies de pluie se vaporiser avant d'avoir atteint le sol. La végétation s'étage

T. H. Watkins
Into the Great Unknown

opposite. We land on a talus of rocks at the upper end, to reach a place where is seems practicable to make the ascent; but we must go still farther up the river. So we scramble along, until we reach a place where the river sweeps against the wall. Here we find a shelf, along which we can pass, and now are ready for the climb.
We start up a gulch; then pass to the left, on a bench, along the wall; then up again, over broken rocks; then we reach more benches, along which we walk, until we find more broken rocks and crevices, by which we climb, still up, until we have ascended six or eight hundred feet; then we are met by a sheer precipice. Looking about, we find a place where it seems possible to climb. I go ahead; Bradley hands the barometer to me, and follows. So we proceed, stage by stage, until we are nearly to the summit. Here, by making a spring, I gain a foothold in a little crevice, and grasp an angle of the rock overhead. I find I can get up no farther, and cannot step back, for I dare not let go with my hand, and cannot reach foot-hold below without. I call to Bradley for help. He finds a way by which he can get to the top of the rock over my head, but cannot reach me. Then he looks around for some stick or limb of a tree, but finds none. Then he suggests that he had better help me with the barometer case; but I fear I cannot hold on to it. The moment is critical. Standing on my toes, my muscles begin to tremble. It is sixty or eighty feet to the foot of the precipice. If I lose my hold I shall fall to the bottom, and then perhaps roll over the bench, and tumble still farther down the cliff. At this instant it occurs to Bradley to take off his drawers, which he does, and swings them down to me. I hug close to the rock, let go with my hand, seize the dangling legs, and, with his assistance, I am enabled to gain the top.
Then we walk out on a peninsular rock, make

Max Schäfer
In der Waschtrommel des Colorados

Außerdem wurde noch eine geheimnisvoll Kiste verladen, die sich später als das von der National-Park-Verwaltung zwingend vorgeschriebene chemische Klosett entpuppte. Es dauerte eine gewisse Zeit, bis wir Europäer uns an solchen Komfort gewöhnt hatten. Die tägliche Reinigung dieser Plastikkiste war eine delikate Angelegenheit, mit der Art nur seine engsten Freunde zu beauftragen wagte. „Das Ding ist manchmal ärgerlich", sagte Art, „aber es ist gut für den Canyon". Wie viele Amerikaner ist Art ein fanatischer Umweltschützer.
Lee's Ferry, unser Einsatzpunkt am Colorado besteht aus einem Campingplatz, einigen Baracken und der Ranger-Station der National-Park-Verwaltung. Die alte Fähre war bis 1929 einziger Übergang über den Colorado auf Hunderte von Meilen. Heute überspannt die kühne Stahlkonstruktion der Navajo-Brücke den an dieser Stelle nur 150 Meter tiefen Canyon.
Die ersten Tage auf dem Fluß boten ausreichend Gelegenheit zum Einfahren. Der Colorado führte zwischen 1 000 und 1 200 Kubikmeter Wasser pro Sekunde. Im Vergleich dazu nehmen sich die neun Kubikmeter, die durch die olympische Slalomstrecke in Augsburg fließen, eher bescheiden aus.
Die 160 Rapids des Grand Canyon tragen klangvolle Namen. Sie sind in zehn Schwierigkeitsgrade eingeteilt. Diese Bewertung ist mehr auf Schlauchboote abgestimmt und mit der sechsstufigen europäischen Wildwasserskala nicht vergleichbar. Um den Colorado zu befahren, muß man auch nicht unbedingt die technische Perfektion eines Slalom-Spezialisten besitzen. Viel entscheidender sind Kondition und Nervenstärke. Insbesondere dann, wenn man gezwungen ist, zwischen sechs Meter hohen Wellenbergen Eskimorollen zu drehen, oder in einen der berüchtigten „Eddies" (Wirbel) gerät, die so stark sind, daß sie den Fahrer samt Kajak in die Tiefe ziehen. Wer dabei nervös wird, kann folgenschwere Fehler machen...!

Giuseppe Brunamontini
Quando la portai al fiume

"Ed io che me la portai al fiume
credendo che fosse ragazza . . ." scriveva Federico Garcia Lorca nell'attacco della sua celebre poesia *La sposa infedele*. È una delle più suggestive ed orecchiabili del poeta gitano, poiché i versi non lasciano tregua: "L'amido
della sua gonnellina
suonava alle mie orecchie
come un pezzo di seta
lacerato da dieci coltelli . . .", mentre
un ". . . orizzonte di cani
abbaia lontano dal fiume."
Sembrava proprio un grande amore, anche se ben presto lui si sfilò la cravatta e lei il vestito, lui "la cintura e la rivoltella.
Lei i suoi quattro corpetti".
Quello che dice il poeta della donna, la incantata descrizione del suo corpo, difficilmente è stato mai udito da orecchio femminile: "Non hanno una pelle così fine
le tuberose e le conchiglie
né i cristalli alla luna
risplendono di tanta luce." Ma la cosa, purtroppo, si concluse subito dopo l'estatico incontro: perché la donna, pur avendo marito, disse che era ragazza, quando l'innamorato la portò al fiume.
Una poesia balenante, carica di sentito avvicinamento erotico, che trova raro riscontro nella lirica contemporanea. Jacques Prévert, ad esempio, non giunge all'abbraccio, ma guarda geloso la ". . . tua bellezza
che nuda danzava sul fiume
nello splendore estivo."
Più di seicento anni fa Francesco Petrarca scrisse: "Chiare, fresche e dolci acque,
Ove le belle membra
Pose colei, che sola a me par donna . . .".
Ebbene, anche se manca la descrizione

William Least Heat-Moon
Verborgen in het open land

lange tocht door Amerika. Afgezien van het weer, zo nu en dan een slechte weg en een paar overijverige politieagenten, waren mijn moeilijkheden van zuiver persoonlijke aard geweest. Even later zou blijken dat mijn schuldgevoel over de probleemloze tocht enigszins voorbarig was geweest.
De weg ging omhoog naar het Kaibab-plateau, een reusachtige uitstulping van de aardkorst; in een verbijsterend tempo maakte de lage woestijnbegroeiing plaats voor enorme naaldbomen naarmate ik dieper in het Kaibab-woud doordrong: pijnbomen, dennen en sparren. Op achttienhonderd meter was het nog maar vijftien graden: een temperatuurdaling van zeventien graden binnen vijftien kilometer. Aan de noordrand van het bos daalde de weg in een lange glooiende beweging van het plateau omlaag, Utah in. Hier lagen de counties Kane en Garfield met hun veelkleurige rotsen en barokke steenpilaren, en daaronder de grootste nog niet geëxploiteerde kolenvelden van het land. Een gebied waar zeker nog eens om gevochten zal worden.
Bij het vallen van de schemering dacht ik erover om die nacht in de Coral Sand Dunes te blijven, maar ik had voorlopig wel weer even genoeg van de hitte en de woestijn, en dus zette ik koers naar de Cedar Breaks, op het onherbergzame, maar prachtige Markagunt-plateau. De koelte zou me goed doen. Er kletterden sporadisch wat regendruppels tegen de voorruit, niets om je ongerust over te maken. Ik sloeg af naar de Utah 14, een weg die dwars door de bergen naar Cedar City loopt. Bij het zwakke licht van een imposante hemel kon ik nog net een groot bord onderscheiden:
„Hoogte 3000 Meter deze Weg
kan tijdens de Wintermaanden
onbegaanbaar zijn"

Henry Bavlig
Les plateaux du Colorado

conformément à l'altitude: sur les hautes montagnes, de belles forêts de sapins et d'épicéas; sur les plateaux élevés, des bois clairs de pins jaunes sans sous-bois; sur les bas plateaux et dans les dépressions, des bouquets de pins piñons et des genévriers broussailleux, parsemant la steppe de sage brush et de graminées raides; au fond des grands cañons, le désert à cierges et yuccas, avec des lignes de peupliers il n'existe pas de bassins fermés; sauf quelques parties marginales, la région tout entière est drainée par le Colorado: constitué au cours d'une longue évolution continentale, le réseau hydrographique s'est maintenu grâce à la profondeur de la dissection qui assure un écoulement rapide des eaux. Le plan général en est simple: la Green River, venue de très loin au Nord, du Wind River Range, s'appauvrit plutôt qu'elle ne s'enrichit à la traversée du bassin du Wyoming; puis elle se renforce par l'apport du Yampa et du White, descendus des Montagnes Rocheuses; elle conflue alors avec le Grand (officiellement: Colorado River) qui, abondamment alimenté aux neiges des Rocheuses, roule un volume un peu plus fort que le sien propre. Les deux rivières réunies ont un régime essentiellement nival, et un débit moyen de 490 mètres cubes par seconde. Le San Juan, né dans de hautes montagnes, apporte encore 90 mètres cubes. Mais les autres affluents ont un

T. H. Watkins
Into the Great Unknown

the necessary observations for determining its altitude above camp, and return, finding an easy way down...
June 21. – We float around the long rock, and enter another cañon. The walls are high and vertical; the cañon is narrow; and the river fills the whole space below, so that there is no landing-place at the foot of the cliff. The Green is greatly increased by the Yampa, and we now have a much larger river. All this volume of water, confined, as it is, in a narrow channel, and rushing with great velocity, is set eddying and spinning in whirlpools by projecting rocks and short curves, and the waters waltz their way through the cañon, making their own rippling, rushing, roaring music. The cañon is much narrower than any we have seen. With difficulty we manage our boats. They spin about from side to side, and we know not where we are going, and find it impossible to keep them headed down the stream. At first, this causes us great alarm, but we soon find there is but little danger, and that there is a general movement of progression down the river, to which this whirling is but an adjunct; and it is the merry mood of the river to dance through this deep, dark gorge; and right gaily do we join in the sport.
Soon our revel is interrupted by a cataract; its roaring command is heeded by all our power at the oars, and we pull against the whirling current. The "Emma Dean" is brought up against a cliff, about fifty feet above the brink of the fall. By vigorously plying the oars on the side opposite the wall, as if to pull upstream, we can hold her against the rock. The boats behind are signaled to land where they can. The "Maid of the Cañon" is pulled to the left wall, and, by constant rowing, they can hold her also. The "Sister" is run into an alcove on the right, where

Max Schäfer
In der Waschtrommel des Colorados

Am House Rock Rapid herrschten ideale Lichtverhältnisse. Unser Kameramann forderte deshalb höflich aber bestimmt dazu auf, die Boote nochmals hinaufzutragen, um mehrere Einstellungen machen zu können.
„Fahr nicht so verkrampft" sagte Hans, als ich zum dritten Mal mein Kajak schweißgebadet hinaufgeschleppt hatte. „Fahr' lässiger, das schaut im Film besser aus".
Also nahm ich mir vor, besonders lässig zu fahren. Wer möchte in einem Fernsehfilm nicht gut aussehen...
Ich fuhr sogar so lässig, daß mir der erste harmlose Schwall zu meiner größten Verblüffung das Paddel aus der Hand schlug. Nun hatte ich die Bescherung! Eine Weile versuchte ich mit den Händen zu paddeln, kam aber nicht sehr weit. An der ersten großen Welle begann ich unfreiwillig zu surfen. Hilfesuchend schaute ich zu meinen Freunden, die am sicheren Ufer standen. Wenn mir jetzt jemand ein Paddel zuwerfen könnte! Sekunden später lag ich im Wasser. Die folgenden 300 Meter in den reißenden, eiskalten Fluten waren kein reines Vergnügen. Ich vermute, daß ich dabei einen neuen Weltrekord im Freistilschwimmen aufgestellt habe. Allerdings muß ich diese Ehre wahrscheinlich mit all den Kajak-Fahrern teilen, die bereits vor mir diese Stromschnelle hinuntergeschwommen sind, oder nach mir noch hinunterschwimmen werden.
Auf alle Fälle hatte mir der Colorado schon am zweiten Tag eine schmerzhafte Lektion erteilt, die mich veranlaßte, in Zukunft vorsichtiger zu sein. Der House Rock Rapid hat übrigens nur den Schwierigkeitsgrad vier bis sechs.
Der erste Eindruck, den der Grand Canyon vermittelt, ist der einer Wüste: Fels, Sand, Wasser und darüber ein schmaler Streifen Himmel. Doch je tiefer wir in die Schlucht eindrangen, desto mehr schärfte sich das Auge für die Schönheit dieser unzugänglichen Landschaft. Wind und Regen, Erdstöße und die zerstörende Kraft des Wassers bewirken eine

Giuseppe Brunamontini
Quando la portai al fiume

conturbante dei fianchi di Laura, la poesia è di innegabile fascino. La patina del tempo non l'ha mai coperta, anzi è leggibile oggi più di ieri, perfino dagli studenti se non avessero il deterrente della persecuzione scolastica.
D'altronde, per Petrarca il fiume è un testimone amico, col quale condividere esistenza e segreti: "Amor che meco al buon tempo ti stavi fra queste rive a' pensier nostri amiche e per saldar le ragioni nostre antiche meco e col fiume ragionando andavi . . ." Sono versi tratti dai *Sonetti,* nei quali sentimenti e acqua sono in continua simbiosi, sapendo Petrarca quanto sia più fortunata la corrente, che arriva a "Basciale 'l piede o la man bella e bianca . . .".

Donne ch'avete intelletto
Era il tempo in cui Dante Alighieri scriveva: "Donne ch'avete intelletto d'amore . . ."; ma non erano certo tutte in bacheca. Per Matteo Bandello, ad esempio, vissuto tra la fine del 1400 e il 1500, sapevano benissimo come comportarsi, oltre ad avere lo scontato, passivo ruolo di far innamorare e di ricevere amore.
Si apprende dal personaggio di un suo racconto, Gostantino Boccali, il quale è costretto a gettarsi nel fiume Adige per intenerire la fanciulla a cui voleva avvicinarsi.
Come è noto, più le cose sono vietate e più si desiderano e Gostantino seguiva l'amata per Verona, luogo romantico ideale, senza che quella apprezzasse la benché minima attenzione. Tanto che l'amore dell'aitante giovane e la rigidezza della fanciulla divennero celebri per l'intera città, accrescendo l'intenzione di entrambi a mantenere l'ormai risaputo slancio: lui di conquistarla, lei di restare incontaminata.
Ed un giorno, che si incontrarono sopra un ponte alto sul fiume Adige che attraversa la

William Least Heat-Moon
Verborgen in het open land

Nou en? Het was nu bijna mei. De regen tikte en hield toen op, tikte en hield weer op. Het ging steiler omhoog, en een zachte regen viel gestaag neer zodat het rode woestijnstof van het dak werd gespoeld; ik had sinds het oosten van Texas geen bui meer gehad. Heerlijk. Van aangenaam koel werd het koud en ik zette de verwarming aan. Het licht van de koplampen werd teruggekaatst door de sneeuwhopen langs de weg, die me steeds verder insloten naarmate ik hoger kwam, en de regen ging over in natte sneeuw. Dat was het moment waarop ik het gevoel begon te krijgen dat ik misschien een kleine beoordelingsfout had gemaakt. Ik zocht naar een plek waar ik zou kunnen keren, maar er was alleen die smalle, kronkelige weg. De natte sneeuw werd dichter, en het zicht bedroeg nog geen tien meter. Misschien kon ik boven de bui uitkomen als ik verder naar de top reed. Op vierentwintighonderd meter hoogte stak de wind op, een harde, geniepige wind die me met geweld voortjoeg over de gladde weg. Als Lear de storm uitdaagt om „de ronde zwelling van de aarde plat te slaan", roept hij: „Blaast, winden, scheurt uw wangen! Blaast en woedt!" En dat deden ze.
Een luide, helse donderslag deed de auto rammelen; er volgde nog een slag, en nog een. Ik had het nog nooit zien onweren tijdens een sneeuwstorm. Hoewel er geen borden stonden zag ik op de kaart dat er dichtbij de top een camping was. Stoppen was zelfmoord, doorrijden misschien ook. De wind rukte zó hard aan Ghost Dancing dat ik bang was dat ik in de onzichtbare afgrond geblazen zou worden. Als de vallende sneeuw het zicht niet belemmerd had zou ik mezelf misschien hebben moeten blinddoeken, zoals reizigers in de

débit très irrégulier, avec des crues foudroyantes après les averses, et de longues périodes de très basses eaux et de desséchement complet; le Petit Colorado lui-même s'interrompt au fort de l'été, pour renaître à l'aval. Quant aux branches secondaires, ce ne sont que des *washes*, de vrais oueds, qui n'ont d'eau.

Dans la région du Grand Canyon, la structure et la topographie diffèrent de part et d'autre du fleuve. Au Sud, le plateau de Coconino est une table monotone de grès, très doucement inclinée au Sud-Ouest, à peine sillonnée par quelques washes. Au Nord, au contraire, le pays est traversé par de grandes failles de direction Nord-Sud et de regard Ouest: il en résulte une série de gradins, s'élevant de l'Ouest à l'Est, depuis le Shiwits (1.800 m.), par l'Uinkaret et le Kanab, jusqu'au Kaibab (2.700 m.); puis, au delà, une grande flexure abaisse la surface du Carbonifère à 1.800 m. dans la Plate-forme de Marbre, et enfin la flexure des Echo Cliffs la fait dispraître sous le Crétacé. Ces failles sont, pour une part, récentes, car elles affectent même les formations volcaniques. Celles-ci couvrent de vastes étendues sur les deux gradins occidentaux (Shiwits et Uinkaret): des flots de lave très fluide ont moulé la topographie en cours de dissection, et des coulées tardives sont descendues en cascades presque au fond du Grand Canyon. C'est ici que les soulèvements

an eddy is in a dance, and in this she joins. Now my little boat is held against the wall only by the utmost exertion, and it is impossible to make headway against the current. On examination, I find a horizontal crevice in the rock, about ten feet above the water, and a boats's length below us, so we let her down to that point. One of the men clambers into the crevice, in which he can just crawl; we toss him line, which he makes fast in the rocks, and now our boat is tied up. Then I follow into the crevice, and we crawl along a distance of fifty feet, or more, upstream, and find a broken place, where we can climb about fifty feet higher. Here we stand on a shelf, that passes along downstream to a point above the falls, where it is broken down, and a pile of rocks, over which we can descend to the river, is lying against the foot of the cliff.

It has been mentioned that one of the boats is on the other side. I signal for the men to pull her up alongside of the wall, but it cannot be done; then to cross. This they do, gaining the wall on our side just above where the "Emma Dean" is tied.

The third boat is out of sight, whirling in the eddy of a recess. Looking about, I find another horizontal crevice, along which I crawl to a point just over the water, where this boat is lying, and, calling loud and long, I finally succeed in making the crew understand that I want them to bring the boat down, hugging the wall. This they accomplish, by taking advantage of every crevice and knob on the face of the cliff, so that we have the three boats together at a point a few yards above the falls. Now, by passing a line up on the shelf, the boats can be let down to the broken rocks below. This we do, and, making a short portage, our troubles here are over...

Max Schäfer
In der Waschtrommel des Colorados

stete Veränderung der Formen und geben dem Canyon den Charakter des Unfertigen, so als ob sich die Erde noch am Anfang der Schöpfungsgeschichte befinden würde. Aus den braunen Fluten ragen bizarr geschliffene Felsblöcke, deren Formen an Skulpturen von Henry Moore erinnern.
Der fehlende Größenvergleich mit irgendwelchen von Menschen errichteten Bauwerken macht es unmöglich, Dimensionen richtig einzuschätzen.
Am fünften Tag rasteten wir in einer Höhle, die Major Powell, der Erstbefahrer des Grand Canyon, mit dem Satz beschrieb: „Ein Konzertsaal, der 50000 Menschen Platz bieten würde". Ich marschierte quer durch die Riesenhalle und zählte die Schritte: 135 Schritte breit und gut dreimal so lang war die mit feinem Sand gefüllte Grundfläche der Höhle.
An manchen Flußbiegungen luden flache weiße Sandstrände, die von zartgrünen Tamarisken-Sträuchern umsäumt waren, zum Campieren ein. Während tagsüber die Vielfalt der Felsstrukturen noch durch die Farbenpracht des Gesteins übertönt wurde, verwandelte nachts das bleiche Mondlicht den Canyon in eine Traumkulisse: Märchenschlösser mit Zinnen und Türmen schienen dann den Fluß zu säumen und sich mit der kalten Pracht gigantischer Wolkenkratzer abzuwechseln. Die atemlose Stille von Fels und Sand bildete den Kontrast zu dem mahlenden Geräusch des Wassers oder dem fernen Dröhnen einer Stromschnelle.
Klares Wasser führte der Fluß nur unmittelbar nach dem Stausee. Zwanzig Kilometer flußabwärts brachte ein kleiner Nebenfluß so viel Schlamm, daß der Colorado seine charakteristische rot-braune Färbung annahm, der er seinen spanischen Namen verdankt.
Nach einem Gewitterregen verwandelte sich der Fluß vollends in eine dickflüssige Brühe. „Zum Pflügen zu dünn, zum Trinken zu dick", sagte Art ärgerlich, „es wird Tage dauern, bis das Wasser wieder klar wird." Er irrte sich. Weitere Gewitter sorgten dafür, daß uns die

Giuseppe Brunamontini
Quando la portai al fiume

città, a lui, che cavalcando in mezzo agli amici osò salutarla, ella rispose voltando ostentatamente il viso altrove.
Le amiche che le facevano corona, allora, manifestarono il loro disappunto per quell'uggia esagerata; ma lei oppose, con sicure argomentazioni, la poca fiducia che bisognava concedere agli uomini. E lo fece con tanta veemenza che il giovane a cui pervennero quelle parole non riuscì a contenere il desiderio di esprimerle il proprio profondo amore: "... per voi, io mi struggo e sensibilmente mi consumo; e il fuoco del vostro amore ove mi abbruscio è fatto sì penace, sì grande e tale che tutta l'acqua dell'Adige che sotto questo ponte scorre nol potrebbe scemare non che ammorzare."
Al che la fiera donna rispose: "Provate a saltar nel fiume e forse vi troverete più freddo che ghiaccio."
Era la fine di ottobre ed il freddo già incisivo, ma Gostantino Boccali, senza un attimo di indecisione, quasi in una sfida estrema spronò il cavallo e si gettò giù, nei vortici della corrente! Per fortuna, sia lui, valente nuotatore, che il cavallo, per naturale istinto, riuscirono a salvarsi e guadagnare faticosamente la riva. E mentre tutto questo si svolgeva tra lo sbigottimento generale, il giovane dall'acqua non smise di gridare il suo amore.
La storia, per fortuna, ebbe lieto e appassionato fine.
Innumerevoli, è ovvio dire, sarebbero i fatti da esporre, che significativi diventano nella memoria se famosi sono i nomi di chi li racconta. Esperienze, sentimenti, situazioni di cui poeti e narratori sanno dare immagini supreme: "Quel ramo del lago di Como, che volge a mezzogiorno, tra due catene non

William Least Heat-Moon
Verborgen in het open land

middeleeuwen deden wanneer ze de Alpen overstaken, om de angstaanjagende diepte niet te hoeven zien. Een vuistregel voor wie de blauwe wegen berijdt: ga niet op zoek naar avontuur, want voor je het weet heb je het gevonden.
Toen was ik op de top, drieduizend meter hoog. HOOG. De wind was vreselijk, en de Utah 14 werd nu ingesloten door sneeuwhopen die boven de auto uitstaken. Bij de afslag naar Route 143 wees een bord in noordelijke richting naar de Cedar Breaks camping. Ik ontspande me. Ik zou het overleven. Ik zwol van trots omdat ik de berg bedwongen had.
Tweehonderd meter verder op Route 143 kon ik mijn ogen niet geloven. Ik stapte uit en liep er heen, terwijl de gierende wind mijn broekspijpen ranselde en mijn haar recht overeind blies. Ik kon het niet geloven. De middenstreep, die vaag oplichtte onder de natte vlokken, verdween onder een twee meter hoge berg sneeuw. Geblokkeerd.
Terug naar de auto. Mijn hart zonk als een steen door verse sneeuw. Er moest een vergissing in het spel zijn. Ik bedoel, we leefden niet meer in 1776. De tijd van Escalante was voorbij. Maar de enige vergissing was mijn verkeerde beoordeling. Ik zat vast op Route 143, en Route 143 lag onder het ijs.
Ik zette de verwarming op de hoogste stand, liep naar achteren en wikkelde een deken om de slaapzak. Ik kleedde me snel uit en hulde me in een trainingspak, twee paar sokken, mijn oude wollen marinemuts en een paar handschoenen. Toen ik de motor afzette was de voorruit al bedekt met een laag sneeuw. De benzinetank zat nog maar voor een kwart vol. Ik kroop haastig in de slaapzak nu het nog warm was en trok het gordijn open om naar de jagende wolken te kijken die zich op de berg

Henry Bavlig
Les plateaux du Colorado

tertiaires et quaternaires atteignent leur amplitude maximum, et que l'érosion fluviale a creusé le plus profond: entre le confluent du Paria, où il atteint les couches carbonifères, et la sortie des plateaux, le Colorado descend de 650 mètres, avec une pente moyenne de 1,4 p. 1.000. Toute cette partie du cours est une succession de cañons grandioses: coulant à contre-pente des terrains, le fleuve entaille des couches de plus en plus basses, et le profil de la vallée se complique à mesure. En face du Kaibab, elle atteint 1.800 mètres de profondeur, sur une largeur, de bord à bord, de 12 à 20 kilomètres.

Les paysages du Grand Canyon méritent l'admiration qui, depuis la célèbre description de Dutton, s'est exprimée bien des fois. Profondément originaux et cependant immédiatement intelligibles, ils associent la richesse du coloris et la profusion des détails sculpturaux avec l'ordonnance simple, en quelque sorte classique, de l'architecture. Dans le dédale des formes étranges, le rythme sédimentaire ramène, à intervalles qu'on dirait mesurés, les larges plates-bandes, les horizons puissants qui maintiennent la primauté de la structure sur les fantaisies de la décoration. Tout en bas, c'est la gorge intérieure, sombre, taillée en V aigu dans les gneiss et schistes archéens, où le fleuve tourbillonnant monte de 30 mètres aux crues de printemps; au-dessus vient un coin

T. H. Watkins
Into the Great Unknown

June 22. – Still making short portages and letting down with lines. While we are waiting for dinner to-day, I climb a point that gives me a good view of the river for two or three miles below, and I think we can make a long run. After dinner, we start; the large boats are to follow in fifteen minutes, and look out for the signal to land. Into the middle of the stream we row, and down the rapid river we glide, only making strokes enough with the oars to guide the boat. What a headlong ride it is! Shooting past rocks and islands! I am soon filled with exhilaration only experienced before in riding a fleet horse over the outstretched prairie. One, two, three, four miles we go, rearing and plunging with the waves, until we wheel to the right into a beautiful park, and land on an island, where we go into camp.

Quiet water had its drawbacks. If they wanted to make time, they had to row. Even so, they dragged their log for sixty-three miles down the Green's meanders on June 27, fought mosquitoes all night, and in the morning made the mouth of the Uinta, the site of the present town of Ouray, Utah...This was the only opportunity along the whole course of the river for communication. From here letters could go out, and at the Uinta Agency, thirty miles up this creek, there might be mail waiting.

Powell sent his brother and Andy Hall on foot to the Agency for mail, setting out after them two days later with Goodman and Hawkins. The ones left behind rather mournfully celebrated the Fourth by chasing ducks on the Uinta. When the Major, Hawkins, Hall, Walter and two Indian packers returned, Frank Goodman was not with them. His appetite for border experiences had been satisfied...

Max Schäfer
In der Waschtrommel des Colorados

Brühe bis zum Schluß erhalten blieb.
Im westlichen Teil des Grand Canyon zeugen schwarze Basaltblöcke von der regen Vulkantätigkeit, die vor einer Million Jahren hier herrschte. Damals wurde der Fluß nach einem Ausbruch durch Lavaströme bis zu 300 Meter hoch aufgestaut. Die erstarrende Lava bildete Dämme, welche der Colorado im Laufe der Zeit zerstörte, zu Schlamm zerrieb und hinwegschwemmte.
Der Lava-Fall ist der Rest eines etwa hundert Meter breiten Dammes. Über diese Gefällstufe, die einen Höhenunterschied von zwölf Metern aufweist, stürzt das Wasser mit einer Geschwindigkeit von knapp sechzig Stundenkilometern. Große Basaltblöcke, die über das ganze Flußbett verteilt sind, bilden nicht nur hohe Wellen, sondern auch heimtückische Walzen und Wirbel. Am Ende der Gefällstrecke entstehen zwei hohe, sich überschlagende Walzen. Diese Walzen gelten als die gefährlichste Stelle des Rapid.
Art war skeptisch, ob man bei dem zur Zeit herrschenden hohen Wasserstand den Lava-Fall überhaupt fahren konnte. Am linken Ufer gab es eine Möglichkeit, sich im seichten Wasser zwischen kleineren Felsblöcken hinunterzumogeln. „Chicken-Channel" – Hühnerweg – nennen die Amerikaner eine solche Art der „Befahrung". Wir drei entschieden uns jedoch für den Hauptwasserstrom, was unsere amerikanischen Freunde dazu veranlaßte, uns von nun an nur noch „the crazy german guys" zu nennen. Mit Ausnahme von Ken verzichtete der Rest der Kajaktruppe auf eine Befahrung.
Wieder glitt mein Kajak mit leichten Schaukelbewegungen durch diese Unheil verkündenden trägen Fluten oberhalb der waagerechten Kante, die den Beginn des Rapid markierte. Unmittelbar nach der Kante bekam ich die volle Wucht des stürzenden Wassers zu spüren. Nach dreißig Metern riß mir eine Schrägwelle die Spritzdecke auf und begrub mich vollständig unter sich. Ich mußte blitzschnell eskimotieren,

Giuseppe Brunamontini
Quando la portai al fiume

interrotte di monti, tutto a seni e a golfi, a seconda dello sporgere e del rientrare di quelli, vien, quasi a un tratto, a restringersi, e a prender corso e figura di fiume, tra un promontorio a destra, e un'ampia costiera dall'altra parte; e il ponte, che ivi congiunge le due rive, par che renda ancor più sensibile all'occhio questa trasformazione, e segni il punto in cui il lago cessa, e l'Adda rincomincia, per ripigliar poi nome di lago dove le rive, allontanandosi di nuovo, lascian l'acqua distendersi e rallentarsi in nuovi golfi e in nuovi seni. La costiera, formata dal deposito di tre grossi torrenti, scende appoggiata a due monti contigui, l'uno detto di san Martino, l'altro, con voce lombarda, il Resegone, dai molti suoi cocuzzoli in fila . . ."
È l'attacco del più grande romanzo italiano, che certa demagogia politico-culturale vorrebbe allontanare dai banchi di scuola, l'ulteriore esempio della nostra fugace campionatura.
Esso è imperniato su una semplice, ma contrastata vicenda d'amore, dipinta sullo scenario storico del tempo. Ed i fiumi ne costituiscono il capillare panorama idrografico.
Qui, Alessandro Manzoni muove "I Promessi Sposi", sballottati fra le anse dell'Adda, il cui attraversamento significava la salvezza dalla arroganza minacciosa di Don Rodrigo.
L'architettura del romanzo, con le sue molteplici implicazioni, ruota sulla fermezza sentimentale dei due protagonisti, Renzo e Lucia, che non cedono mai, neppure quando sarà il Po ed un estremo carico di tristezze umane ad allontanarli.
Altro diverso amore, dunque, non contrassegnato da amplessi tumultuosi, né da donne altezzose, eppure così rassicurante nel sapersi difendere dalla pervicace violenza che ne vuole

William Least Heat-Moon
Verborgen in het open land

stortten. Er was een geweldige bui op komst, en ik zou er ongenadig van langs krijgen.
Een mens kan op elk willekeurig moment in zijn leven zeggen dat alles wat hij wel en niet gedaan heeft, alles wat hem wel en niet is overkomen, tot dat moment heeft geleid. Als hij plechtig wordt geïnstalleerd als opperhoofd of een Nobelprijs in ontvangst neemt, is dat een gedachte die voldoening schenkt. Maar als hij tijdens een sneeuwstorm op drieduizend meter hoogte in een slaapzak ligt, in een auto die midden op de weg staat geparkeerd, met het vooruitzicht dood te vriezen, dan kan die gedachte hem het gevoel geven dat hij een rampzalige stommiteit heeft begaan.
De hagel kletterde met luid geraas op het stalen dak en het leek wel of de wind handen had, zo onbarmhartig schudde hij Ghost Dancing heen en weer. Bliksem en donder streden om het hardst om me bang te maken. Was ik er dan bang voor? Nee. Dáár niet voor. Wel voor iets anders. Ik was ervan overtuigd dat ik aangevallen zou worden door een beer. Dáár was ik bang voor.
De bliksem treft de aarde ongeveer acht miljoen keer per dag en eist in Amerika elk jaar honderdvijftig mensenlevens. Ik weet niet hoeveel Amerikanen er jaarlijks omkomen van honger en kou, maar dat zullen er minstens zoveel zijn. Wat het aantal mensen betreft dat tijdens een overnachting in een stalen bestelwagen door beren wordt opgegeten, daarover heb ik geen gegevens kunnen vinden. Het sloeg nergens op om bang te zijn dat een beer onder dergelijke weersomstandigheden uit zijn winterslaap zou komen om een auto aan te vallen. Toch lag ik een hele tijd wakker, wachtend tot zo'n ruigbehaard ondier zijn klauwen door het metaal zou slaan en ik zijn

Henry Bavlig
Les plateaux du Colorado

d'argiles et grès précambriens, peu résistants, taillés en biseau. A quelque 300 mètres au-dessus du fleuve, s'ouvre la gorge extérieure, éclatante de lumière et de couleur: à la base, des grès durs cambriens, d'un brun foncé, forment une large esplanade, que surmontent plus de 200 mètres d'argiles verdâtres, aves lits calcaires et gréseux, modelés en longs talus à gradins. Le Carbonifère débute par la haute falaise du Red Wall, banc très puissant de calcaire massif, que colore l'égouttement des argiles sus-jacentes; celles-ci, mêlées de lits gréseux, donnent, sur 300 mètres de hauteur, des talus d'un rouge profond. Enfin, l'entablement est formé par des grès de couleur claire, que couronne un gros banc de calcaire légèrement jaunâtre, dur et fissuré. Si la structure fournit à l'œil les repères verticaux, c'est la lumière qui lui donne la sensation de la profondeur. Sous l'éclat impitoyable du plein midi, le paysage est comme écrasé: des ombres opaques empâtent les fonds, la perspective aérienne est faussée, les nuances s'éteignent dans le rayonnement diffus de la brume chaude. Mais vers le soir l'ordre se rétablit, les lignes se précisent, les reliefs prennent leur place et leur valeur vraie, et les couleurs se ravivent à mesure que s'allongent les ombres diaphanes.
A partir du Grand Canyon, les couches carbonifères, plongeant doucement au Nord,

T. H. Watkins
Into the Great Unknown

They were all impatient. Nevertheless, for a mixed group, they had so far managed to remain remarkably harmonious. The river equivalent of cabin fever, which comes on fast and in virulent forms, had hardly touched them. Goodman, the near-pariah, was gone. Bradley, the loner, might herd by himself but he was a good boatman and a cool head...and he had their respect. Walter Powell, though moody and increasingly disliked, was insulated by his relationship to the leader, and accepted for the quality of his singing and his great physical strength. As for the Major himself, in spite of his science they had to admire him. One-armed, he was as agile on the cliffs as any of them. He had nerve, and he had a variety of interests that excited him, and he participated fully in camp life. Actually, he was a commander more likely than most to hold so centrifugal a crew in hand. All they really objected to in him was his caution and his "waiting around"...
On July 6, to their universal relief, they pushed off on the second leg of the journey, this time into the incontrovertible Unknown. As if to document their wanderlust and their unfitness for civilization, a squatter's garden encountered at the mouth of the White poisoned them all so thoroughly that they floated through the lower end of Uinta Valley vomiting over the side and cursing Andy Hall, who had suggested that potato tops made good greens. By evening, almost imperceptibly, the valley closed in, the walls began to rise, the barren rock poured through, and they were in another canyon.
July 7.—We find quiet water today, the river sweeping in great and beautiful curves, the cañon walls steadily increasing in altitude. The escarpments formed by the cut edges of the rock are often vertical, sometimes terraced, and in some places the treads of the terraces are

Max Schäfer
In der Waschtrommel des Colorados

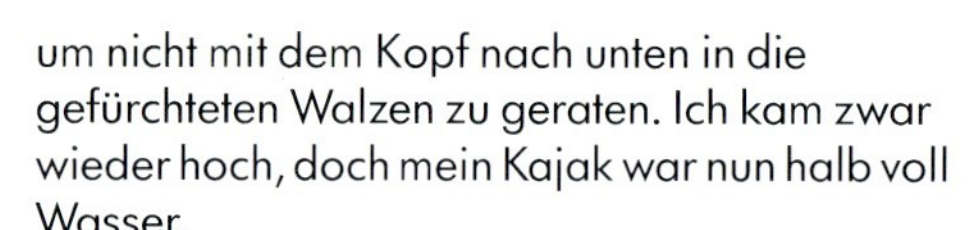

um nicht mit dem Kopf nach unten in die gefürchteten Walzen zu geraten. Ich kam zwar wieder hoch, doch mein Kajak war nun halb voll Wasser.
Vom Ufer aus hatten die Walzen am Ende der Gefällstrecke gewaltig ausgesehen. Doch jetzt, als ich im Kajak sitzend auf sie zuschoß, wurde mir die wirkliche Größe erst bewußt. Das letzte, was ich sah, war ein riesiges Loch und dahinter ein fünf Meter hoher Berg aus explodierender Gischt. Ich merkte noch, wie ich mich rückwärts überschlug, dann verlor ich die Orientierung. Es war ein Gefühl, wie in einer großen Waschmaschine. Unendlich lang schienen mir die Sekunden in der sprühenden Gischt. Tausend Arme schienen gleichzeitig an mir zu zerren, zu rütteln und auf mich einzuschlagen. „Nur nicht aussteigen", versuchte ich mir verbissen einzureden. Doch dann wurde mir die Entscheidung abgenommen. Mit einem Schlag brach meine rechte Schenkelstütze, und im selben Augenblick schleuderte mich die Wasserwucht aus dem Boot. In der Lunge spürte ich den stechenden Schmerz der beginnenden Atemnot, während ich hilflos wie ein Stück Treibholz in der Walze rotierte. Endlich geriet ich in abfließendes Wasser, das mich aus meiner mißlichen Lage befreite. Wenig später schwamm ich – etwas ramponiert aber mit heilen Knochen – im Kehrwasser unterhalb des Lava-Fall-Rapid.
Fred und Hans erging es ähnlich wie mir. Doch sie überstanden die Walze, ohne aus ihren Booten herausgeschleudert zu werden, und konnten im Kehrwasser eskimotieren. Um eine solche „Waschtrommel" durchzustehen, ohne auszusteigen, muß man schon ein ausgekochter Kajak-Profi sein.
Am gleichen Tag kenterte hier am Lava-Fall ein zwölf Meter langes Ponton-Schlauchboot. Vierzehn Leute konnten sich retten – eine Touristin ertrank. Obwohl der per Funk angeforderte Hubschrauber zehn Minuten später am Unglückort eintraf, wurde die Leiche der Frau nicht mehr gefunden.

Giuseppe Brunamontini
Quando la portai al fiume

spezzare i legami e, soprattutto, piegare la donna alla cupidigia di un signorotto.

La scelta di Ofelia
In William Shakespeare il lieto fine non è d'obbligo, anzi piuttosto improbabile. Eppure la morte di Ofelia nel fiume, dovuta a disgrazia secondo il testo della tragedia, e a stupendo suicidio secondo la nostra interpretazione, è una pagina che resta nella storia del teatro, al pari del suo demenziale, struggente amore per Amleto.
Ecco, nell'atto quarto, come la Regina descrive la sciagura: "C'è sul ruscello un salice che si protende dalla sponda e specchia il canuto fogliame nella vitrea corrente. Là venne a intrecciarne fantasiose ghirlande con ranuncoli, ortiche, margherite; e con le rosse orchidee a cui i nostri pastori scostumati danno un più licenzioso nome, e le nostre caste fanciulle chiamano dita dei morti. Qui volle arrampicarsi per appendere alle fronde le sue ghirlandette: ma si spezzò l'invidioso ramo ed ella cadde con tutti i suoi serti di fiori nel ruscello che piange. Aprendosi, le gonne la sostennero sull'acqua: ed ella, come una sirena, cantava spunti d'arie antiche, inconsapevole della sua sorte, o come creatura immersa nel suo naturale elemento. Ma non fu lungo indugio, ché le sue vesti fatte pesanti dall'acqua assorbita trassero la poverina dal suo melodioso canto al fango della morte."
Un'incantevole morte, in una trasparente bara d'acqua e di fiori.
Sono solo alcune delle tante storie d'amore germogliate sull'orizzonte dei fiumi, che sempre esisteranno. Almeno finché, come scrive Salvatore Quasimodo, "sotto tenera luna già i tuoi colli,
lungo il Serchio fanciulle in vesti rosse
e turchine si muovono . . ."

William Least Heat-Moon
Verborgen in het open land

hete adem boven mijn hoofd zou voelen, waarna hij me met huid en haar zou verslinden en de auto in het ravijn zou gooien.
Misschien kwam het door de vermoeidheid en de spanning dat ik geen oog had voor het werkelijke gevaar; misschien hield een psychisch mechanisme de echte, onontkoombare dreiging voor me verborgen. Hoe het ook zij, uiteindelijk drong het tot me door dat ik gek was. Misschien lag ik nu al dood te vriezen. Misschien was dit de manier waarop het ging. Black Elk bidt dat de geest van zijn voorvaderen hem zal helpen de storm het hoofd te bieden en de goede weg te bewandelen tot de rust is weergekeerd. Whitman zegt iets dergelijks:

O to be self-balanced for contingencies,
To confront night, storms, hunger, ridicule, accidents,
rebuffs, as the trees and animals do.

Ik vroeg me af hoe lang ik hier zou moeten blijven voor ik weer naar beneden kon. Over de kou maakte ik me nauwelijks zorgen: ik had de wagen zelf geïsoleerd en er een keer in geslapen toen de temperatuur even boven het vriespunt was. Ik dacht dat ik het wel zou overleven als ik niet te lang op de top hoefde te blijven. Waarom had ik het advies van mijn vrienden om een radiozendertje mee te nemen niet opgevolgd? De krantekop doemde onheilspellend op: DOODGEVROREN MAN ONDER LAWINE VANDAAN GEHAALD. Ik bracht de nacht half slapend, half wakend door, terwijl de hagelstenen als kogels uit de lucht vielen en de donder kraakte en de bliksem het ijs verzengde.

Henry Bavlig
Les plateaux du Colorado

finissent par se dérober sous les terrains plus récents, argiles et grès: on voit alors reparaître les gradins monoclinaux, terminés au Sud par des escarpements sinueux. Les argiles gréseuses et bigarrées du Permien, surmontées par un banc de conglomérat, forment une falaise assez basse (100–300 m.). Le Trias donne la haute escarpe des Vermilion Cliffs (300–600 m.) dont le rouge intense s'exalte au coucher du soleil. Les grès très clairs du Crétacé se débitent en murailles rigides (White Cliffs), en bastions anguleux, en témoins massifs, sobrement ciselés suivant les entre-croisements de la stratification. L'Éocène enfin se sculpte en fines colonnades d'un rose délicat (Pink Cliffs). Au delà vers le Nord, les couches sédimentaires disparaissent sous les accumulations de projections et de laves, parfois basaltiques et sombres, plus souvent acides et de couleur claire. Des failles et des flexures, prolongeant celles du Grand Canyon, débitent la région en longs blocs soulevés à 1.500 mètres et plus au-dessus du Grand Bassin, et séparés les uns des autres par des fossés tributaires de la rivière Sevier. C'est là que se rencontrent les plus fortes altitudes, 3.400–3.500 mètres: les hauts plateaux Awapa et Aquarius ont porté des glaciers quaternaires qui, sans les éroder profondément, les ont semés de nombreux lacs parmi les forêts de sapins et les clairières herbeuses.

T. H. Watkins
Into the Great Unknown

sloping. In the quiet curves vast amphitheaters are formed, now in vertical rocks, now in steps. The salient point of rock within the curve is usually broken down in a steep slope, and we stop occasionally to climb up, at such a place, where, on looking down, we can see the river sweeping the foot of the opposite cliff, in a great, easy curve, with a perpendicular or terraced wall rising from the water's edge many hundreds of feet. One of these we find very symmetrical, and name it Sumner's Amphitheater. The cliffs are rarely broken by the entrance of side cañons, and we sweep around curve after curve, with almost continuous walls, for several miles.

Late in the afternoon, we find the river much rougher, and come upon rapids, not dangerous, but still demanding close attention.

We camp at night on the right bank, having made today twenty six miles.

July 8. –This morning, Bradley and I go out to climb, and gain an altitude of more than two thousand feet above the river, but still do not reach the summit of the wall.

After dinner, we pass through a region of the wildest desolation. The cañon is very tortuous, the river very rapid, and many lateral cañons enter on either side. These usually have their branches, so that the region is cut into a wilderness of gray and brown cliffs. In several places, these lateral cañons are only separated from each other by narrow walls, often hundreds of feet high, but so narrow in places that where softer rocks are found below, they have crumbled away, and left holes in the wall, forming passages from one cañon into another. These we often call natural bridges; but they were never intended to span streams. They had better, perhaps, be called side doors between cañon chambers.

Das Verzasca-Tal – ein kleines Bergtal im Tessin, im Frühling ein Paradies

Bergbäche sind tosende, wirbelnde, rauschende Wasserwunderwerke der Natur. Die Verzasca im Tessin gehört dazu. Grün ergießt sie sich aus den hohen Gletscherregionen in das Tal hinab. Und die grüne Farbe des Gletscherwassers gab dem Bach auch seinen Namen – acqua verde – grünes Wasser. Vor allem zur Zeit der Schneeschmelze schäumt und tost er in seinem tief in die Berge eingeschnittenen Bett. Stürzt in engen, steilen Windungen zu Tal, dem Lago Maggiore entgegen. So wird der Bergbach nicht nur von seinen sprudelnden Wassermassen geprägt, sondern auch von den tiefen Tälern, die er in vielen Jahrtausenden in die Berge gegraben hat, daß sie sich nun schroff über ihm erheben. Auch das Verzasca-Tal ist von zwei hohen Gebirgsketten eingeschlossen, deren Gipfel auch sommers noch in dem Weiß der ewigen Gletscher erstrahlen. Doch zu dieser Zeit hat die Frühlingssonne schon viel von den Schneemassen geschmolzen und in zahllose Wasseradern aufgelöst. Sie speisen dann die Bergbäche, die für uns, frisch und unbändig, auch zu einem Symbol dieser Jahreszeit geworden sind.

La valle del Verzasca – una piccola valle di montagna nel Ticino, in primavera un paradiso

I torrenti di montagna sono fragorosi, vorticosi, scroscianti capolavori d'acqua della natura. Il Verzasca nel Canton Ticino è uno di questi. Con il suo colore verde, infatti, esso si riversa nella valle dalle alte regioni dei ghiacciai. Ed è proprio la tonalità color prato dell'acqua dei ghiacciai a conferire al torrente il suo nome. Verzasca significa, infatti, verde acqua. Soprattutto nel periodo del disgelo esso spumeggia fragoroso nel suo alveo profondamente scavato nelle montagne. Si rovescia a valle in anse strette e ripide verso il Lago Maggiore.
A caratterizzare questo torrente di montagna non sono solo le spumeggianti masse d'acqua ma anche le profonde vallate che esso, nel giro di diversi millenni, ha scavato nelle montagne; quelle stesse montagne che gli si ergono sopra ripide. La valle del Verzasca è chiusa, come molte altre, da due alte catene montuose le cui vette risplendono, anche in estate, del bianco dei ghiacciai perenni. In questa stagione il sole primaverile ha già sciolto gran parte delle masse nevose dando vita ad innumerevoli arterie d'acqua. Queste alimentano, poi, i torrenti di montagna che, con la loro freschezza ed irrefrenabilità, sono divenuti per noi il simbolo di tale stagione.

Het Verzasca-dal – een klein bergdal in Tessin, in de lente een paradijs

Bergbeken zijn daverende waterwonderen van de natuur. De Verzasca in Tessin is er een van. Groen ontspringt hij uit het hoge gletschergebied. En de groene kleur gaf de beek ook zijn naam – aqua verde – groen water. Vooral als de sneeuw smelt, schuimt en tolt hij in de diep in de bergen ingeschuurde bedding en stort de Lago Maggiore tegemoet. Daarom zijn de kenmerken van deze bergbeek niet alleen de sproedelende watermassa's, maar ook de diepe dalen die de stroom gedurende duizende jaren in de bergen gegraven heeft. De geschiedenis van de bergdalen is daarom ook het gevolg van hoogwater en overstromingen. Maar koppig hebben de mensen steeds weer pogingen ondernomen dit elementaire watergeweld onder de knie te krijgen. Ook in het Verzasca-dal bij Vogorno werd een stuwmeer aangelegd. Vóór de bouw van het stuwbekken hadden de dalbewoners hun velden vooral aan de rand van de Magadinovlakte, maar er waren er te weinig en er heerstte armoede. Daaraan heeft ook het stuwmeer niet veel kunnen veranderen. Nu nog verlaten velen het dal en de bergweiden verwilderen.

La vallée de la Verzasca – petite vallée montagneuse du Tessin, au printemps un paradis

Les torrents de montagne sont des merveilles de la nature, leurs eaux sont assourdissantes, tourbillonnantes, vibrantes. La Verzasca, dans le Tessin, en fait partie. C'est de hauts glaciers que ses eaux vertes s'écoulent vers la vallée. C'est ce vert qui lui donne aussi son nom – acqua verde – eau verte. Surtout à l'époque de la fonte des neiges. Elle écume et gronde, en bas, dans ce lit qui fait une entaille profonde dans les montagnes. Elle se précipite vers la vallée, en direction du Lac Majeur, en d'étroits lacets à pic. C'est ainsi que le torrent de montagne n'est pas seulement empreint de ses masses d'eau bouillonnantes mais aussi des profondes vallées qu'il a creusées des millénaires durant dans les montagnes qui le surplombent. La vallée de la Verzasca est aussi encaissée entre deux hautes chaînes de montagnes dont les sommets luisent, en été aussi, des neiges éternelles des glaciers. Pourtant à cette époque de l'année, le soleil de printemps fait fondre une grande partie des masses de neige qui s'écoulent en d'innombrables filets d'eau. Ceux-ci alimentent les torrents de montagnes qui de par leur fraîcheur et leur naturel nous apparaissent comme un symbole de cette saison.

The Verzasca Valley – a small mountain valley in Ticino, a paradise in spring

Mountain rivers are nature's roaring, whirling, rushing miracles of water. The Verzasca in the Ticino is one of them. Green in colour, it pours down to the valley from the high glacier regions above. And this green colour of the glacier water also gave the river its name – acqua verde – green water. At the time of the snowbreak especially it rages and foams in its bed cut deep into the mountains. It dashes down to the valley in steep, narrow windings, down in the direction of Lake Maggiore. And so the character of this mountain river is not just stamped by its gushing masses of water but also by the deep valleys which it has carved into the mountains in the course of many thousands of years, so that precipitous slopes now rise high above the river bed. The Verzasca Valley itself is also surrounded by two high mountain ranges, whose peaks shine in the white of the permanent snow even in the summer. However, by this time the spring sun has already melted a lot of the snow and dissolved it to form countless water veins. These then feed the mountain rivers which, fresh and unrestrained as they are, have become for us a virtual symbol of this season of the year.

 Dämmerung über dem Lago Maggiore   Tramonto sul Lago Maggiore   Schemering aan de Lago Maggiore

Crépuscule sur le Lac Majeur Dawn over Lake Maggiore

Eisformationen:
Erinnerung an eine unwirkliche Welt

Formazione di ghiaccio:
ricordi di un mondo irreale

IJsformaties:
herinnering aan een onwerkelijke wereld

Formations glaciaires:
souvenir d'un monde irréel

Ice formations:
reminder of an unreal world

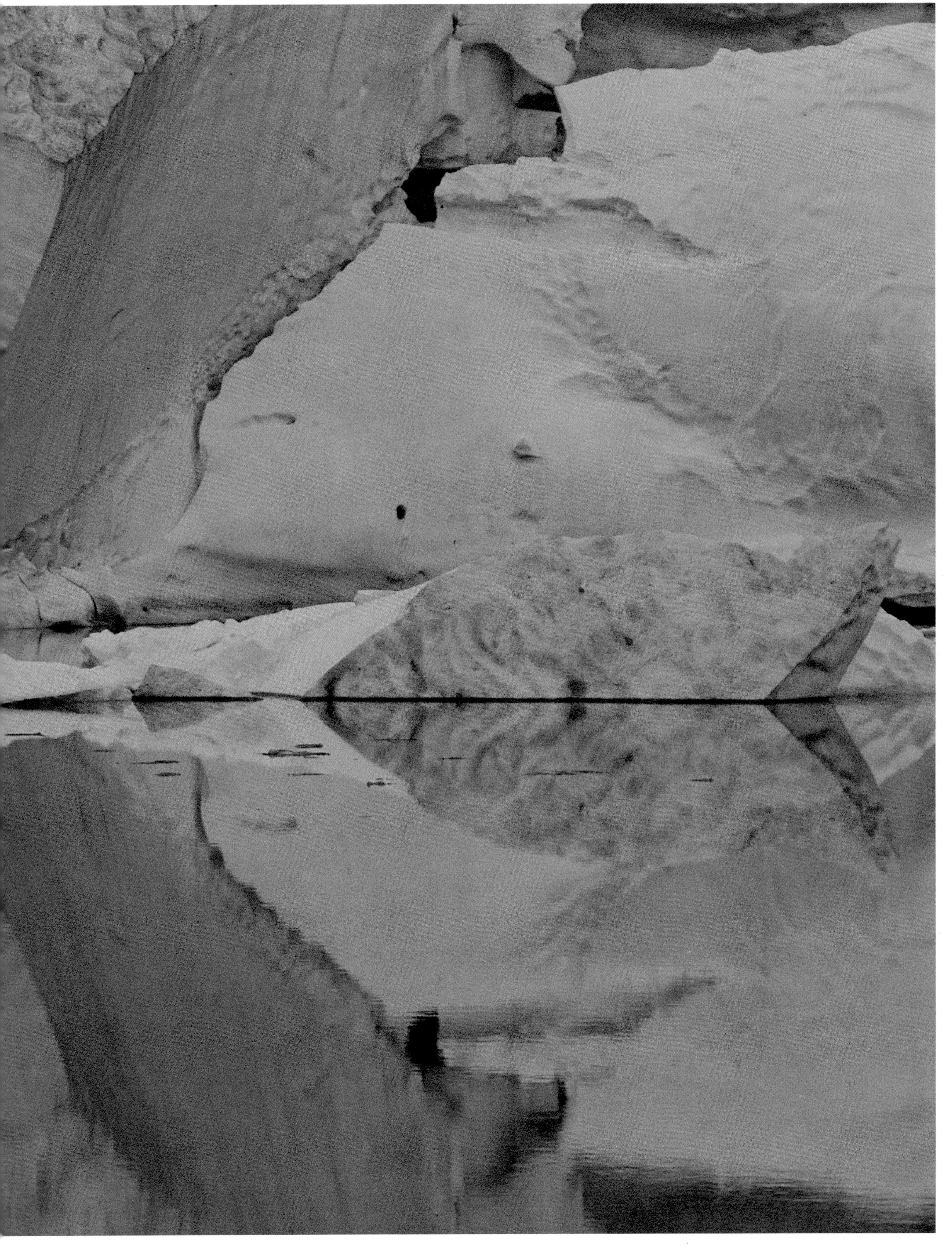

 Das Wasser findet seinen Weg

L'acqua trova il suo percorso

Het water baant zijn weg

L'eau se fraie un chemin Water finds its own way

 Reines Glitzern

Puro scintillio

Zuivere glinstering

Scintillement pur

Pure glitter

 Bild einer heilen Natur

Foto di una natura incontaminata

Het beeld van een ongedeerde natuur

Image d'une nature intacte   Unspoilt nature

 Im Wasser spiegelt sich die Welt

L'acqua come specchio del mondo

In het water weerspiegelt zich de wereld

Le monde se reflète dans l'eau The world reflected in water

An der Mündung: Naturimpressionen in Blau

Alla foce: impressioni della natura in blu

Aan de monding: natuurimpressies in het blauw

A l'embouchure: impressions naturelles en bleu

Mouth of the river: impressions in blue

3

Vom Wasser haben wir's gelernt, vom Wasser.
Das hat nicht Ruh' bei Tag und Nacht,
ist stets auf Wanderschaft bedacht,
das Wasser.

Dall'acqua l'apprendemmo, dall'acqua.
Essa notte e di quiete non ha,
un sol pensier la tien, girovagar,
l'acqua.

Van het water hebben wij't geleerd, van het water,
dat geen rust heeft bij dag en nacht,
altijd op een zwerversbestaan bedacht,
het water.

C'est l'eau qui nous l'a enseigné, l'eau.
Elle ne connaît nuit et jour aucun repos,
ne pense constamment qu'à voyager,
l'eau.

From water we have learnt it, from water,
that has no rest by day or night,
always journeying in mind,
water.

Dieter Popp
Leben im Bergbach

Man muß schon höher als 2500 m in den Alpen klettern, wenn man das besondere Naturschauspiel einer Gletscherbach-„Quelle" bestaunen will. Obwohl das Gletschereis auf der Oberfläche schmilzt, läuft das Schmelzwasser selten auch dort ab. Vielmehr verschwindet es rasch in Gletscherspalten und sammelt sich unterm Gletscher bereits zu einem stattlichen Bach. Der tritt dann am Ende der Gletscherzunge meist durch eine markante Öffnung im Eis, das Gletschertor, zutage.
Obwohl auch Niederschläge die Wasserführung des Gletscherbachs beeinflussen – jedenfalls in den kurzen Sommerwochen, in denen es in solchen Höhen regnet und nicht schneit – bestimmt doch vor allem die Luft- und Strahlungstemperatur, ob der Gletscherbach nur sanft murmelt oder zum reißenden Wildbach anschwillt. Während der sonnendurchglühten Hochsommertage aber quellen die Wassermassen immer reichlicher aus dem Gletschertor, zunächst noch milchig-trüb, dann graugrün gefärbt, durch zahllose Gesteins- und Erdteilchen, die sich vom Schutt auf der Oberfläche und aus der Grundmoräne des Gletschers mitschwemmen. Schließlich, zur Zeit der größten Wasserführung, stürzen schmutzigbraune Wasser, die volle Breite des Bachbettes füllend, tosend zu Tal, schäumen hoch über die Ufer hinauf und rollen, schieben, stoßen die Felsbrocken und den Sand des Bachgrundes talwärts.
Im wahrsten Sinne eiskalt tritt das Gletscherwasser mit 0°C aus. Es braucht auch viele hundert, ja oft mehrere tausend Meter, bis es sich um einige Grade erwärmt. Man möchte kaum glauben, daß unter solch unfreundlichen Bedingungen sich Leben anzusiedeln und zu halten vermöchte. Wasserpflanzen finden auch tatsächlich keinen Halt hier. Nur auf der Unterseite flacher Felsstücke fand der Forscher Steinböck eine bis dahin unbekannte Zuckmückenart – besser gesagt, die Larven derselben: Die Gletscherzuckmücke hat sich ganz auf diesen frischen Lebensraum spezialisiert, lebt hier von den feinen organischen Partikeln, die der Wind auf den Gletscher und das Schmelzwasser in den Bach bringen, und dringt sogar durch das

Giuseppe Brunamontini
I fiumi dell'aldilà

"Caron, non ti crucciare:
Vuolsi così colà, dove si puote
Ciò che si vuole, e più non dimandare",
dicono quei versi, difficili da dimenticare,
con i quali Virgilio mette a tacere
Caronte che gridava:
"Guai a voi, anime prave;
non isperate mai veder lo cielo!
I' vegno per menarvi all'altra riva,
Nelle tenebre eterne, in caldo e in gelo.
E tu che se' costì, anima viva,
Pàrtiti da cotesti che son morti."
Naturalmente Dante non si spostò, altrimenti *La divina commedia* rischiava di concludersi proprio al terzo canto, e fu inutile che il "vecchio bianco per antico pelo" aggiungesse, nella speranza di dissuadere i due insoliti viaggiatori: "Per altra via, per altri porti
Verrai a piaggia, non qui, per passare:
Più lieve legno convien che ti porti."
Quindi, la famosa risposta è diventata quasi un generale modo di dire.
La scena si svolge sulla trista riva d'Acheronte, il primo grande fiume dell'inferno che Dante, e Virgilio che lo accompagnava, incontrano. Su quella sponda convergono, da tutto il mondo, le anime dei peccatori condannati alle pene eterne per essere trasportate all'altra costa, nella barca di Caronte per l'appunto, e quindi avviarsi nei terribili luoghi loro destinati.
È un grande disordinato affollarsi, una vera e propria gazzarra per meglio dire, ed il traghettatore non vuole estranei tra i piedi. Perciò cerca di impaurirli e indurli a togliere l'incomodo. Ma c'è di mezzo il volere divino, e il vecchio deve abbassare "le lanose gote", pur sfogando la sua ira sulle anime dei dannati con vigorosi colpi di remo. Nella Cappella Sistina, in quella stupenda decorazione pittorica dovuta a Michelangelo Buonarroti, si ammira proprio la scena in cui il remo di Caronte percuote i peccatori ridotti a bestie urlanti, prive ormai di ogni tratto umano.
In realtà, il vegliardo è una vecchia conoscenza dell'immaginazione mitica greca. La soave ed eroica Alcesti, delicato personaggio della

Ernst Bloch
Alpen zonder fotografie

Zolang men in het dal blijft, is er te veel dat bekend voorkomt. De bergen zijn, van onderaf gezien, een vreugde voor allen en verrassend voor weinigen. Ook de jongeren die voor het eerst naar de Alpen reizen, hebben ze al onder ogen gehad, te groen, wit en groot. Eigenlijk voegt alleen de reiziger zelf zich eraan toe, en ook het feit dat ze er echt staan. De gast gaat ze op en af, verder is voor hem alles als vanouds. Men ziet hier amper met andere ogen dan eergisteren. Het water uit de bergen heeft de afgesproken kleur, die zichzelf niet kan loslaten. Vanuit de negentiende eeuw, vanuit duizend en één matte foto's hangen de sparren eroverheen. Het water knistert zo afgelegen op zijn weg, onophoudelijk, steeds hetzelfde, in niemands oor. Maar slechte oren horen iets als een kabbelend beekje in het geknister, banale uitdrukking die weerklinkt als een straatdeun en hangt als een winkelbord boven de deur die er niet is. Boterhammen uit de slechte tijd slingeren ook overdrachtelijk in de boskamer rond, of men ze wil zien of niet. Prentbriefkaarten uit de slechte tijd bedekken het landschap doordat ze afbeelden, onuitroeibaar. Dit landschap van tomeloos water, steile bergweiden, spitse Alpen, dat honderd jaar geleden nog een oord van verschrikking was, is nu met vakantiegroeten ondergesneeuwd. Het heeft in de negentiende eeuw dan ook geleden als weinig andere, vue par Defregger, met de alm waar koa Sünd is, met het uitzicht dat zo de moeite loont voor de jodelkruidenier. En sindsdien ook is dit landschap zo moeilijk te ontdoen van het vernis van kletskoek; geen landschap, tenslotte, is zo gemakkelijk te fotograferen en daardoor zo moeilijk te schilderen. Toch staan berg en dal ongerept achter de loden jas die het landschap

Paul et Germaine Veyret
Les Eaux des Alpes

Rhône, Rhin, Danube et Pô descendent des Alpes comme d'un château d'eau, le plus riche de l'Europe. Riche n'est point une métaphore: l'eau constitue, à notre époque d'industrie, de grandes villes et de poussée démographique, une richesse fondamentale, dont les cités des plaines manquent de plus en plus. L'agglomération grenobloise – plus de 200.000 habitants – trouve en abondance dans son sous-sol une eau excellente, qui ne réclame aucune purification: privilège de la montagne. D'autres grandes villes s'alimentent à des lacs nourris par les Alpes, Genève par exemple. Cette richesse se répand loin de son origine montagnarde: les eaux de la Durance ont transformé le Comtat et une partie de la Crau, celles du Rhône vont transformer le Languedoc; l'électricité produite par les eaux alpestres ou d'origine alpestre fournit de l'énergie aux plaines. Il ne s'agit donc point d'un à-côté, mais d'une partie essentielle de la nature alpine.
Tandis que les cours d'eau font disparaître les lacs, les vidant et surtout les comblant de leurs alluvions, les glaciers quaternaires les ont multipliés, à deux niveaux surtout: en haute montagne, sur l'emplacement des glaciers de cirques, mais aussi sur les roches dures inégalement creusées, sur le parcours de brefs courants glaciaires ou de diffluences; dans le fond des grandes vallées, où le creusement a pris des proportions titanesques.
Les lacs de haute montagne sont assez nombreux, moins pourtant que dans les Pyrénées.
La plupart, confinés dans des endroits escarpés, ne sont guère connus que des alpinistes; d'autres, plus accessibles, attirent les touristes à la recherche des montagnes se reflétant dans leurs eaux pures, comme le Cervin qui se dédouble dans le Schwarzsee mais aussi dans d'humbles laquets anonymes. D'assez nombreux cols – Mont-Cenis, Grand-Saint-Bernard, Grimsel, Saint-Gothard, Bernina, Maloja – sont accompagnés de lacs, les eaux étant prisonnières des cavités que les glaciers ont taraudées sur leur plancher presque plat. La Haute-Engadine, avec sa série

Robert Brittain
The River in the Mind

To the men of Sennacherib's generation, rivers were much more than sources of water supply for their farms and cities, highways for the transport of goods from kingdom to kingdom, and weapons in their never-ending wars. These were practical uses to which the rivers had been put, services they were forced to perform because to a limited extent men had got the upper hand over them. But the river itself was something more than a pack animal or a tool, something infinitely greater and more mysterious. For during the centuries, as men were learning to make some practical use of the flowing water that made life possible, their minds had been busy with questions that had reached toward the very meaning of existence, and speculation had furnished answers when reason could not.
What was this liquid mass, forever changing and forever the same, this substance that could unfold the green shoot from the seed, this force that could sweep men out of its path and out of existence? Where did it come from, and where did it go? Why could a fish live in it, while a man could not? Why would it give way beneath a man's foot, when it carried so firmly the greater weight of a boat? To most of these questions, and a thousand others, men could give no rational answer. But the river haunted their minds, as it filled their daily lives, and answers of some sort were demanded. It could no longer be taken for granted, as the simple fact of experience it seems to have been for extremely primitive people; too much depended upon it. Relationships had to be established, and since men cannot deal with the unexplained, definitions must exist, whether rational or not. By the time Sennacherib strolled in his garden, the answers were legion. They were not codified into any logical system of thought; they were

Dieter Popp
Leben im Bergbach

Gletschertor bis unter den Gletscher selber vor. Es ist nicht so sehr eine Frage der Herkunft des Wassers – ob es nun von einem Gletscher stammt, oder aus Sturz-, Tümpel- oder Sickerquellen – sondern eine Frage des Gefälles, ob man einen Bach in seinem Oberlauf als Wild- oder Bergbach bezeichnen kann. Neben dem Gefälle und der damit zusammenhängenden Strömungsgeschwindigkeit wird der Charakter eines Bergbaches aber auch von der Wassermenge bestimmt. Beides zusammen macht die Kraft eines Baches aus, mit der er Hindernisse aus dem Weg räumen, Felsen abschleifen und Rinnen, Tobel und Schluchten ausräumen kann. Ein kleiner Bach mit starkem Gefälle kann unter Umständen ähnliches bewirken wie ein Bach mit mehr Wasser bei geringerem Gefälle. Hinzu kommt, daß der Lauf eines Bergbaches mehr oder weniger gestreckt ist (im Gegensatz zum sich windenden Bach des Tieflands), und sein Profil als Folge ständiger Erosion mehr oder weniger tief eingeschnitten, V-förmig sich darstellt. Sehr unterschiedlich können Bergbäche in bezug auf ihre Wasserführung sein. Bergbäche mit großen, niederschlagsreichen Einzugsgebieten und erheblichem Oberflächenablauf können sich vom plätschernden Rinnsal bis zur donnernden Urgewalt verwandeln. Andere Bergbäche, die ihr Wasser hauptsächlich aus dem Untergrund bekommen, oder deren Einzugsgebiet aus abflußharmonisierenden Mischwäldern besteht, können das ganze Jahr über mit nahezu gleichbleibenden Wassermengen aufwarten. Selbstverständlich prägen solche Unterschiede das Gesicht eines Bergbaches sehr grundlegend. Je extremer die Schwankungen, desto eher wird man von einem Wildbach sprechen. Um der Kraft der Strömung zu trotzen und so in einer bestimmten Region zu bleiben, haben die Bergbachbewohner eine Unmenge von Anpassungsformen entwickelt, die ihnen ein Überleben ermöglicht. Grundsätzlich kann man hier zwei verschiedene Prinzipien unterscheiden. Zum einen wird versucht, ein Abschwemmen und Verdriften durch die

Giuseppe Brunamontini
I fiumi dell'aldilà

poesia di Euripide, presa dalla paura della morte, ne ha questa visione:
"Vedo la cimba, vedo; con la mano sul remo
Caronte, il navichiero dei defunti già
mi chiama: 'Non ti affretti?
Che indugi? Tarderemo per te'."
Mentre Aristofane, nelle *Rane*, così lo dissacra:
"...arriverai a una grande palude
senza fondo...
su una barchetta ti traghetterà un Vecchio,
il Barcaiolo, al prezzo di due oboli."
Leonida di Taranto, a lui e al fiume si riferisce scrivendo un epigramma in morte di un famoso e cinico filosofo, afferma: "Tristo ministro di
Averno che sopra la livida nave
vai traversando questa riviera di Acheronte,
anche se la tua barca funerea è tutta gravata
di cadaveri, accogli me Diogene..."
In piena poesia, invece, torniamo con Eschilo, quando scrive il triste lamento:
"Il tonfo del remeggio
che giù per l'Acheronte
sospinge ognor la barca
che, colma di querele,
con negre vele scende per il tramite
che Apollo mai non varca,
che il Sol mai non illumina,
verso la cieca terra
che a tutti si disserra."
Il fiume del dolore
Questo *fiume del dolore,* secondo le credenze dell'antichità classica, era pure ricordato come sbarramento d'acqua sulla strada degli inferi: per taluni, le anime potevano oltreppassarlo solo se i loro corpi fossero stati sepolti e, magari, vendicati se erano periti in battaglia. Omero già lo colloca nella geografia dell'*Odisssea* e Virgilio riprende largamente il tema nell'*Eneide:* "Caròn nocchiero tien quest'acque e il fiume,
orrido di terribile squallore;
gran barba incolta gli biancheggia al mento,
splendono come fiamma le pupille...";
mentre descrive la scena sul tragitto dei morti in modo ineguagliabile, quando la moltitudine

Ernst Bloch
Alpen zonder fotografie

heeft ingemoffeld, of zo hecht heeft geworteld in toeristische folklore.
Maar soms vallen al in het dal de beelden neer die geen plaatjes zijn. Daarvoor is niet zozeer een bijzonder mens nodig (aan de Lütschine staan geen helden), als wel een bijzonder licht. Dan breekt door de taaie oude tijd die het beeld van de Alpen nog steeds overstraalt, soms al het licht van een andere era. De winter helpt daarbij iets, als een toestand waarin de vorige eeuw de Alpen amper heeft gezien. Maar de skiër heeft hoe dan ook al een nieuwe wereld, niet alleen in zijn oog; een wereld waar de afdaling, de omgekeerde ervaring van het bergbeklimmen, het paradoxaal bevrijdend ervaren van zwaarte, de dans van het moeiteloze, minstens zo nieuw en intens is als de optiek. Bovendien zijn, puur geografisch, bergstreken die de negentiende eeuw niet kende ontdekt of breder ontsloten, zoals het Engadin, waar het hoogtegevoel, de gezichtshoek, het massief, anders zijn dan in de Oostelijke Alpen of het Berner Oberland. Segantini's twijfelachtig violet was afkomstig van de avondschemeringen in het Engadin; de echte stralenkrans die Nietzsche weer om de Alpen zag, „tweeduizend meter boven al het menselijke", is zelfs nu nog tastbaarder tussen St.-Moritz en Maloja dan op de weg boven Interlaken of op het uitzichtpunt dat zozeer „de moeite loont", op de Kleine Scheidegg. De Jungfrau staat hier te kijk, decoratief tussen onbesneeuwde bergen ingebed, ofwel: het hooggebergte springt als geheel in het oog, en geeft zich, hoe onmenselijk ook, totaal prijs. In het Engadin daarentegen waren de bergen ook als prentbriefkaarten al geen „majesteitelijke toppen" meer; ze zijn des te monstrueuzer doordat ze, aan de horizon staand, niet meer

Paul et Germaine Veyret
Les Eaux des Alpes

de lacs, ou la région de Laffrey, à la bordure de l'Oisans, avec les quatre siens, ne sont d'ailleurs que de longs cols suspendus au-dessus de valleés plus profondes. Tous ces lacs durent, malgré des dimensions modestes, parce qu'ils ne reçoivent pas de rivière chargée d'alluvions, mais surtout les eaux pures de la fonte nivale. Quelquês-uns ont été exploités par les hydro-électriciens, qui en ont percé le fond, qui les ont agrandis en barrant leur émissaire, qui au besoin leur fournissent des eaux amenées d'ailleurs. Le lac-barrage de la Girotte, en Beaufortin, au Sud du Massif du Mont-Blanc, est passé par toutes ces étapes de la domestication.
Les lacs creusés au fond des vallées glaciaires ont, ou ont eu, de toutes autres dimensions. Les plus vastes, le Léman et le Boden See (lac de Constance), bien que creusés par les glaciers alpins, se trouvent hors des Alpes. L'intérieur même de la chaîne en a peu, presque tous en Autriche: le Zeller See du Pinzgau, les lacs du Salzkammergut, les lacs du bassin de la Drave à l'amont de Klagenfurt. La grande majorité se situe au passage de la montagne à l'avant-pays, la nappe d'eau mordant sur les deux régions. Tels le lac d'Annecy, en France; les lacs de Brienz et de Thun, des Quatre-Cantons, l'ensemble lac de Zürich-Wallenstadt en Suisse; les lacs italiens surtout (Orta, Majeur, Lugano, Come, Iseo, Garde). L'inégale distribution de ces lacs, qui surprend, s'explique assez facilement: les lacs se sont conservés dans les vallées assez grandes pour nourrir de puissants glaciers, pas assez, la glaciation finie, pour héberger des cours d'eau capables de combler les lacs de leurs alluvions.
Rien n'illustre mieux cette règle que l'exemple français de l'Isère en Grésivaudan et Cluse de Grenoble: très profondément creusée par les glaciers, elle a accueilli après leur départ un lac immense; mais, envahie par toutes les alluvions de la Tarentaise, de la Maurienne, de la Romanche et du Drac, elle la remplacé depuis longtemps par une plaine alluviale. Sur tous les lacs, d'ailleurs, l'alluvionnement a fait de grands progrès; tous sont entourés de plaines alluviales ou de marécages; certains ont été

Robert Brittain
The River in the Mind

sometimes self-contradictory, and the same mind would often accept as a basis for action a mass of conflicting notions which could not possibly be sorted into any logical pattern. But illogical and even absurd as many of their ideas may appear to us to be, they did form, together, a tissue of mental and spiritual relationships which men could use as the basis for what seemed to them intelligent action. The river was a thing which they could apprehend under many aspects, and according to the particular way in which it was conceived it could be approached or fled from, used, placated, or subdued.
When Cyrus the Persian set out for the attack on Babylon (539 B.C.), on the first stage of the conquests that were to bring all the world he knew into one vast empire, he encountered not far from his capital of Susa a river called the Gyndus, whose stream lay across the path of his army, blocking their passage. Herodotus, as usual, gives the liveliest account of what happened.
Cyrus was preparing to cross this river, for which boats were needed, when one of his sacred white horses, a high-spirited creature, entered the water and attempted to swim across but was swept under by the rapid current and drowned. Cyrus was so furious with the river for daring to do such a thing that he swore he would punish it by making it so weak that even a woman could get over in future without difficulty and without wetting her knees. He held up his march against Babylon, divided his army into two parts, marked out on each side of the river a hundred and eighty channels running off from it in various directions, and ordered his men to set to work and dig. Having a vast number of hands employed, he managed to finish the job, but only at the cost of the whole summer wasted. Then, having punished the Gyndus by splitting it

Dieter Popp
Leben im Bergbach

Strömung zu verhindern, zum anderen ist man bemüht, den verlorenen Boden wiedergutzumachen, um so die Drift auszugleichen. Diese Art der Driftkompensation findet man häufig bei Eintagsfliegen. Die im Bach lebenden Larven werden während der gesamten Dauer ihrer Entwicklung zwar langsam, aber kontinuierlich bachabwärtsgespült. Gäbe es dafür keine Regulationsmöglichkeit, hätten die Tiere nach wenigen Generationen einen Bachabschnitt erreicht, in dem für sie ein Überleben nicht mehr möglich wäre. Die Art wäre zum Aussterben verurteilt! Um diesem Schicksal zu entgehen und um den Nachkommen die lebensnotwendigen Bedingungen zu garantieren, fliegen die geschlechtsreifen Tiere unmittelbar nach dem Schlüpfen bachaufwärts, um einen geeigneten Platz für die Paarung und Eiablage zu finden.
Das flugfähige Tier gewinnt also die Strecke im Bach zurück, die es als Larve verloren hat.
Ganz anders verhalten sich die verschiedenen Arten der Bachflohkrebse. Sie bedienen sich eines Reflexes, der sie andauernd aktiv gegen die Strömung anschwimmen läßt. So können sie einem Verdriften entgegenwirken, oder aber die Driftstrecke selbst zurückgewinnen und in ihren angestammten Lebensraum zurückwandern. Ähnliches findet man auch bei einigen Fischen, insbesondere den Forellen. Kämpfen auch die Jungfische heftig gegen die Strömung an, so werden sie doch bachabwärts getragen, und erst die erwachsenen Forellen sind stark genug, die Strömung zu bezwingen und an den Ort ihrer Geburt zurückzukehren.
Aber auch Tiere die augenscheinlich zu klein oder zu unbeweglich sind, um größere Strecken zurückzulegen, müssen solche Gebietsverluste ausgleichen können. Einige Arten haben sich deshalb auf eine spezielle Art von „Transport-Parasitismus" verlegt. So benutzen die kleinen, mit bloßem Auge kaum sichtbaren Wassermilben frisch geschlüpfte Eintagsfliegen als Transportmittel. Hat die Eintagsfliege dann eine bachaufwärts gelegene Region erreicht und beginnt dort mit der Eiablage, lassen sich die Milben einfach in den dahinströmenden Bach fallen, klammern sich an der erstbesten Unebenheit fest und haben so den für sie

Giuseppe Brunamontini
I fiumi dell'aldilà

precipita verso la riva del fiume, composta da "madri, mariti, corpi senza vita
di magnanimi eroi, bimbi, fanciulle,
giovani arsi sui roghi innanzi ai padri..." i quali "stavan pregando d'esser primi al passo
di là dal fiume, e protendean le mani
desiderosi dell'opposta sponda..."
Soltanto che ben diverso era il loro destino; in realtà, Alighieri attinse pienamente alla mitologia antica, ma facendone un uso da poeta cristiano. Per gli antichi era, soprattutto, l'ignoto d'ombra. I pochi versi di Alceo sono significativi: "Menalippo, con me bevi dunque; che speri mai?
Quando avrai di Acheronte varcata l'ampia fiumana
vorticosa, ti illudi che del sole i fulgidi rai
tu potrai contemplare? Lascia questa speranza vana..."
In ogni caso, *La divina commedia* è piena di fiumi: a cominciare da quelli della superficie terrestre che servono al Poeta da riferimento storico e geografico per i personaggi che incontra nei vari cerchi di pena. Si tratta di quelli dell'Europa, dell'Asia e dell'Africa, non avendo Cristoforo Colombo ancora aperto la via delle Americhe.
Dell'Italia vi sono presenze comprensibilmente frequenti dell'Arno, ma anche del Tevere, del Po, dell'Adige, del Brenta fino ad arrivare, in un elenco molto esteso, al Piave, al Rubicone, al Tagliamento. Mentre, altrove, si corre dal Gange al Nilo, dal Tamigi alla Senna, dall'Ebro all'Eufrate.
Ma quanti sono quelli dell'Inferno? Esattamente quattro: Acheronte, Stige, Flegetonte e Cocito. E del Purgatorio? Uno il Lete, le cui acque danno l'oblio dei peccati trascorsi ed in cui Dante viene immerso affinché sia degno di "salire alle stelle"! La mitologia greca, d'altronde, lo chiamava, il "fiume della dimenticanza" tanto che, secondo Platone, vi si abbeveravano le anime assegnate a nuovi corpi.
E nel Paradiso? Lì l'acqua scarseggia, secondo la *Divina* di Dante, pur essendo nella Bibbia (Genesi, II, 8) scritto: "Ora il Signore aveva piantato fin da principio un paradiso di delizie,

Ernst Bloch
Alpen zonder fotografie

dan heuvels lijken, en tot hun hoogte verrijzen niet in contrast met het dal maar vanuit hun eigen zichtbare toestand. Maar leerrijk is het, ook vanuit het dal of zelfs van bergtaferelen uit de jaren negentig de fresco's op het spoor te komen die in de tijd van Defregger met taaie vernislagen zijn bedekt, en in zo'n onbeduidende stijl zijn overgeschilderd. Dat vraagt om een bijzonder licht, en om een berg die zich, al staat hij in een overbekende omgeving, toch heeft kunen onttrekken aan de fotografie, omdat hij geen cliché is. Het licht is dat van een heldere, late avond, en de berg is de *Niesen*, in het Berner Oberland, aan de Thunersee, en toch is het een alp die de dans ontsprongen is, een mede-alp, maar nog leesbaar. Hoezeer is deze berg althans – al onthult hij niets van zijn eigen wezen – achttiende-eeuws, humaan van afmetingen, klaar van silhouet, een behouden blik van die eeuw op vergeten bergvormen die eraan beantwoordden. Speciaal in het voorjaar staat de Niesen als een piramide tegen de heldere zuidwestelijke avondhemel, terwijl de cliché-onweren van het eigenlijke Oberland wegtrekken of nog niet zijn opgebouwd. Dat is het beeld van de Niesen, gezien vanuit Beatenbucht, de incarnatie van de Verlichting in de natuur; een Mozartiaans alpenbeeld, zo karakteristiek dat René Schickele, schoonste stem uit de Elzas, al door zulke beelden de Alpen van Defregger en vooral de Nibelungen-Alpen van de negentiende eeuw heeft willen herzien. De Niesen ademt antipathie tegen het erkend grandioze; en als de Jungfrau wordt verguisd als „Wagnerzangeres, het lijf gezwollen van dreigend gezang", dan spreekt uit deze ergernis een onbedorvener kijk op de grote natuur dan uit het opdringerig gefleem dat louter prentbriefkaarten, achter cellofaan

Paul et Germaine Veyret
Les Eaux des Alpes

coupés en deux, comme les lacs de Zürich et de Wallenstadt, ou surtout les lacs de Brienz et de Thun, scindés par le delta de la Lütschine, où s'est posé Interlaken. Le cas privilégié, c'est celui du lac de Garde, creusé par les glaces de la vallée de l'Adige, mais dans la vallée du Sarca, où les avait portées une diffluence; il a les dimensions d'un lac de grande valleé et pourtant se trouve dans une vallée secondaire, où l'alluvionnement va moins vite. Une grande profondeur, rappelant celle des fjords, retarde aussi le comblement: le fond des lacs italiens descend très nettement au-dessous du niveau de la mer.

Petits ou grands, les lacs mettent dans les paysages alpins l'éclat de leurs miroirs et les couleurs variées dont la nature les pare. Pour quelques lacs noirs, ternis par l'humus, pas assez profonds pour cacher leur conque de roches noires, combien de lacs verts, colorés par des algues et surtout de lacs bleus, les plus purs!

Il y a même des lacs rouges, envahis à certains moments par des algues microscopiques. Les régions calcaires ne salissent pas l'eau, les grands lacs l'épurent à leur entrée: la réunion de ces deux caractères explique le bleu intense du lac de Garde. Le lac d'Annecy, les lacs du Salzkammergut, environnés de calcaires, recevant très peu d'eaux affluentes, ne sont pas moins éclatants.

Les lacs enrichissent le capital touristique des Alpes, surtout les lacs italiens, ajoutant à leur beauté les charmes d'un climat qu'ils contribuent à rendre plus doux: l'ancien empire austro-hongrois avait à Riva, sur la rive Nord du lac de Garde, sa Côte d'Azur. Plus prosaïquement, ils assurent des transports, font vivre des pêcheurs professionnels ou attirent des pêcheurs amateurs.

Les lacs artificiels, créés par les ingénieurs, commencent à compter, en nombre et en étendue. Le plus vaste vient de naître sur la Durance, derrière la digue de Serre-Ponçon, avec une surface comparable à celle du lac d'Annecy. Aussi beaux que les lacs naturels à pleine eau, ils ont malheureusement un niveau variable, car on ne les remplit que pour les vider. Faisant le plein avec les eaux surbondantes de

Robert Brittain
The River in the Mind

into three hundred and sixty separate channels, Cyrus, at the beginning of the following summer, resumed his march to Babylon.

This "punishment" of a river is not an isolated example. On a later occasion, Cyrus' successor, Xerxes, behaved in a similar way when a storm on the Hellespont ripped to pieces the huge floating bridge his Phoenician and Egyptian engineers had built for his army to march over into Europe. Herodotus, again, tells how Xerxes in a raging passion gave orders that the Hellespont was to be whipped with three hundred lashes, have a pair of fetters thrown into it, and even, some said, be branded with hot irons; and how he ordered the men who were plying the whips to shout as they laid on the lashes, "You salt and bitter stream, your master lays this punishment upon you for injuring him, who never injured you. But Xerxes will cross you, with or without your permission."

Such behavior was not a mere whim of proud and headstrong monarchs. In attempting to inflict physical punishment on a river, Cyrus and Xerxes were simply giving expression to one of the earliest concepts of natural phenomena that men had formed. At least as early as the neolithic period and possibly earlier, men had conceived all the objects of nature not as objects but as sentient beings. Trees, stones, rivers were living personalities, endowed like men with wills, desires, frailties, and responsibilities. It was perfectly natural to treat them just as Cyrus and Xerxes did. The only thing curious about the Persian conquerors' attitude is that it should have persisted so long in men's minds, after far more sophisticated ideas had been influencing their actions for centuries, particularly since these very rulers on other occasions based their relationships with rivers on many of those later assumptions. They were Persians, of course,

Dieter Popp
Leben im Bergbach

notwendigen Lebensraum wieder erreicht. Ähnlich verhält es sich bei einzelnen Muschelarten. Das Muttertier entläßt einige Hundert kleinste Muschellarven, die sogenannten Glochidien. Kommen diese in die Nähe eines geeigneten Fisches, heften sie sich mittels einer speziellen Vorrichtung an diesem fest. Einmal festgeheftet, wachsen die Glochidien in die äußeren Schichten der Fischhaut ein. Während nun der Fisch auf seiner Laichwanderung bachaufwärts schwimmt, entwickeln sich die Muschellarven zu richtigen kleinen Muscheln. Hat der Fisch sein Laichgewässer erreicht, so lassen sich die jungen Muscheln abfallen und graben sich schleunigst in den Untergrund ein. Da sich dieser jedoch dauernd in Bewegung befindet, ist es für die Muscheln unvermeindlich, daß sie immer weiter abgetrieben werden. Erst mit der Geschlechtsreife ist es ihnen möglich, das verlorene Terrain wieder zurückzugewinnen.
Eine andere Art der Anpassung an reißende Strömungen ist die sehr starke Abflachung des Tierkörpers. Diese hauptsächlich bei Eintagsfliegen- und Steinfliegenlarven zu beobachtende Tendenz ermöglicht diesen oft doch relativ großen Tieren einen Aufenthalt in der dünnen, strömungsarmen Grenzschicht, die über dem Substrat entsteht. In Biotopen mit extrem hohen Strömungsgeschwindigkeiten und entsprechend dünner Grenzschicht können sich nur solche Arten halten, bei denen die Körperabflachung auf die Spitze getrieben scheint. Der Kopf ist dann zur flachen Scheibe reduziert, die Augen sind von den Seiten völlig auf die Oberseite gewandert, und die Beine sind nicht mehr auf der Unterseite der Brust, sondern seitlich eingelenkt. Ein dermaßen angepaßter Organismus bietet, vor allem wenn er sich fest an den Untergrund drückt, kaum noch einen Angriffspunkt für die Strömung. Unterstützt wird das Ganze noch durch die behaarten Schwanzanhänge, mit denen die Larven, jede kleinste Unebenheit als Widerlager benutzend, sich gegen die Strömung stemmen können.
Außer der Abflachung gibt es natürlich noch eine Reihe weiterer anatomischer Anpassungen, wie zum Beispiel ein fast runder Körperquer-

Giuseppe Brunamontini
I fiumi dell'aldilà

dove pose l'uomo che aveva formato. E il Signore fece spuntare dal suol ogni sorta di alberi belli a vedersi, dai frutti soavi al gusto, e l'albero della vita, in mezzo al paradiso, e l'albero della scienza del bene e del male. E da questo luogo di delizie usciva, ad irrigare il paradiso, un fiume che di là si divide in quattro capi. Il nome del primo è Fison, ed è quello che circonda tutto il paese d'Evilat, dove è l'oro, e l'oro di questo paese è il migliore, e vi si trova il bdellio e l'onice.
Il nome del secondo fiume è Gehon, quello che circonda tutto il paese d'Etiopia. Il nome del terzo fiume è Tigri, che scorre per l'Assiria. E il quarto fiume è l'Eufrate.
I quattro fiumi infernali, invece, come nascono? È Virgilio a chiarirne le origini al suo discepolo. Racconta che a Creta, all'interno del monte Ida, c'era una statua con le spalle volte a Damiata, una città sulle rive del Nilo e la faccia a guardare verso Roma. Essa aveva il capo d'oro, le braccia ed il torace d'argento, il bacino di rame, le gambe ed i piedi di ferro, tranne il destro che era di terra cotta. Ebbene, l'enorme peso della statua poggiava tutto su quello!
Nati dalle lacrime
I riferimenti e le interpretazioni che vedono, volta a volta, nei due piedi Chiesa e Impero sono molteplici e suggestive; ma preme qui riferire dell'acqua delle quattro sorgenti proveniente proprio dalla statua la quale, salvo che dal capo, gocciolava lacrime dall'intero corpo. E sono così copiose da costituire il flusso dell'Acheronte, dello Stige, del Flegetonte e, giù in fondo, del Cocito.
Per un'attendibile ricostruzione idrografica si può dire che il prodotto del piangere forava la terra fino a penetrare nell'Inferno, per formare l'Acheronte. Il quale, si sviluppava accerchiando l'orlo superiore dell'Inferno per sparire in misteriose falde sotterranee.
Ricompare, poi, come Stige che cinge la città di Dite. Ancora si interra e riemerge: è diventato il Flegetonte che scorre fino all'abisso in cui strapiomba nel Cocito, che raccoglie tutte le acque infernali.

Ernst Bloch
Alpen zonder fotografie

geplakte vervreemde natuur liet zien, maar niet het werkelijk vreemde, niet de verschrikking. In zulke beelden wordt het al zo alledaags geworden samenspel ontbonden: de middelhoge Alpen komen in het gezichtsveld, en het monstrueuze staat eindelijk weer onversjacherd, ongemeten.
Een andere weg leidt, als elke goede weg, vanuit het dal omhoog. De klim doet de beelden verspringen, hij gaat niet alleen tegen de berg op, maar ook naar binnen. Zoëven ronkten nog de zagen in het bos, de stam zijgt neer, maar wat doorsneden is blijft boom en hout. Maar de weg die door het *gebergte* snijdt, en dan de spoorbaan die het pijlsnel ontleedt, laten haast niets van de vertrouwde vorm over. Wat top scheen, is een nieuwe wand, en de naburige bergen, die het verre staat bij de klim in diepte te verzinken, vullen steeds meer de hemelrand. Pas halverhoogte ontstaat de ronding of het colosseum om ons heen, de muren met sneeuw bekleed als was het marmer, zuidelijke antieken, maar ook Arctica, versteende titanen maar ook Groenland, hier loodrecht op weiden en meren gezet. Zo toonde zich deze wereld aan alle eerste mensen, als een oord van angst en onmenselijke verschrikkingen; zelfs Caesar wendde zich ervan af en liet zich in een gesloten draagstoel over de Alpen brengen; Goethe zag op de Brenner, in ieder geval bij nacht, de on-mens om zich heen, en schreef alleen: „De maan kwam op, en bescheen monstrueuze zelfstandigheden." Om nog maar te zwijgen van de Romantiek, van alle verscheiden soorten magische kaneel of peper die, in dit „gepijnigd hooggebergte", hier groeiden, om nog maar te zwijgen van de scherpe tegenstelling die bijvoorbeeld Tieck in zijn „Runenburg" klieft

Paul et Germaine Veyret
Les Eaux des Alpes

fonte des neiges et des glaces, ils sont normalement bien garnis à la saison d'été; l'hiver, une couche de glace et de neige transforme les plus hauts en douces plaines blanches. C'est surtout au printemps qu'apparaissent leurs beines nues et même leurs fonds vaseux, où la rivière se fraie un difficile passage.
Certains lacs, à la vérité rares et peu étendus, méritent une mention particulière: ils sont barrés par la glace, soit sur le bord des glaciers, soit dans leur masse. Des premiers on connaît surtout celui du Gorner, au pied du Mont-Rose, et plus encore le lac de Märjelen, sur la rive gauche du glacier d'Aletsch, nappe d'un beau vert où flottent de minuscules icebergs. Il arrive à ces lacs de se vider à travers quelque crevasse du glacier:
Märjelen s'est vidé huit fois de 1813 à 1913. Cela arrive aussi aux lacs captifs de la glace, qui provoquent pafois des catastrophes inattendues. Dans la nuit du 11 au 12 juillet 1892, un lac intraglaciaire s'échappa du glacier de Tête Rousse, sur le flanc sud-ouest du Mont-Blanc. Grossi par des matériaux happés au passage, mis en charge dans l'étroite gorge du Bonnant, le flot balaya d'un coup les Bains du Fayet, les maisons voisines et deux cents personnes, noyées dans leur sommeil. En 1921, une poche d'eau de la Mer de Glace, enflant soudain l'Arveyron, inonda Chamonix. Les rapports de l'eau solide et de l'eau liquide n'ont donc pas toujours la simplicité des fronts de fusion, où le torrent sous-glaciaire jaillit de sa prison de glace.
Les lacs ont la réputation, justifiée, de régulariser les rivières, mais le mécanisme, à l'état de nature, n'était point parfait, les affluents apportant trop d'eau ou pas assez. En cas de crue, la capacité de stockage des lacs était dépassée, ils inondaient leurs rives. Les ingénieurs ont agi surtout sur les émissaires, qu'ils ont harnachés de vannes à la sortie des lacs, pour maintenir à ceux-ci, autant que possible, un niveau constant. La lutte contre les crues s'est aussi déplacée vers l'amont, dans le bassin des rivières affluentes.
Nous connaissons déjà le réseau des vallées,

Robert Brittain
The River in the Mind

newcomers into civilization, and Herodotus looked down upon their behavior with all the disapproval of the enlightened, rational Greek mind he believed himself to possess. And yet he expresses his contempt by calling Xerxes' orders "a highly presumptuous way of addressing the Hellespont, and typical of a barbarous nation" – words which betray that he held precisely the same animistic notions himself.
The confusion is typical. The mind of ancient man was as capable of holding at one and the same time a conglomeration of contradictory and completely illogical notions as our minds are today; and ancient men were quite as able as we to act on ill-assorted assumptions. When Achilles presented a lock of his hair to the River Spercheios, it is not easy to say whether he was simply treating the river as a fellow creature, as one gives a keepsake to a friend, or whether he was attempting to bribe or pacify some spirit that was not the river but that dwelt in it. The who is superior to all such barbarity: "Burying people alive is a Persian custom; I understand that Xerxes' wife Amestris in her old age did it to fourteen Persian boys of distinguished family, by way of a present which she hoped the supposed god of the underworld would accept instead of herself."
But despite the condescending remarks about "magical tricks" and "supposed gods," the Greeks themselves did not neglect the courtesies due to rivers, under whatever aspect one viewed them. Xenophon, that hardheaded master of military tactics, was always punctilious about ritual and ceremony; in his report, their proper observance figures as matter-of-factly as the distribution of troops and the state of their equipment. In his description of the famous fording of the Centrites, he writes as always with his eye on the essentials, swiftly

Dieter Popp
Leben im Bergbach

schnitt bei Fischen, der sehr viel strömungsgünstiger ist als etwa die hochrückigen Körper der Fluß- und Seefische.
Eine Verkleinerung des Tierkörpers findet man bei einigen Schnecken, bei denen in einem gewissen Alter die obersten Windungen des Gehäuses abbrechen, wodurch das Tier insgesamt kleiner wird. Bachflohkrebse bilden – wie wir schon hörten – in stark fließendem Wasser bedeutend kleinere Standortformen aus als in schwach strömenden. Auch sind solche Arten begünstigt, die von Natur aus nur eine geringe Körpergröße erreichen. Als glänzende Beispiele muß man die unzähligen Hakenkäfer- und Wassermilbenarten ansehen, die in diesen Lebensraum vorgedrungen sind und sich dort heimisch fühlen. Gerade die Wassermilben, als die kleinsten der Bachorganismen, kommen mit über 200 strömungsliebenden Arten regelmäßig und oft in großer Individuenzahl in unseren Bächen vor; ihre genaue Bestimmung ist nur wenigen Spezialisten möglich.
Einen ganz anderen Weg der Strömungsanpassung haben weitere Gruppen der Bachfauna „beschritten". Um Schutz vor der Strömung zu finden, verbinden sie ihren Körper fest mit dem Substrat. Diese Anheftung an vorwiegend gröberes Gestein kann eine dauerhafte oder auch nur eine kurzfristige Verbindung sein. Läßt sich eine dauerhafte Anheftung nur durch ein Verkleben oder Festbinden an den Untergrund erreichen, so gibt es wenige Tierarten, die Saugnäpfe besitzen, mit deren Hilfe sie sich sehr gut festhalten und auch entgegen der Strömung bewegen können. Solche Saugnapfbildungen finden sich bei allen Egeln, vereinzelt bei abflachung eingebaut werden, erhält das Tier ein wesentlich größeres Gewicht, wodurch es weniger strömungsempfindlich wird. Das ist vor allem während des Larvenstadiums von Bedeutung, da dann die meisten unserer Köcherfliegenarten noch frei beweglich sind; erst kurz vor der Verpuppung werden die Köcher angeheftet und dann als Puppengehäuse benutzt. Andere Arten der Köcherfliegen, die jedoch keinen Köcher besitzen, bewegen sich in der Strömung wie ein

Giuseppe Brunamontini
I fiumi dell'aldilà

L'episodio è tratto quasi di peso dal sogno di Nabucodonosor, di cui riferisce Daniele (II, 32) nella Bibbia: "Il capo di questa statua era d'oro finissimo, il petto e le braccia eran d'argento, il ventre e le cosce di bronzo; e le gambe di ferro, e i piedi parte eran di ferro e parte di creta..."
È chiaro, però, che i significati sono differenti: in Daniele è il succedersi delle monarchie le cui prerogative sono paragonate ai vari metalli; in Dante, della storia stessa dell'umanità. E come nell'età antica si passa dall'epoca dell'oro a quella dell'argento e così via, nell'Alighieri il peggioramento del valore dei metalli è analogo al degenerare degli uomini.
Lo Stige è il secondo fiume che i due viaggiatori incontrano:
"Noi recidemmo il cerchio all'altra riva
Sovra una fonte, che bolle e riversa
Per un fossato che da lei deriva.
L'acqua era buja molto più che persa:
E noi, in compagnia dell'onde bige,
Entrammo giù per una via diversa."
Anche qui il fiume è protagonista: non è più di transito come l'Acheronte, ma di sosta definitiva. "Vidi gente fangose in quel pantano Ignude tutte e con sembiante offeso."
Nelle cupe acque dello Stige stanno immersi gli iracondi, chi più chi meno a seconda delle colpe, resi quasi irriconoscibili dalla melma. E coloro che sono affondati solo parzialmente si percuotono e si addentano con ferocia; mentre quelli che stanno nel fondo cercano di gorgogliare parole. È la continuazione del comportamento terrestre: ferocia e parole smozzicate, poiché l'ira toglie all'uomo calma e ragione.
Diversa configurazione ha lo Stige per la letteratura greca e latina. In Omero ed Esiodo è il fiume per eccellenza dell'aldilà. Sulla sua acqua giuravano solennemente gli dèi. Antichissime tradizioni vogliono far derivare proprio dallo Stige taluni fiumi terrestri o, addirittura, lo identificano in corsi d'acqua o paludi, nelle vicinanze delle quali sarebbe stato situato l'ingresso per l'altro mondo.

Ernst Bloch
Alpen zonder fotografie

tussen het „brave, vrome, vlakke land" en de „ijselijke ravijnen, de steile, woeste gestalten, de snikkende bergbeken", tot aan die andere wereld toe, die van het „steenparadijs" dat hier onder puin begraven moet liggen, en waarvan de edelstenen in het hart van de berg nog een zwakke afschaduwing zijn; al is dat alles vergane fantasie en fantasterij, zelfs een realist als Gottfried Keller rept, in peinzende herinnering aan deze tijd, van het „fabuleuze dodengebergte aan de einder", en van hem ook is het niet erg behaaglijke beeld: „Boven de laatste ijstijd alleen flonkerde de ochtendster."
En om terug te keren naar Caesars stadse vreemdheid, zijn onverschilligheid, afkeer zelfs bij de aanblik van de Alpen; nog geen tweehonderd jaar geleden werden Alpen en monsters gelijkelijk „barbaresco" genoemd, en Winckelmann nog voelde zich „bedrukt, op doortocht door de afschuwelijke Alpen"; zelfs Albrecht von Haller, die als de ontdekker van de Alpen te boek staat, vond de „ligging van Heidelberg" uitgesproken onaangenaam vanwege de te hoge „heuvels", en wat hij in het *Berner Oberland* zocht was zeker niet dit grote, en hoe dan ook niet het landschap, maar alleen de mensen, de in ere gehouden voorvaderen, de reine zeden en de reine berglucht, de verheven onschuld, de matigheid van een natuur die verder ontoegankelijk oneindig was.
Juist de bestijging, het binnendringen in het lichaam van het gebergte, toont dat dit afgrijzen van weleer eerlijker was, en een echtere afspiegeling gaf van de bergwereld, dan het gejubel van de negentiende eeuw, die hoogtijd van makelarij die van het niemandsland een vakantiekolonie maakte. De berg wordt een schouwtoneel waar niet eens de hazen en

Paul et Germaine Veyret
Les Eaux des Alpes

sa combinaison de rivières transversales, descendant les pentes du toit alpin, de rivières longitudinales, immenses gouttières, et de cluses, facilitant aux grands collecteurs leur sortie des Alpes. Il faut toutes ces artères pour évacuer les pluies ou les neiges qui tombent sur la chaîne, mais elles n'ont point une alimentation uniforme, ni régulière d'un bout à l'autre de l'année; leurs régimes hydrologiques varient dans l'espace et dans le temps.
Dans l'espace s'opposent plusieurs secteurs. Les Alpes françaises du Sud, les Préalpes surtout, plus ou moins soumises au climat méditerranéen, peu enneigées, fournissent aux rivières plus d'eau de pluie que de fonte des neiges et pas d'eaux glaciaires. Les chaînes extérieures – sauf le cas particulier de l'Oberland bernois – ne possèdent guère de glaciers; l'eau y provient des pluies et des neiges, celles-ci fort abondantes. Les chaînes intérieures portent les grands glaciers et reçoivent de la neige presque toute l'année; la fonte de la neige et de la glace fournit l'essentiel des eaux courantes.
Dans le temps s'opposent les saisons. La haute montagne n'en a que deux: la saison froide (six à huit mois) suspend la fusion, la rétention nivale ou glaciaire accumule des réserves; la saison chaude puise dans ce capital, grossissant les rivières en fonction de la chaleur qui active la fusion, non de la pluie qui la ralentit. La moyenne montagne réalise des combinaisons plus subtiles entre pluies, rétention et fusion nivales, combinaisons variables avec l'altitude et les caprices de la température; elle fournit normalement de hautes eaux à l'automne (pluies) et au printemps (fonte), l'hiver étant appauvri par la rétention, l'été par l'évaporation. La montagne méditerranéenne se comporte un peu de même, avec moins de rétention, accumule moins de neiges hivernales, libère moins d'eaux printanières, mais impose à ses rivières de graves pénuries estivales.
Les Alpes possèdent donc, en fonction de l'altitude, une marqueterie de régimes hydrologiques, soigneusement définis par le grand hydrologue Maurice Pardé. Ils sont

Robert Brittain
The River in the Mind

noting every detail that was *necessary* from a military point of view, and wasting no words on anything extraneous or merely decorative: "On reaching the bank of the river where the ford was, they grounded arms, and then Chirisophus himself first put a ceremonial wreath on his head, threw aside his cloak and took up his arms, telling the rest to follow his example. He ordered the captains to lead their companies across in columns, some on the left and others on the right of him. The soothsayers then cut the throats of the animals over the river [shades of the Magi with their magical tricks!] and meanwhile the enemy were shooting arrows and slinging. However, they were still out of range. The appearance of the victims was pronounced favourable, and then all the soldiers sang the paean and raised the battle-cry, and all the women joined in the cry; for a number of the soldiers had their mistresses with them in the army. Chirisophus and his men then went into the river".
I have deliberately extended the quotation to include mention of the camp followers, in order to underline the fact that Xenophon mentions every detail that is relevant to a complete understanding of the commander's job, and only those that are relevant. That mass of women must have given him many headaches, and possibly some entertainment, but he never mentions them except when they impinge on the problem of successful generalship, in this instance by providing that much extra baggage to be carried through the stream. In the same way, he does not talk about his religion, and indeed does not seem to have much, but when a river is to be forded it is incumbent on him to see that the proper beasts are sacrificed in the proper way, with their throats cut "over the water," so that the soothsayers can note how the

Dieter Popp
Leben im Bergbach

Würmern und vor allem bei den Larven der Lidmücken. Diese Mückenlarven verfügen über sechs auf der Bauchseite gelegene Saugnäpfe, die in ihrer Wirksamkeit alle ähnlichen Organe anderer Tiergruppen in den Schatten stellen. Lidmückenlarven sind in der Lage, Strömungen zu trotzen, deren Fließgeschwindigkeiten zwischen 3 und 4 m/sec liegen. Solchermaßen angepaßt sind sie die typischen Bewohner wasserumtoster Felsbrocken, wie sie für Wasserfälle und die Oberläufe steiler Wildbäche charakteristisch sind. Als weitere Anpassungsmerkmale werden bei Insekten oft auch noch Haarsäume ausgebildet, die, wenn sie den Zwischenraum zwischen der Körperunterseite und dem Substrat abdichten, einen ähnlichen Effekt wie Saugnäpfe hervorrufen. Sind die bisher erwähnten Arten trotz ihrer oft extremen Anpassungserscheinungen immer noch frei beweglich, so gibt es auch genügend Arten, die sich diesen Lebensraum nur dadurch erschließen konnten, daß sie ihre freie Ortsbeweglichkeit aufgaben, zur seßhaften Lebensweise übergingen. Dazu gehören einige unserer Köcherfliegenlarven und viele Zuckmückenarten. Ihnen allen ist gemeinsam, daß sie sich ein Gehäuse bauen, in welchem sie Zeit ihres Lebens wohnen und das sie fest mit Steinen oder Wasserpflanzen verbinden.
Sowohl die Köcherfliegen- als auch die Zuckmückenlarven sind in der Lage, ein Sekret, ähnlich den Spinnfäden der Spinnen, zu produzieren, welches im Wasser sofort erstarrt. Damit können sie aus dem unterschiedlichsten Material ihre Wohn- oder Puppenköcher bauen und diese gleichzeitig am Untergrund befestigen. Untersucht man einmal die Gehäuse verschiedener Köcherfliegenarten genauer, so ist man fasziniert von der Mannigfaltigkeit und kunstvollen Gestaltung dieser Larvenköcher.
In den Bergbachregionen herrschen hauptsächlich Köcher aus sandigem oder steinigem Material vor. Dies hat den Vorteil, daß der Köcher neben dem Schutz des weichen Hinterleibes dem Tier noch einen weiteren Vorteil bietet. Durch die Verwendung solchen Materials, wobei oft sogar noch größere

Giuseppe Brunamontini
I fiumi dell'aldilà

Il fiume bollente
Flegetonte vuol dire fiume bollente. Dal suo fuoco, secondo quanto scrive Platone nel *Fedone,* nascerebbero le lave vulcaniche; mentre poeti e mitografi fantasticavano che vi si punissero parricidi, briganti e tiranni.
"Il bollor dell'acqua rossa", dice Virgilio.
E Giovanni Milton, ne *Il paradiso perduto,* precisa: "E Flegetonte che fremendo aggira
Di fiamma e foco rapidissim'onde
Rabbia spiranti..."
I due poeti Dante e Virgilio, dunque, procedono lungo il sabbione infuocato dell'argine. Dalla superficie si leva quel vapore bollente che protegge il fiume dalle fiamme spegnendole prima che vi cadano. È un posto particolare il settimo cerchio: vi sono i violenti contro natura, masnade di sodomiti che corrono tormentati sotto una pioggia di fuoco.
Il Flegetonte rimbomba nella terrificante atmosfera infernale.
E come Dante attua nei suoi continui riferimenti a fiumi terrestri, dando di essi immagini poetiche, campestri, identificando sorgenti, percorsi, rumori e scese, abbinandoli a città e avvenimenti, tecnica analoga applica ai fiumi dell'inferno. Ma il taglio è l'opposto, cioè di presenza orrida e clamorosa, aggravata dall'intrigo di acqua e anime, limo e dannati. Così, camminando lungo il letto del Flegetonte i due poeti arrivano sull'estremo confine del dirupo dal quale il fiume tracima per piombare nell'ottavo cerchio:
"... giù d'una ripa discoscesa
Trovammo risonar quell'acqua tinta
Sì che in poc'ora avria l'orecchia offesa".
È il Cocito, la confluenza di tutti i fiumi infernali, malinconicamente ricordato in un'ode di Bacchilide: "... qui presso le correnti
di Cocito mirò degli infelici
uomini l'alma, simili
a le foglie che su le idee pendici
mulina il vento...", ma che nel nono cerchio assume le dimensioni di un pozzo immenso e terribile nel quale sono immersi i traditori. Giuda, per primo, delatore di Gesù, da cui il nome di Giudecca. Bruto e Cassio, gli assassini di Cesare, maciullati dalle tre bocche di

Ernst Bloch
Alpen zonder fotografie

vossen elkaar goedenacht wensen; er heerst het zwijgen van „monstrueuze zelfstandigheden", waarvoor nog geen toereikende menselijke pointe is gevonden. Het dal verschaft die niet — zijn stuk wordt daarboven in het stenen decor niet gespeeld.
Nog gewisser vergaat ons de vertrouwde aanblik als we eenmaal op de top staan. De aangekomene voelt zich niet geheel en al zo, een zwaaiend saluut met de hoed is niet zo simpel. Vier kilometer loodrecht zijn duizenden kilometers verte geworden, en op het *Jungfraujoch* is zelfs een stuk helling dat de wereld beneden nooit heeft gezien. De berghut is een schip, vertuid aan de rotsen, de lucht staat ons naar het leven, het landschap heeft nooit een rol gespeeld in de menselijke geschiedenis, zelfs niet als symbool dat – zoals moeras, heide, bos – iets tot uiting brengt van de mens en zijn geheim. De oude Perzen zagen de maan als een spiegel die schuin boven de aarde is opgehangen en haar beeld naar gene zijde overzendt; de hoge berg daarentegen hoort noch bij deze wereld, noch bij die aan gene zijde. Hij staat aan de Styx, en is zelf monding van de Styx, zelf de zee waarin de rivier uitstroomt en ten leste verstart. Inderdaad is de aanblik van de oostelijke baai van het Jungfraujoch, de Aletschgletsjer, alleen draaglijk als hij wordt gezien als haven van de doden, als die oneindige stilte; wanneer de eerste zonnestralen op deze baai vallen, komen ze uit niets dat op deze wereld bekend is, en wat ze beschijnen is het evenmin. Even vervreemd daalt de blik vanaf het Mönch-plateau de levende diepte in die daar van onder boven maakt; de bergen stromen hier omgekeerd, leiblauwe pieken verschijnen eerst, en daarna de voet, de kristallenholte wijkt terug, de vlakte

Paul et Germaine Veyret
Les Eaux des Alpes

caractéristiques dans de petits bassins relativement homogènes car, à mesure qu'une rivière grandit, son régime, du fait de constituants variés, devient moins pur, sans pourtant s'affranchir du rythme caractéristique de la baisse hivernale et de la montée printanière ou estivale. Petites et grandes rivières réclament par conséquent un examen séparé.

Les cours d'eau *glaciaires* – Arve à Chamonix, Vénéon, Visp des Alpes Pennines, Massa du glacier d'Aletsch –, qui doivent presque toute leur eau à la fusion de la neige et de la glace, sont les plus remarquables par leur abondance et par leur contraste saisonnier. Évacuant de 70 à 85 litres par seconde et par kilomètre carré de bassin, chiffre le plus abondant des Alpes, il leur suffit de quatre mois pour écouler 80 à 90 p. 100 de leur volume d'eau annuel. Leur débit est donc le plus contrasté: presque à sec l'hiver (0,29 mètre cube seconde en février pour la Massa), ils roulent l'été des flots terrifiants (46 mètres cubes en juillet, *150 fois plus*, pour la Massa). Nulle part la rétention n'est aussi complète, à cause de l'altitude, ni la fusion aussi généreuse.

Le *régime nival* de haute montagne peu glaciaire apparaît comme un frère moins dru du précédent. Son allure d'ensemble reste la même, mais la pénurie d'hiver se garnit un peu, l'abondance estivale se gonfle moins et plus tôt: le maximum se produit en juin sur la Reuss, l'Inn à Innsbruck, la Romanche, l'Arc, la haute Isère, la haute Durance. Quand il reste dans le bassin quelques glaciers, juillet et août ont plus d'eau que mai (Reuss, Linth Gyronde); les glaciers diminuant encore, seul juillet l'emporte sur mai (haute Isère, Doron de Bozel); mai prend le pas sur juillet et août (Ill, Landquart, Guil, Ubaye) lorsqu'il n'existe plus de glaciers. L'abondance moyenne atteint encore 50 litres par seconde et par kilomètre carré; le rapport entre mois extrêmes s'abaisse à 7 pour l'Isère, par exemple (7,63 mètres cubes en février, 52,71 en juin). C'est le régime des rivières descendant d'altitudes comprises entre 3.000 et 3.500 mètres, c'est-à-dire de l'axe central des Alpes, exception faite des secteurs englacés.

Robert Brittain
The River in the Mind

river receives the blood and can make the correct deductions.

Magic and ritual, superstition, reverence, and worship – all are so intermingled that the various elements cannot be isolated. But wherever rivers have flowed past early communities, men have approached their banks with awe, and the memory of ancient longings clings about them still. Girls on a summer's night still drop their hairpins surreptitiously into streams that once were holy, and not long ago the effigy of the Green George still went to his watery grave in many an English village, when St. George's Day stirred memories of the rites and sacrifices that were needful before men heard of saints. Into the mouths of countless rivers fishermen have thrown one of their comrades to drown, that the grateful stream might fill their nets. When men in the civilizations of ancient India were building their marvelous system of tank irrigation, each of the huge storage ponds was dedicated by a human sacrifice, the body being buried in the tank. And in the solemn festivals with which ancient Egyptians celebrated the annual rise of the Nile, multitudes chanted the ritual song of sacrifice:

> Offerings are made to thee,
> oxen are slain to thee,
> great festivals are kept for thee,
> fowls are sacrificed to thee,
> beasts of the field are caught for thee,
> pure flames are offered to thee.

All this indicates that the concept of divinity came to be associated with rivers at a fairly early stage of human development, that it was so widespread as to suggest a universal impulse, and that once it was accepted men set about establishing the relationships that are appropriate when one is dealing with a god.

Dieter Popp
Leben im Bergbach

Steinchen zur Verbreiterung und Seiten-Bergsteiger in der Steilwand. Das Speicheldrüsensekret, mit dem die anderen Arten ihre Köcher bauen, wird von diesen Rhyacophila-Larven zu einem Faden ausgezogen, der in gewissen Abständen am Substrat befestigt wird und ihnen so als Sicherungsleine dient.
Manche Köcherfliegenarten kommen nur in Bergbächen vor und können deshalb als Charakter- oder Leitarten dieser Biozönose angesehen werden; dazu gehört z.B. die Köcherfliege Lithax niger. Bisher haben wir so getan, als gäbe es im Bergbach überhaupt kein Pflanzenleben. Tatsächlich wird man hier nach höheren Wasserpflanzen meist vergeblich suchen. Trotzdem leben längst nicht alle Tiere, wie die Bachflohkrebse, nur von Pflanzenabfällen, die irgendwie in den Bach gelangen. Eine ganze Reihe von Arten ernährt sich von den kaum sichtbaren, aber wegen ihres raschen Wachstums doch recht produktiven Kiesel- und Grünalgenüberzügen der Bachsteine.
Größte Bedeutung hat im Bergbach eine weitere Gruppe von pflanzlichen Verankerungskünstlern: die Bachmoose. Sie siedeln sich überall dort an, wo es nicht mehr ganz so wild zugeht. In kleineren Buchten oder auf sanft überrieselten Steinen können sich sehr stattliche Moospolster, oft sogar kleine Mooswälder bilden. Das ist für viele Tierarten ein ganz wichtiger Lebensraum. In einem Moospolster von nur 35 x 35 cm Fläche und nur 5 g Trockengewicht fand der Biologe Dittmar auf einem Felsen in einem Sauerlandbach 4309 Tiere. Zu 35 Prozent handelte es sich dabei um Zuckmückenlarven, zu 20 Prozent um Köcherfliegenlarven, zu je 10 Prozent um Steinfliegen- und Zweiflüglerlarven.
Gewöhnlich unterscheidet man zwischen steinlebenden und mooslebenden Tieren des Baches. Eine allzu scharfe Trennung ist aber wenig sinnvoll, da von vielen Arten, die sonst unter Steinen leben, die Junglarven sich gerne im Moos verstecken. Außerdem fand man in kalkreichen und daher moosarmen Jurabächen typische Vertreter der Moosfauna in den Ritzen und Höhlungen der Tuffsteine. – Die Natur ist eben doch anpassungsfähiger, als es dem nach Ordnung suchenden Menschen lieb ist.

Giuseppe Brunamontini
I fiumi dell'aldilà

Lucifero. Ma procediamo con ordine.
La configurazione del Cocito è quella di un esteso lago gelato, che pende verso la parte centrale, suddiviso in quattro cerchi concentrici. Questi non hanno recinzioni definite, ma sono individuabili dalla diversa efferatezza degli ignobili puniti. E mai si può dire che all'acqua sia stato destinato compito peggiore:
"Perch'io mi volsi, e vidimi davante
E sotto i piedi un lago, che per gelo
Avea di vetro e non d'acqua sembiante".
Nella circonferenza estrema, che ha il nome di Caina, da Caino, il primo fratricida, sono collocati i traditori dei parenti, affondati nel ghiaccio fino all'inguine. Sono violacei da assideramento e battono i denti, la faccia scavata dalle lacrime. Ma quel ghiaccio è sempre meno duro dei loro cuori.
Nel secondo giro, i traditori della patria, sono ibernati, avendo solo parte della testa fuori del ghiaccio. Nel terzo, i traditori degli amici e dei commensali. Hanno completa sepoltura nel ghiaccio trasparente, però distesi e supini, in modo che con gli occhi possano guardare in alto. A loro manca perfino la ben magra consolazione del piangere, poiché le lacrime, diventando subito cristalli, arrecano maggiore tormento alle orbite. Infatti, la temperatura si abbassa per il vento spirante dalle ali agitate di Lucifero.
Al termine, la famigerata Giudecca ove i traditori dei benefattori scontano la giusta pena. Qui, all'interno delle lastre, i colpevoli si scorgono in quattro diverse positure a seconda della qualità del loro tradimento e contro chi l'hanno perpetrato. Personaggi di una galleria dell'orrore, molteplici e tetramente suggestivi nel poema dantesco!
Ecco, i fiumi dell'aldilà sono corsi tutti:
"... la notte risgurge; ed ormai
È da partir; ché tutto avém veduto". Sull'emisfero terrestre, infatti, dove scorre il Gange, già avanza la prima sera e noi, con Dante e Virgilio, possiamo uscire "a riveder le stelle".

Ernst Bloch
Alpen zonder fotografie

waarop hij staat is geen bewoonde wereld meer maar bodem en afgrond van het reusachtig vallen. Het zijn zelfs geen archetypen meer die hier in de toeschouwer aan het licht komen, geen beelden die de mensen in hun oertijd kenden, en die in dromen, vaak in waanzin en soms in kunstwerken weer actueel worden (de moeder, de wind bij zonsopgang, de schichtende slang in de grot, en andere oercategorieën van de „fantasie"). Hier is de oudste fantasie nog voorhanden in wat nooit is geweest, waar zij nooit op is gestuit, in het buiten-menselijke dat in onze natuur schuilt.
Daarom kon Satan, die Jezus naar een hoge bergtop voerde, hem weliswaar niet met aardse rijkdom in bekoring brengen (want hierboven is niets aards te vinden), maar wel kon hij twijfel zaaien aan de mens als middelpunt, aan de zoon des mensen als degene om wie alles draait. Niemand kan zich in bergen verplaatsen, en het geloof dat omgekeerd bergen verzet, ze naar ons toe verplaatst, ze aan de mens ontsluit, zou het zwaarst doenlijke geloof zijn, het heeft nog nooit ten volle bestaan. Al het verhevene, zegt Kant, ontsluit niet meer dan een *vermoeden* van onze toekomstige vrijheid; en deze metafysica moge ons, hier althans, volstaan. In die zin dat de „monstrueuze zelfstandigheden", terwijl ze ogenschijnlijk niets dan steen tonen, zich zowel van de domme lijken te houden als – letterlijk anderzijds – vóór iets staan, dat wil zeggen, iets versperren, in de weg staan, iets dat als het *meer dan ruimtelijk-monstrueuze* recht zou hebben op hun plaats. Fortissimo is ook in de natuur geen voorteken van iets belangrijks, en zeker niet van niveau (vergelijk 1 Koningen 19, 11–13), maar het gegeven zelf trekt zich samen, grootte wordt tot stilte, alleen aan zichzelf gelijk.

Paul et Germaine Veyret
Les Eaux des Alpes

Lorsque la haute montagne s'abaisse au-dessous de 3.000 mètres, que sa part diminue tandis que celle de la moyenne montagne augmente, le rôle de la neige s'efface encore et celui de la pluie apparaît. Bien des régions alpestres, à la bordure des massifs cristallins les moins hauts, ou dans les Préalpes, se trouvent dans ce cas. Deux régimes hydrologiques font le passage du nival au pluvial. Le régime *nival de transition* – Drac au Sautet, Tessin à Bellinzona – accentue le caractère printanier de la crue annuelle: si juin reste le mois du maximum, mai dépasse toujours juillet et avril l'emporte de beaucoup sur août. Une légère crue s'amorce à l'automne, avant que la pluie ne tombe en neige.
L'atténuation concomitante des maigres et des hautes eaux fait tomber le rapport entre mois extrêmes au-dessous de 5, l'abondance moyenne fléchissant à environ 30 litres par seconde et par kilomètre carré. Le régime *nivo-pluvial* poursuit l'évolution: crue printemps plus précoce, la neige fondant plus tôt à mesure que l'altitude s'abaisse, avec maximum de mai ou d'avril; crue secondaire d'automne plus marquée, avec une baisse d'été assez nette. C'est le régime typique des Préalpes, quand les bassins dépassent peu les 2.000 mètres. L'écart entre mois extrêmes se tasse encore un peu (autour de 3), mais l'abondance moyenne se relève à 40 litres seconde par kilomètre carré et plus: ces montagnes humides, fraîches, boisées, perméables, restituent aux cours d'eau une très forte partie des pluies ou des neiges.
Les cours d'eau des Préalpes françaises du Sud appartiennent au régime *pluvio-nival méditerranéen* ou même *pluvial méditerranéen* pour les plus courts et les plus méridionaux. La neige produit en mars un maximum de peu supérieur au maximum pluvial de novembre, ou inférieur à lui dans le second cas. Surtout, le minimum d'été devient bien inférieur à celui de l'hiver, cas unique dans la chaîne, montrant que ces montagnes n'ont pas plus le climat alpin que la structure alpine. Les contrastes mensuels s'exagèrent (de 10 à 20 fois), mais l'abondance moyenne s'effondre au-dessous de 20 litres par seconde et par kilomètre carré.

Robert Brittain
The River in the Mind

Some of the most beautiful stories that were told in the ancient world, as well as some of the most gruesome, were woven around the deeds of those mighty deities whose physical manifestation was one or another of the great rivers, as men strove to comprehend the stream and to express its mystery and grandeur. Heroic deeds were performed, and frightful obscenities, in the effort to express men's gratitude for the gifts these gods could bestow, or to appease their terrible wrath when the fit of destructiveness was on them. When children asked why the corn grew ripe, or who made the world, or where the sun goes at night, the gods of the rivers were protagonists in the shining legends they were told. And when poets and sages pondered the ultimate mysteries of birth and death and life's renewal, there were no more evocative symbols to carry the freight of their philosophy.
If you look closely at a statue of the dancing Siva, one of the members of the Hindu trinity of great gods, you may see a tiny female figure seated in his wavy hair. She is Ganga, the holy river Ganges, daughter of King Himalaya and the air nymph Menaka, and the sculptor has placed her there to commemorate one of the many examples of Siva's untiring self-sacrifice. When the gods of the Vedic pantheon took pity on humanity's sinful state, they decided to send Ganga to earth that sins might be washed away in her purifying stream. But the weight of the mighty water, falling headlong from the height of heaven, might very well destroy the whole world. Siva volunteered to take that weight upon his topknot, and to convey the powerful goddess downwards by easy stages in a descent that took a thousand years to accomplish. In the icicles of the Himalayan cave where the Ganges rises, devout Hindus see the tresses of Siva, and in the river itself they find the most powerful symbol of creation and destruction and purification.

Wissenschaftliche Photos – durch Mikroskope blickt man auf ein kleines Wunder

Sich sanft wölbende Wassertropfen auf einem herbstlichen Blatt, mikroskopisch kleine Moleküle, in allen Farben schillernd, gläsern durchsichtige Algen in ihrem Lebensraum Wasser, bläulich glitzernd, Kleinode einer dem menschlichen Auge verschlossenen Welt. Nur durch die Errungenschaft der Technik für den Menschen sichtbar gemacht. Wasserformationen einer anderen Dimension. Aber ungemein wichtig für unser Leben. Notwendig für den Fortbestand unserer Welt. Eine farb-, geschmack- und geruchlose Flüssigkeit. Ein Stoff, der aufgrund seiner chemischen Formel eigentlich gasförmig sein müßte. Doch die Brückenbildung zwischen den einzelnen Wassermolekülen führte zu großen Molekülverbänden und dadurch zu dem, was wir unter Wasser verstehen.
Aufgrund dieser Struktur kann sich Wasser verwandeln – in festes Eis oder in gasförmigen Dampf, füllt, gleich Lebensadern eines Organismus, ein System kleinster bis riesiger Wasserwege der Erde, läßt dadurch Leben entstehen und gedeihen.
Ein Mysterium, nicht nur ein wissenschaftliches Phänomen.

Fotografie scientifiche – con il microscopio si scopre un piccolo miracolo

Gocce d'acqua che s'inarcano su una foglia autunnale, molecole microscopiche che hanno riflessi d'ogni colore, vitree alghe trasparenti nell'acqua di un azzurro luccicante, loro ambiente naturale, gioielli di un mondo occulto all'occhio umano e reso visibile solo tramite il progresso tecnico. Formazioni d'acqua di un'altra dimensione, ma di vitale importanza per la nostra esistenza. Utili per la sopravvivenza del nostro mondo.
Un liquido incolore, inodore e privo di sapore. Un elemento che in virtù della sua struttura chimica dovrebbe essere allo stato gassoso. Eppure i legami tra le singole molecole hanno portato alla formazione di complessi molecolari e, di conseguenza, di quell'elemento che noi chiamiamo acqua.
Grazie a tale struttura l'acqua può trasformarsi – in ghiaccio o vapore; l'acqua scorre, come arterie vitali di un organismo, in un sistema di corsi d'acqua della terra, da piccolissimi ad enormi, facendo così nascere e prosperare la vita. Un mistero, non solo un fenomeno della scienza.

Wetenschappelijke foto's – de microscoop onthult een klein wonder

Waterdruppels vlijen zich neer op een herfstblad, mikroskopisch kleine molekulen die in alle kleuren schitteren, glazig doorzichtige algen in hun levensruimte water, blauwachtig glinsterende kleinoden in een het menselijk oog onzichtbare wereld. Slechts door de verworvenheden van de techniek voor de mens zichtbaar gemaakt. Waterformaties in een andere dimensie maar van buitengewoon belang voor ons leven. Noodzakelijk voor het voortbestaan van onze wereld.
Een kleur-, reuk- en smakeoze vloeistof. Een stof die op grond van zijn chemische formule eigenlijk gasvormig had moeten zijn. Maar de verbinding van de afzonderlijke watermolekulen groeide uit tot een grote samenhang van molekulen en daardoor tot dat wat wij onder water verstaan.
Op grond van deze struktuur kan water veranderen – in vast ijs of in gasvormige damp, vult zoals de levensaderen van een organisme een systeem van kleinste tot grootste waterwegen op aarde, laat daardoor leven onstaan en gedijen.
Een mysterie, niet alleen een wetenschappelijk fenomeen.

Photos scientifiques – le microscope découvre un petit miracle

Des gouttes d'eau se courbant sur une feuille d'automne, au microscope ce sont de petites molécules chatoyantes, des algues transparentes, vitreuses dans leur espace vitale, l'eau, un scintillement bleuâtre, joyaux d'un monde invisible à l'oeil nu. La technique permet cependant à l'homme de les découvrir. Ce sont des formations d'eau d'une autre dimension. Mais combien essentielles à notre vie! Indispensables au maintien de notre monde.
Un liquide sans couleur, sans goût, sans odeur. Une substance qui – d'après sa formule chimique – devrait avoir un état gazeux. Mais la formation des ponts entre les molécules d'eau individuelles conduit à de grandes associations de molécules et de là à ce que nous nommons «eau».
En raison de cette structure, l'eau peut se transformer en glace solide ou en vapeur gazeuse; elle remplit, telles des artères vitales d'un organisme, un système de voies d'eau de la terre des plus petites aux plus grandes et permet à la vie de prendre naissance et de grandir.
Un mystère qui n'est pas que phénomène scientifique.

Scientific photos – the microscope discovers a little miracle

Gently curved drops of water on an autumn leaf, microscopically tiny molecules shimmering in a multitude of colours, glass-like transparent algae in their natural habitat water, sparkling bluishly, jewels of a world normally closed to the human eye. Only made visible for man thanks to the achievements of technology. Water formations of another dimension. But terribly important for our life. Absolutely necessary for our continued existence on this planet.
A colourless, odourless and tasteless liquid. Something which on the basis of its chemical formula really ought to be gaseous. However the ability of individual molecules of water to combine to form large molecule clusters leads to this the widespread existence of what we commonly know as water.
Owing to its unique structure water can be transformed – from hard ice into gaseous steam – and, like the arteries of a living organism, it fills a system of waterways, ranging from the very smallest to the very largest on earth, thus enabling life to have its origins and to flourish.
A mystery, not just a scientific phenomenon.

Vielfältiges Leben wimmelt selbst noch im kleinsten Wassertröpfchen

Perfino nelle più piccole gocce d'acqua pullula und vita molteplice

Verschillene levensvormen krioelen zelfs nog in de kleinste waterdruppel

Une vie variée grouille encore dans la plus petite goutte d'eau

A myriad of life-forms swarms even in the tiniest drop of water

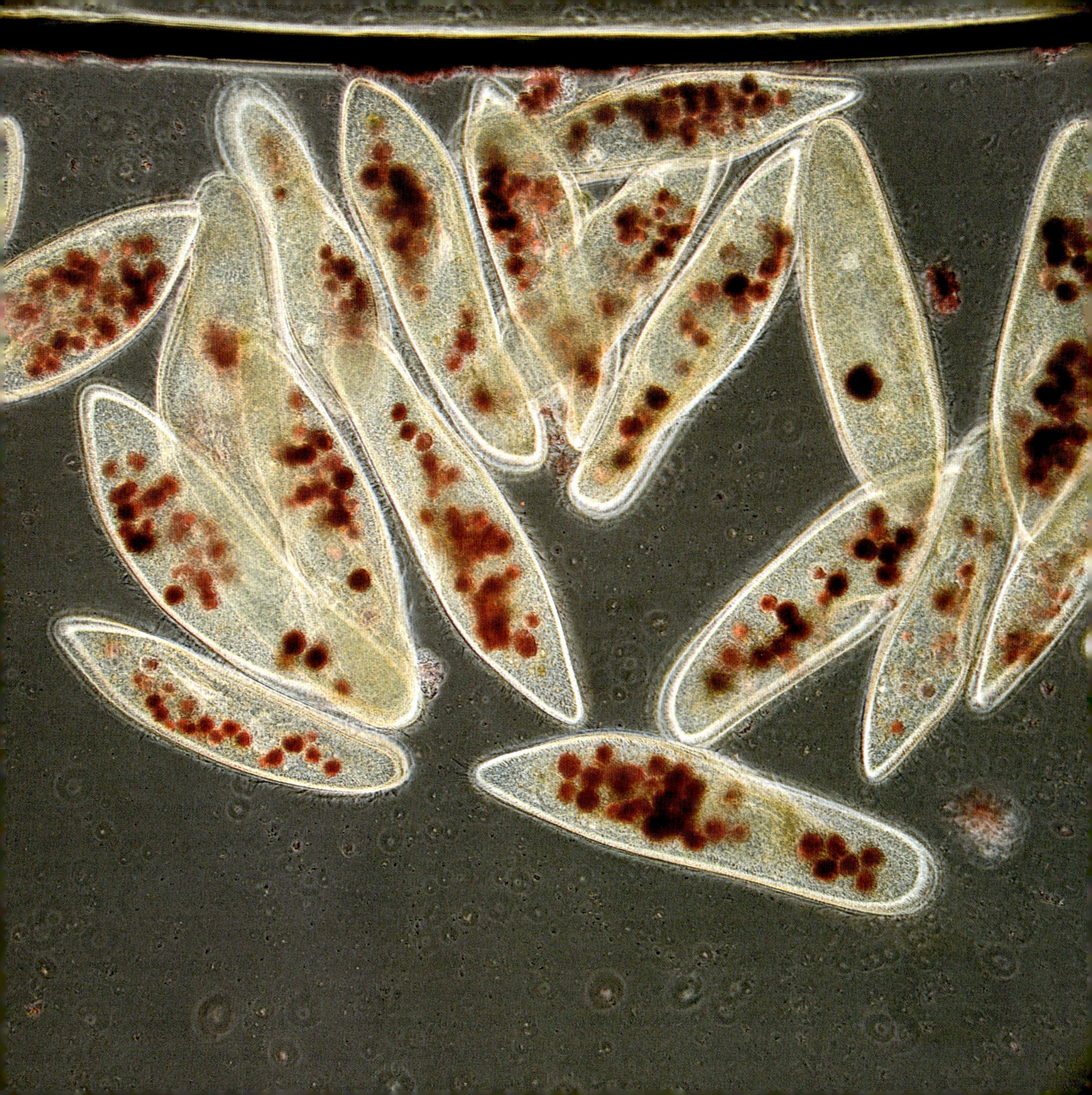

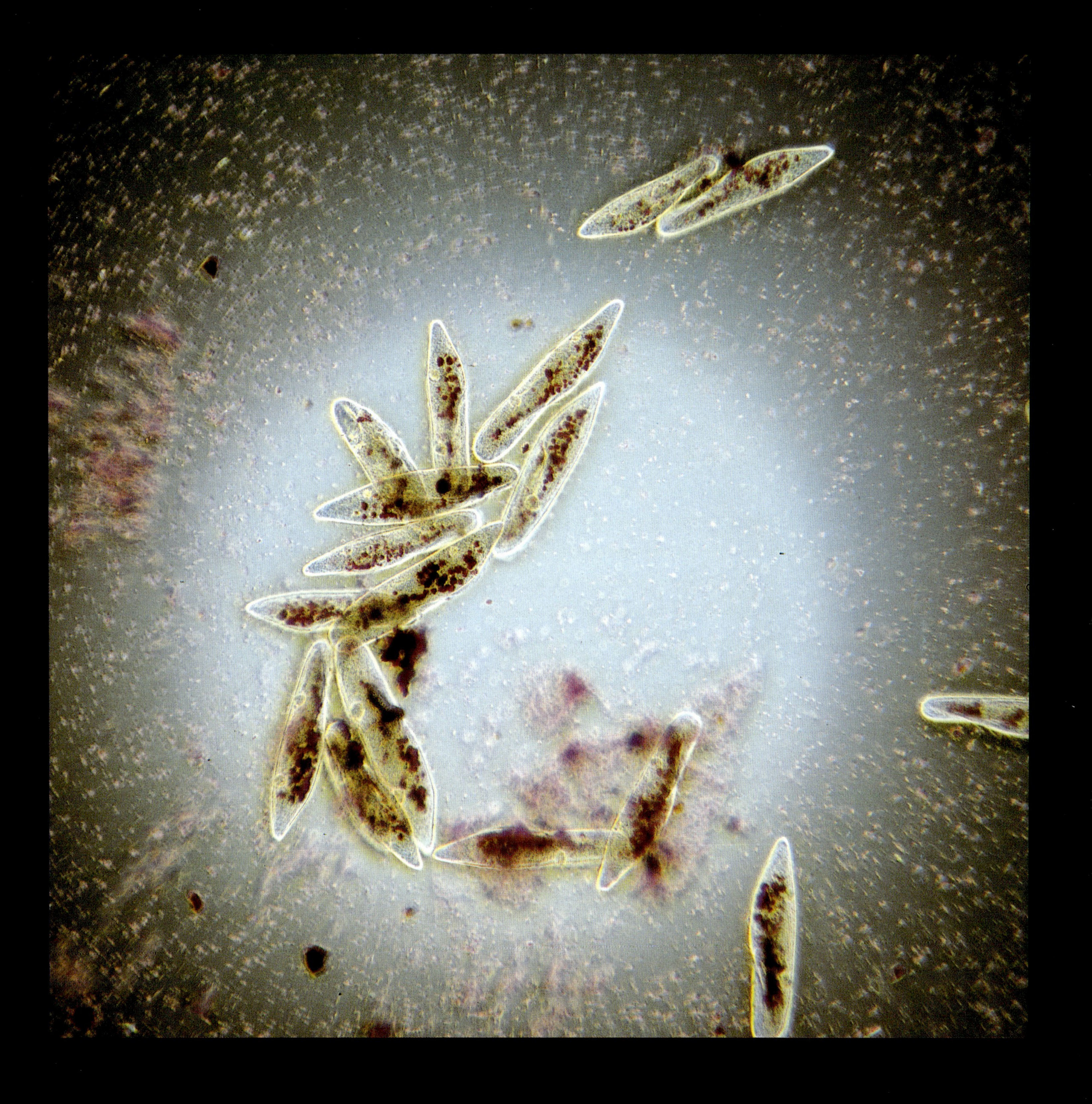

Paramécie

Slipper animalcules

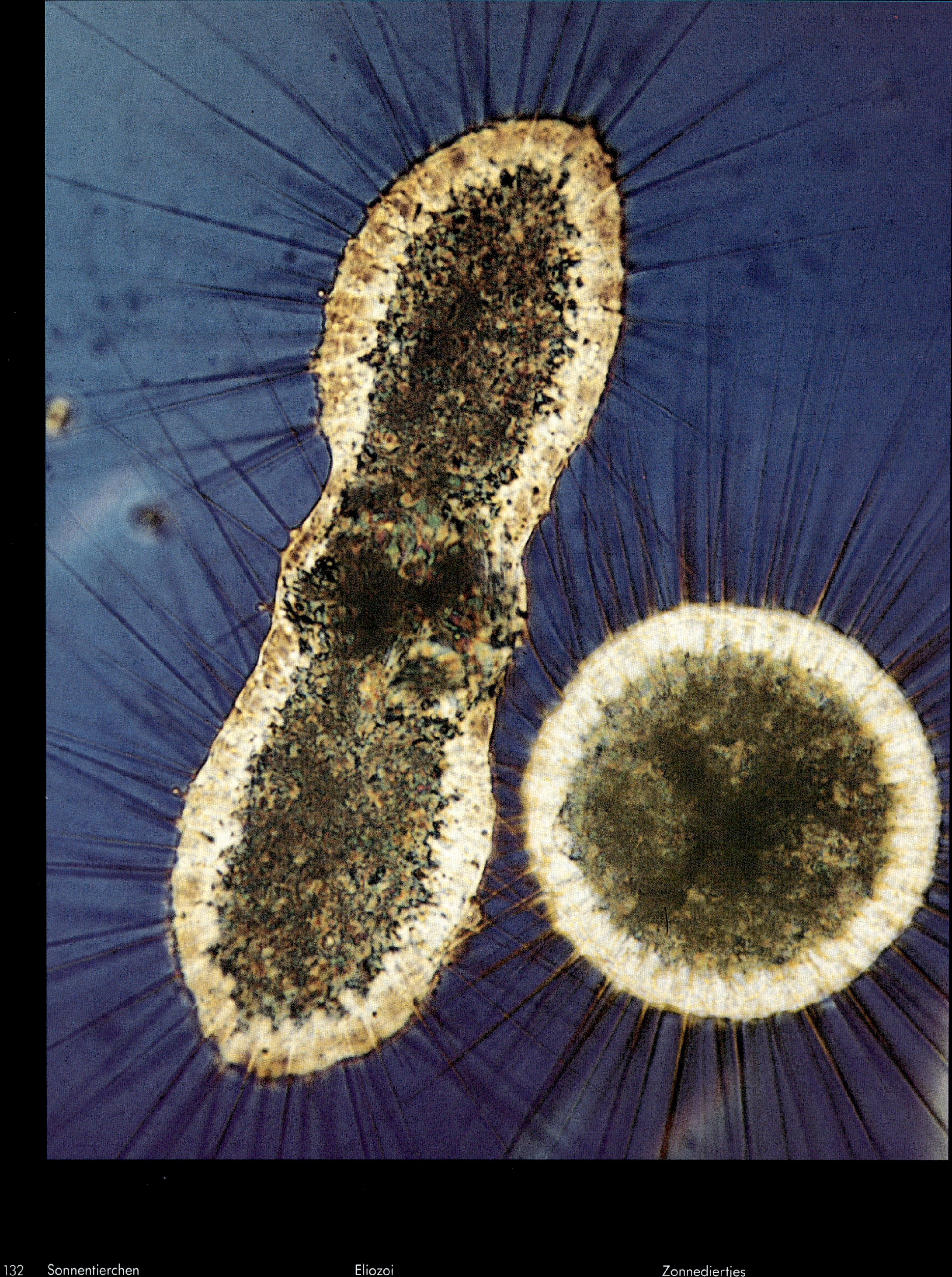

Actinosphaerium eichhorni

Sun animalcules

Wunder der Natur: Wassertropfen
Meraviglie della natura: gocce d'acqua
Wonder de natuur: waterdruppels

Wassertropfen glitzern im herbstlichen Licht

Des gouttes d'eau scintillent dans la lumière automnale

Am frühen Morgen perlt der Tau auf den Blättern

Di primo mattino la rugiado gocciola sulle foglie

Morgendauw parelt op de bladeren

Au petit matin, la rosée perle sur les feuilles

Dew drops on the leaves of early morning

 Wassertropfen – einmal anders

Gocce d'acqua, per una volta diverse

Waterdruppels – eens anders

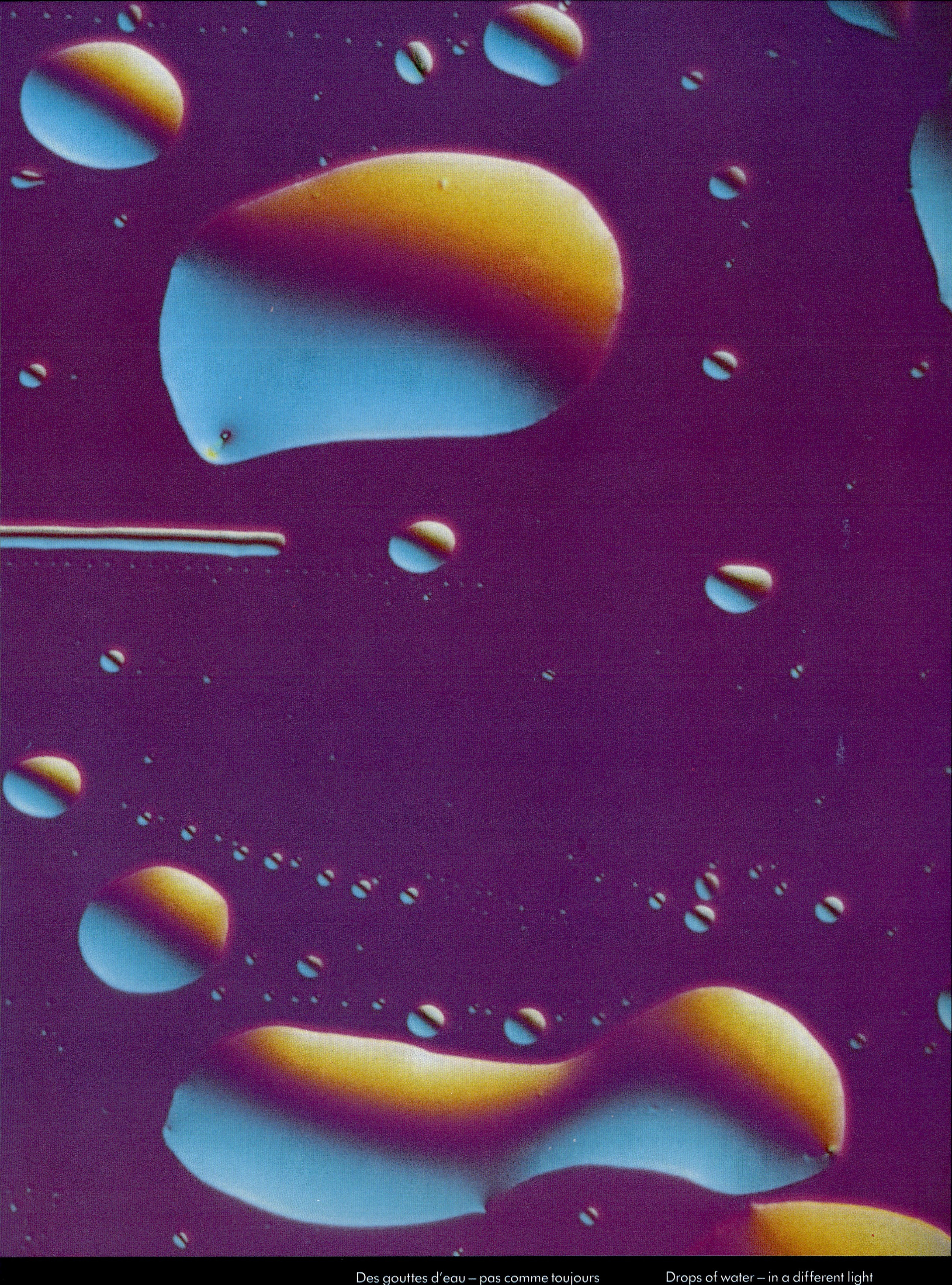

Des gouttes d'eau – pas comme toujours

Drops of water – in a different light

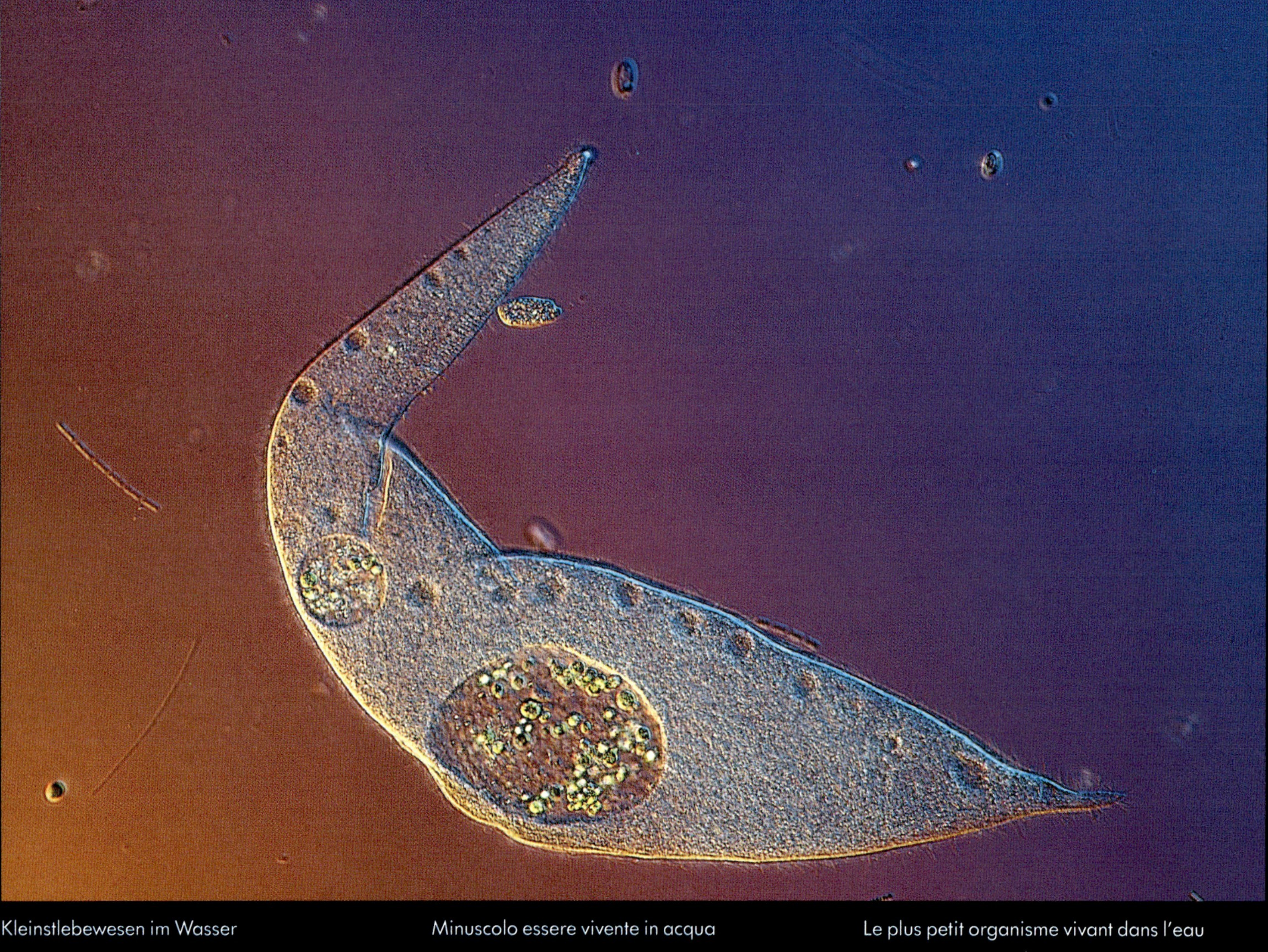

Kleinstlebewesen im Wasser

Minuscolo essere vivente in acqua

Le plus petit organisme vivant dans l'eau

Eencellige diertjes in het water

Microscopic animals in water

Die Fransenkrone des Rädertiers
la corona di frange di un rotifero

De franje van een raderdiertje
la couronne de franges des rotateurs
The fringed crown of the wheel animalcule

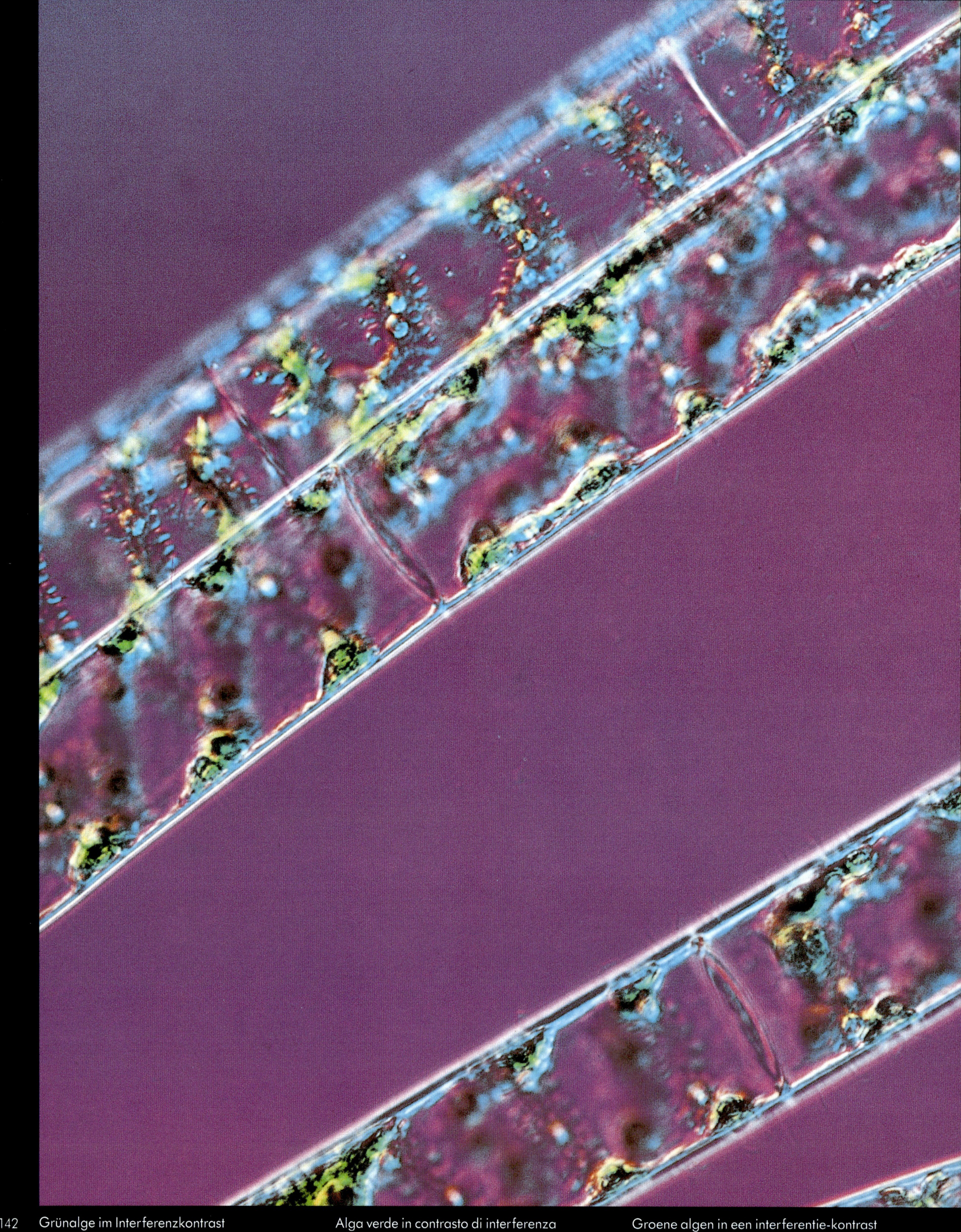

Grünalge im Interferenzkontrast

Alga verde in contrasto di interferenza

Groene algen in een interferentie-kontrast

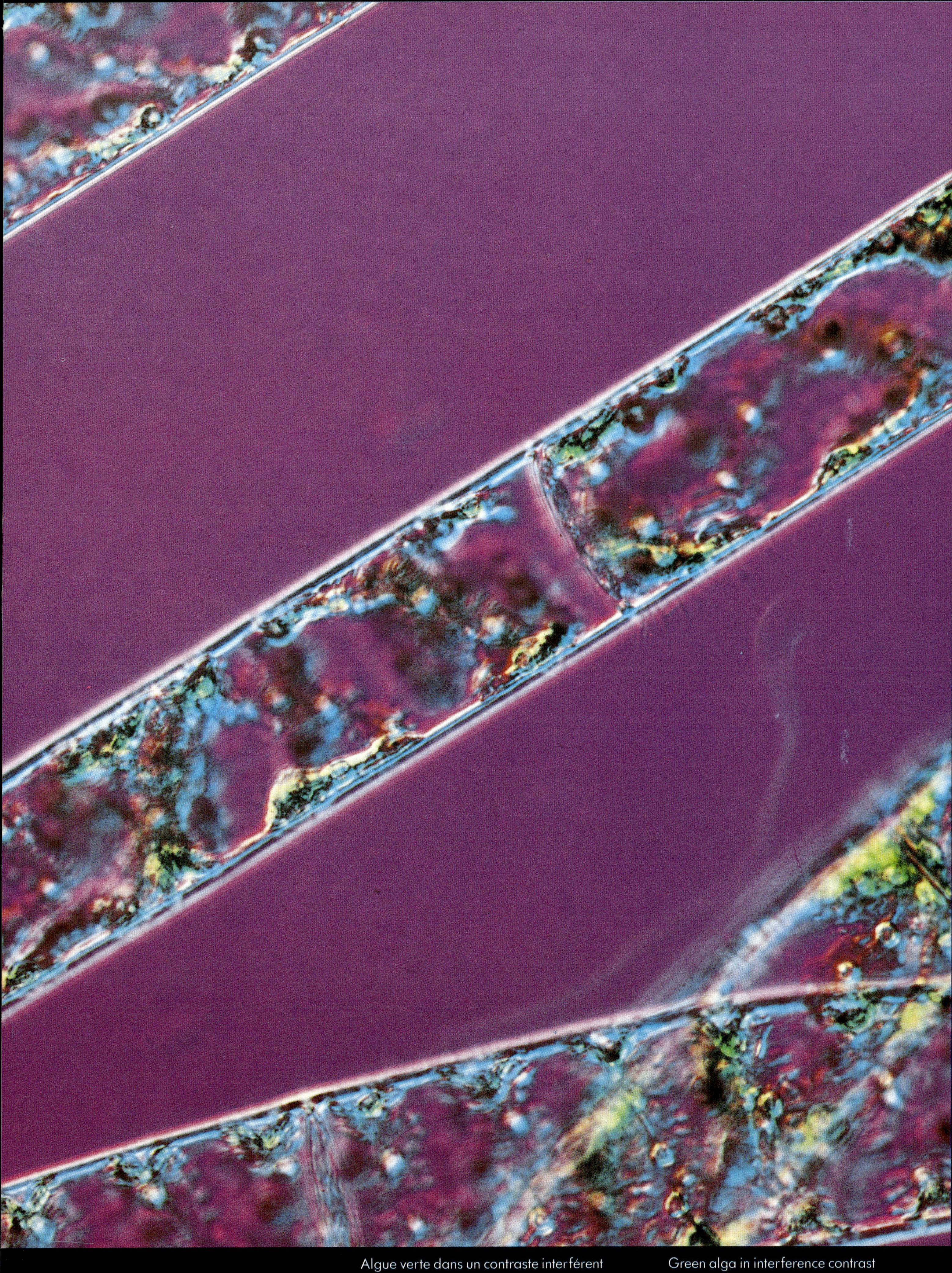

Algue verte dans un contraste interférent

Green alga in interference contrast

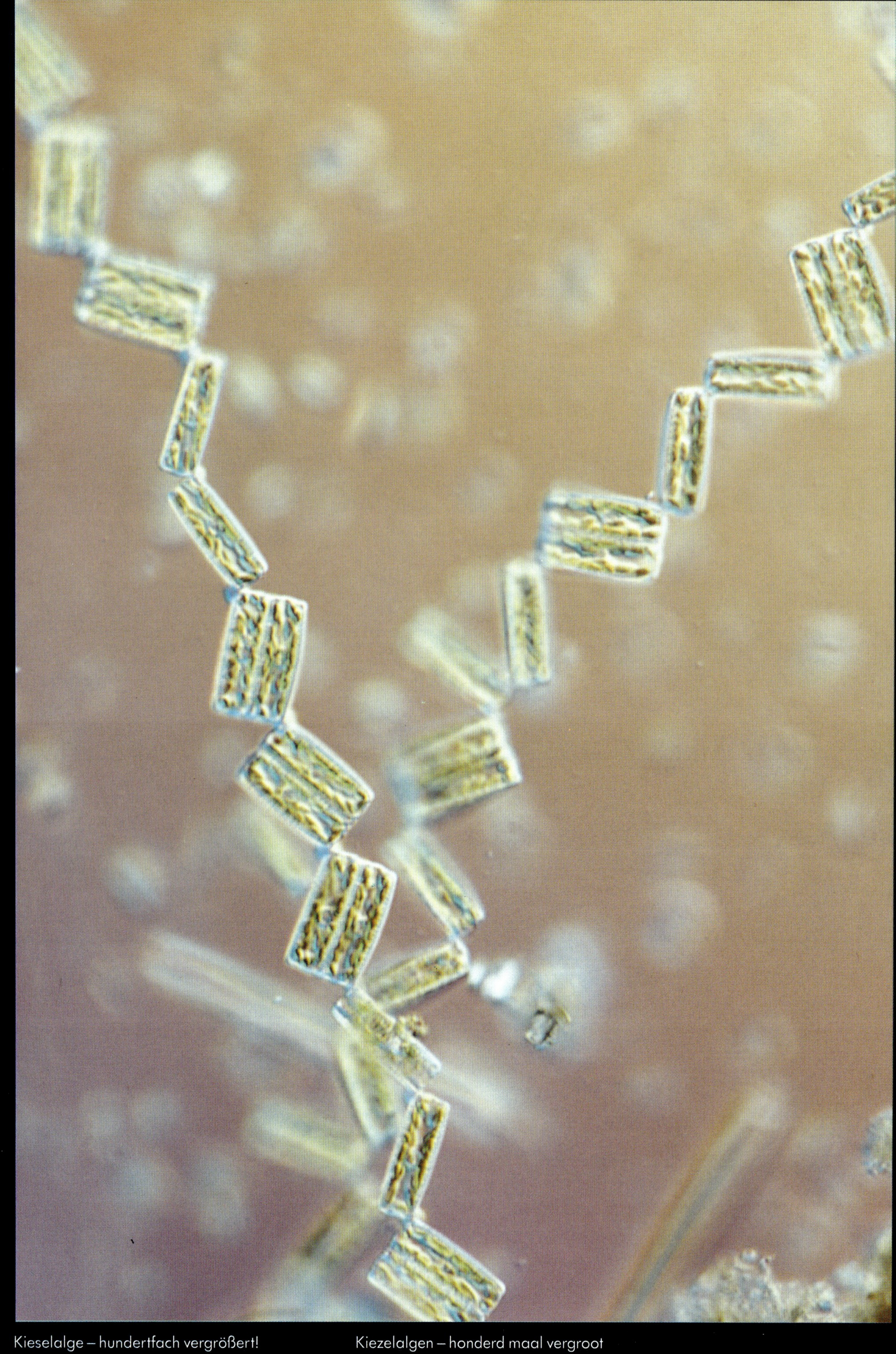

Kieselalge – hundertfach vergrößert!

Diatomea ingrandita 100 volte

Kiezelalgen – honderd maal vergroot

Diatomée – cent fois agrandie

Diatom – magnified a hundred times

4

David sagt: Wie der Hirsch schreit nach
frischem Wasser,
so schreit meine Seele, Gott, zu dir.

David dice: Come il cervo reclama
acqua fresca,
così la mia anima reclama te, Dio.

David zegt: Zoals het hert roept
naar vers water,
zo roept mijn ziel naar U, Heer.

David dit:
De même que le cerf avide d'eau fraîche brame,
de même mon âme, Dieu, te réclame
à grands cris.

David said: As the stag cries for
fresh water,
so, God, my soul cries out to Thee.

Bernhard Michalowski
Wasser – nur eine Chemische Verbindung?

Wasser: chemischer Begriff H_2O chemische Verbindung von Wasserstoff und Sauerstoff (Wasserstoffoxid). Wasser ist eine farblose in dicker Schicht bläuliche Flüssigkeit. Ihr Schmelzpunkt liegt bei 0 Grad Celsius, der Siedepunkt bei 100 Grad Celsius (bei 1 bar; Fixpunkte der Celsius Skala der Temperaturmessung).
Als der Astronaut Wiliam Anders zum ersten Mal aus dem Fenster der Raumkapsel Apollo 8 blickte, funkte er zur Bodenstation: „Die Erde sieht aus wie eine blaue Scheibe!"
Die Erde – der blaue Planet. 71 Prozent der Erdoberfläche ist mit Wasser bedeckt (über 360 Millionen Quadratkilometer) – eine Wassermenge von 1,5 Trillionen Kubikmeter – eine unvorstellbare Zahl mit neunzehn Stellen (1.500.000.000.000.000.000). Die Menge dieser Wasservorräte ist schon seit Jahrmillionen konstant geblieben. Jedoch haben sich die Vorkommen im Verlauf der Erdgeschichte verlagert. Den größten Anteil des Wassers macht dabei das salzhaltige Wasser der Meere aus. Nur etwa drei Prozent des Vorkommens sind Süßwasser. Davon sind etwa zwei Prozent im Polareis und in den Hochgebirgsgletschern gebunden. Nur gut ein halbes Prozent der Süßwasserreserven befinden sich im Grundwasser und in der Bodenfeuchte und nur etwa 0,01 Prozent fließen in Flüssen, Bächen und Seen. Das heißt, daß nur knapp acht Prozent der Süßwasserreserven oder 0,3 Prozent der gesamten Wassermenge auf der Erde für Mensch, Tier und Pflanzen direkt erreichbar sind und als Lebensraum zur Verfügung stehen. Ein verschwindend geringer Prozentsatz, der vom Menschen auch noch intensiv genutzt wird. Durchschnittlich verbraucht jeder Bundesbürger mehr als 140 Liter Wasser pro Tag. Das sind hochgerechnet pro Jahr etwa drei Billionen Liter Wasser. Aber auch für die Produktion von Gütern benötigt man jede Menge Wasser. Allein für die Herstellung eines Autos müssen 50.000 Liter Wasser aufgewendet werden.
Bedenkenlos verfügen wir über unser Wasser, gebrauchen es, verbrauchen es und

Giuseppe Brunamontini
Gabbiani e veleni

Resta difficile capire, malgrado le spiegazioni degli esperti, perché tanti gabbiani lascino le scogliere a strapiombo sul mare per risalire il corso dei fiumi, dopo aver comprensibilmente stanziato sulla larga trama delle foci.
Adesso capita di vederli nelle città, sempre più numerosi. In agglomerati non eccessivamente lontani dalle porte e sempre risalenti dal cordone ombelicale del fiume, che lasciano presagire ulteriori sviluppi più interni dell'esodo.
Preferiranno lo smog urbano all'aria tersa dei cieli marini? E una diversa alimentazione? Pesce nei golfi al largo delle coste ce n'è sempre per loro; per non parlare della pastura attorno alle flottiglie di pescherecci. Nei fiumi, al contrario, non galleggiano più neppure i cadaveri dei pesci uccisi dai veleni. E allora come si cibano: di sementi, di verdura, di atrazina? Oppure bezzicando nei cassonetti delle immondizie; o di topi di fogna così numerosi? È un atteggiamento demenziale e magari suicida, di queste bandiere bianche dell'azzurro cantate da tanta poesia e da tante canzoni?
Altra perplessità è derivata dalla pigrizia di questi volatili. Infatti, il loro habitat è preferibilmente ventoso, sempre scelto per scivolare in planata ovvero per risalire con le correnti che tirano verso l'alto, quindi senza affaticarsi troppo le ali. Nelle città, invece, debbono pedalare perché il vento, come dicono i marinai, arriva "stanco", essendo stato interrotto dalle alte e fitte costruzioni dei quartieri. Ulteriore rinuncia è a quella tendenza delinquenziale, sempre taciuta dai cantori, rappresentata da qualche carcassa d'animale alla deriva; per non dire di naufraghi a cui carpire la leccornia degli occhi, che loro ghermiscono al volo o appena sostando in un frullio d'ali. Sugli spazi urbani, indubbiamente, i morti sono più numerosi, dal traffico agli omicidi, ma subito dopo la civiltà li ripone e li protegge nei tristi, bianchi obitori. Perciò, niente dolci per gli aironi.

Wim Offeciers
Water is leven

Onze „blauwe planeet" is waarschijnlijk het enige hemellichaam in ons zonnestelsel waar er een grote hoeveelheid water in vloeibare toestand is. Het is ook waarschijnlijk het enige hemellichaam waar leven is. Toevallig is dat niet: in het water is het leven ontstaan, daar heeft het zich ontwikkeld. De eerste levenssporen op aarde ontwikkelen zich in zee, miljarden jaren geleden. Dan begint de lange weg van die eerste soorten aardbewoners tot onze soort, de mens. Allemaal zijn we schatplichtig gebleven aan dat begin, aan de zee. Toen de zeedieren aan land gingen ...namen ze een deel van de zee mee, in de vorm van lichaamsvocht. Dat erfgoed gaven ze aan hun afstammelingen door. En zelfs als de wezens door de evolutie van „soort" veranderen, blijft die „zeestroom" dezelfde. Alle levende wezens hebben hem: zowel de koudbloedige gewervelden (vissen, amfibieën, reptielen), als de warmbloedige (vogels, zoogdieren). Elk levend wezen heeft in zijn aders een zoutachtige stroom. Heel merkwaardig: daarin komen natrium, kalium en calcium in ongeveer dezelfde verhouding voor als in het oerzeewater. Dat is een kenmerk van de stroom in dat oeroude levend wezentje dat van eencellig naar meercellig evolueerde. Daar was de „bloedstroom" alleen maar zeewater. De sapstroom van alle planten, maar ook het protoplasma dat in elke cel van ons lichaam stroomt, heeft de structuur van die oorspronkelijke wezens behouden. Het hoofdbestanddeel van de hele levende wereld is daarom...water!
Voor alle levende wezens is water even onmisbaar voor het leven als het bloed bij de dieren of de sapstroom bij de planten. Planten en dieren hoeven nu niet meer in het water te leven, maar zonder water leven kunnen ze niet. Wij mensen vormen daarop geen uitzondering: ons lichaam bestaat voor 60% uit water, ons bloed voor 90%, het glaslichaam van onze oogappel voor 99%. Plantenbladeren bestaan voor 70 – 90% uit water; kwallen voor 98%, hydra's voor 99%.

Gaurier Ludovic
Les lacs des Pyrénées françaises

Erosion par l'eau courante. – Quelle que soit la dureté du canal qui l'encaisse, une masse d'eau en mouvement en dégrade les parois. J'ai noté qu'une vitesse de quatre mètres par seconde lui suffit pour creuser les roches les plus compactes. J'ai signalé aussi que l'eau établit son lit de préférence dans les parties les moins résistantes, en utilisant les fissures du sol. Dans la montagne, les pentes étant toujours redressées et convergentes, le torrent rassemble rapidement en un seul flot à peu près la totalité des ruissellements, c'est-à-dire pour le Gave d'Ossau, au-dessus d'Arudy, les eaux de 42.407 hectares. C'est donc dans les thalwegs que l'affouillement est le plus intense; la rapidité de cet affouillement sera d'autant plus grande que le débit sera plus abondant, plus alourdi par les boues et les graviers, et le sol moins dur.
Il en résulte que le creusement atteindra sa plus grande importance à l'aval. C'est pourquoi *les gorges profondes sont toujours près du pied de la montagne,* tandis que les versants s'adoucissent à mesure que l'on remonte vers la source du torrent. Ce cas général est très marqué dans la vallée d'Ossau: que l'on compare la gorge du Hourat, cette cluse étroite et profonde dont le Gave a scié la barre inférieure entre Eaux-Chaudes et Laruns, avec les larges vallées de son cours supérieur, Brousset et Bious, qui sont elles-mêmes plus creusées que les faibles ondulations des cirques d'Anéou et de Bious où ce Gave a ses sources.
Des accidents dus à l'inégalité de résistance du sol peuvent modifier telle ou telle partie du cours d'eau. La vallée se creuse et se rétrécit dans les terrains durs; elle s'élargit et s'aplanit dans les zones moins résistantes: témoin, au-dessous du Hourat, le large bassin de Laruns, auquel fait suite le plateau d'Arudy (qui est un ancien lac comblé), au bas duquel le Gave a dû scier de nouveau les gorges profondes de Germe, avant de s'étaler définitivement dans la plaine à Oloron. M. Martel n'hésite pas à écrire que «l'élément dominateur du creusement des vallées, le critérium de leurs formes, ce n'est pas l'instrument, eau ou glace, c'est le substratum, le terrain».
Il est facile de retrouver sur les versants des

Charles Berlitz
A Suggestion from the Ocean's Past

It is generally considered as proved that large sections of the earth's surface were once under water while other areas now under water were once land. This was noted by the naturalists of ancient times, when they found fossilized life in the desert, as well as by modern naturalists who have found skeletons of whales in such inland areas as Minnesota and even in the Himalayan mountains, while ample evidence exists that the Sahara was once an inland sea. While there is general agreement on large-scale interchange of land and sea throughout the world, the question of timing is especially important for the consideration of the land and sea level changes within the Bermuda Triangle within comparatively recent geological times.
We know that during the Ice Age a tremendous volume of ocean water was frozen within the several-miles-deep glaciers that covered large parts of the Northern Hemisphere. About 12,000 years ago, when the glaciers began to melt because of climatic changes, the causes of which are not yet clear, the world's waters rose, engulfing coastal lands and islands, turning isthmuses into straits and larger islands into underwater plateaus. The old ocean water level of the earth at the time that the Third Glaciation started to melt is estimated to have been 600 feet or more below the present level. In addition, many lands once above water may lie even deeper than this because of volcanic activity taking place at the time of, or after, the flooding or, to use the biblical terminology which may have described these events – the Flood.
Almost all the world's races and tribes preserve vivid accounts of previous universal destruction by fire, flood, earthquake, explosion, or the shaking and shifting of the entire earth. In most

Bernhard Michalowski
Wasser – nur eine Chemische Verbindung?

verschmutzen es und vergessen dabei, daß Wasser unser Leben ist. Ohne Wasser können wir nicht existieren. Erst das Wasser ließ Leben auf der Erde entstehen. Unser Planet ist durch die Natur privilegiert worden. Denn so weit auch die Wissenschaftler den Weltraum bisher erforschen konnten, die Erde ist der einzige Planet im All, der mit flüssigem Wasser bedeckt ist. Überall sonst im erforschten Weltall ist Wasser nur in der Form von Dampf und Eis zu finden. Ohne diese Flüssigkeit aber würde die Erdatmosphäre der der Venus gleichen. Kein Leben könnte unter diesen Bedingungen existieren. 600 Grad Celsius würden auf der Erdoberfläche herrschen. Die Kohlendioxid-Konzentration wäre etwa dreitausendmal höher als heute. Nur noch Spuren von Sauerstoff könnte man auf der Erde finden. Die ersten lebenden Zellen hätten sich unter diesen Bedingungen gar nicht erst entwickeln können – Leben wäre nicht entstanden.

„Am Anfang schuf Gott Himmel und Erde. Und die Erde war wüst und leer und es war finster auf der Tiefe und der Geist Gottes schwebte auf dem Wasser."

Erstes Buch Mose

Die griechischen Philosophen erkannten bereits den Wert des Wassers. Sie schätzten es als eines der vier Elemente, neben der Luft, dem Feuer und der Erde.
Seither hat der Mensch über die Natur des Wassers lange gerätselt. Heute weiß es mittlerweile jedes Kind: Diese farb-, geschmack-, und wenn sie in der Urform vorliegt, auch geruchlose Flüssigkeit läßt sich chemisch ganz einfach als H_2O definieren. Zwei Atome Wasserstoff und ein Atom Sauerstoff.
Bei den V-förmigen Wassermolekülen sitzen an den zwei Enden die Wasserstoffatome, das Sauerstoffatom sitzt auf der Spitze des 'V's'. Diese V-Form ist ungemein wichtig. Denn säßen die drei Atome in einer Reihe, würde das

Giuseppe Brunamontini
Gabbiani e veleni

E allora? Attuano una tendenza inversa a quella degli uomini che, finalmente, vorrebbero acqua pulita sotto i ponti? Ecco un argomento su cui meditare, perché veramente la scelta delle città e dei fiumi che le attraversano è incomprensibile.
Vogliamo fare qualche esempio? Soltanto nel Po vengono riversati il 67% dei diserbanti, il 53% dei fitofarmaci, il 47% dei fertilizzanti utilizzati nell'Italia intera. Pertanto, il fiume padano, secondo dati resi noti dal Consiglio Nazionale delle Ricerche, scarica ogni anno nell'Adriatico 82.500 tonnellate di azoto, 64.000 di idrocarburi, 20.000 di fosforo, 2.642 di zinco, 1.554 di rame, 1.312 di piombo, 94 di cromo, 243 di arsenico, 89 di nichel, 75 di fenoli e 7 di pesticidi utilizzati in agricoltura. È proprio il patrimonio della morte. Lo vogliono ereditare gli uccelli marini?
Trasferiamoci al centro per guardare ad un'altra situazione romantica. Eccola, concerne l'inquinamento microbiologico. L'Aniene, il maggiore affluente del Tevere, lungo i suoi 118 chilometri raccoglie gli scarichi di 52 Comuni. Nel corso del tragitto sono nominalmente disseminati 68 impianti di depurazione, ma son pochi quelli che funzionano. Il risultato, documentato dai prelievi, certifica la presenza di 230.000 escherichia coli e 930.000 colibatteri fecali per ogni cento millimetri, mentre il massimo consentito per le acque di scarico prevede, rispettivamente, 12.000 e 20.000. Povero Properzio che in una sua Elegia parla dei "campi ombrosi del fruttifero Aniene"! Pensate che fa dire alla sua amata, quando

Wim Offeciers
Water is leven

En zoals het leven in zee begon en evolueerde, begint en evolueert ons leven in de „zee" van de moederschoot. Het hele evolutieproces wordt vòòr elke geboorte telkens weer herhaald. Van primitief eencellig naar ingewikkeld meercellig wezen, van kieuwachtige zeewezens tot wezens met longen die op het land kunnen leven.
Dat lijkt een makkelijke vraag. Het is een van de grondstoffen waarmee we het meest vertrouwd zijn. We gebruiken er dagelijks grote hoeveelheden van, om te drinken, om ons te wassen enz.
Bij een bepaalde temperatuur heeft elke stof een bepaalde toestand. Bij „kamertemperatuur" b.v. is ijzer vast, water vloeibaar en lucht gasvormig. Je weet dat bij toenemende temperatuur vaste stoffen vloeibaar worden (ijzer kan worden gesmolten). Het smeltpunt geeft de temperatuur voor de overgang vast-vloeibaar, het kookpunt voor de overgang vloeibaar-gasvormig.
Bij water liggen die punten dicht bij elkaar, het komt dan ook in zijn drie vormen voor. Het kookpunt ligt op 100° C (bij normale luchtdruk), het vriespunt op 0°. Een onverwachte eigenschap is dat water zijn grootste dichtheid niet bereikt in vaste toestand, maar nog terwijl het vloeibaar is, n.l. bij 3,98° C. Gevolg? IJs is iets lichter dan water en drijft op het water. Denk maar aan ijsbergen! Ander gevolg: de uitzetting van ijs zorgt voor vorstverwering ... en doet waterleidingen in de winter barsten.
Je hoeft geen bolleboos in scheikunde te zijn om de samenstelling van water te kennen: H_2O, de binding van 2 atomen waterstof en 1 atoom zuurstof. Die samenstelling kent men al zowat 200 jaar. Bij de binding van die atomen tot water (= de verbranding van waterstof) komt veel energie vrij, voor de ontbinding is veel energie nodig.
Scheikundig is water dus een molecule samengesteld uit 3 atomen. Bij de watermolecule zijn de „elektrische ladingen" van de samenstellende atomen oneven verdeeld: er is een positieve en een negatief geladen kant.

Gaurier Ludovic
Les lacs des Pyrénées françaises

vallées les traces du passage du torrent à un niveau beaucoup plus élevé que le lit actuel. Mais le glacier n'a-t-il pas laissé aussi des traces sur ces hauteurs? Ne trouve-t-on pas, non seulement des stries, mais encore des dépôts, des blocs erratiques sur les plateaux de Lusque (1.250 m.), de Goust et près du sommet de la Montagne Verte (1.106 m.) et, plus haut, à Anouillas (1.813 m.), sur le mont Gourzy (1.904 m.) et sur les flancs supérieurs du pic Cézy? Comment différencier ces marques? Pour attribuer sans erreur au torrent celles qui sont son œuvre, il y a heureusement des caractéristiques indiscutables: un poli spécial des parois attaquées par le tourbillonnement, des chaudrons, des marmites de géant.
Tout torrent s'écoule soit entre des berges meubles, soit dans des roches dures. Dans le premier cas, les pentes que l'eau mine à la base s'éboulent par tranches successives, la vallée prend alors généralement la forme d'un V dont l'ouverture s'élargit graduellement, à mesure que les versants croulent; le sommet du V ne se comblant pas, parce que l'eau entraîne au fur et à mesure les matériaux tombés. Dans le second cas, les berges de roc ne s'écroulent guère, l'eau est obligée d'utilser une fissure, de scier un canal étroit au point le plus faible. La vallée prend alors la forme d'un U.
Cette classification n'a rien d'absolu. D'abord, je viens de le dire, la glace n'a pas la puissance excavante que voudraient lui attribuer certains géologues: ses ruisseaux de fusion travaillent probablement plus qu'elle. Et s'il est exact que, la plupart du temps, les vallées, où les glaciers ont longtemps séjourné, présentent la forme d'une «auge» dont la section est celle d'un U, ne serait-ce pas parce que de chaque extrémité du front du glacier s'écoulait un torrent, chacun d'eux creusant son lit au pied des deux parois de la vallée? On en voit des exemples devant le glacier des Oulettes et devant le glacier d'Ossoue, au Vignemale. Mais c'est surtout parce que le glacier déblaie incessamment les débris tombés des parois qui l'encaissent, de sorte qu'il occupe toute la largeur du fond de la vallée. Au contraire, un simple cours d'eau occupe l'axe seul de sa vallée: les éboulements successifs des versants s'inclineront vers lui en

Charles Berlitz
A Suggestion from the Ocean's Past

cases, only a single survivor, along with his family and selected animals, has traditionally been spared to start a new life, as did Noah, in a new world, once the disturbances had ceased or the waters had abated. But Noah was just one survivor – the one familiar to the inheritors of Judaeo-Christian religious tradition. There were numerous survivors of the same or similar catastrophes, including Deucalion, of Greek myth, who repopulated the earth by scattering stones; Baisbasbata, the flood survivor told of in the *Mahabharata* of India; Ut-napishtim, of Babylonian legend, whose story closely resembles that of Noah; Yima, of Iran; Coxcox, of ancient Mexico, who escaped the flood in a giant cypress raft; Tezpi, of another, more developed Mexican race, who had a spacious vessel at his disposal, on which he loaded grain and animals; Bochica, of Colombian Chibcha legend, who finally got rid of the floodwaters by opening a hole in the earth (as did the Greek Deucalion); Tamandere, the guarani "Noah" of southeastern South America, who floated on a huge tree to the top of a mountain, where he survived; and many others throughout the world. In each case the animals which were saved reflect the local fauna with the general references to the animals taken on the Ark by Noah, exotically supplemented in the American legend by specific mention of such animals as llamas, jaguars, tapirs, buffalo, coyotes, and vultures saved by his ancient American counterparts.
With so specific a world legend – even the time period of the flood varies only slightly, mostly from forty to sixty days – it seems plausible to assume that a worldwide catastrophe did occur, leaving as it did so deep a trauma in the racial

Bernhard Michalowski
Wasser – nur eine Chemische Verbindung?

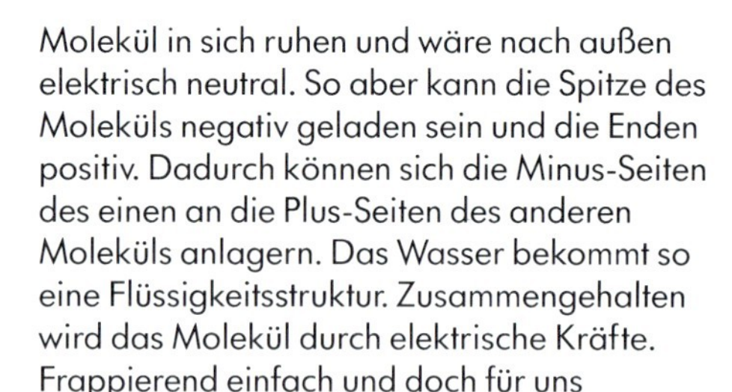

Molekül in sich ruhen und wäre nach außen elektrisch neutral. So aber kann die Spitze des Moleküls negativ geladen sein und die Enden positiv. Dadurch können sich die Minus-Seiten des einen an die Plus-Seiten des anderen Moleküls anlagern. Das Wasser bekommt so eine Flüssigkeitsstruktur. Zusammengehalten wird das Molekül durch elektrische Kräfte. Frappierend einfach und doch für uns lebensnotwendig.
Dennoch hat man jahrtausendelang über die Natur des Wassers nachgedacht.
Thales von Milet hat es 600 vor Christus als das einzig wahre Element bezeichnet.

„Wasser ist der Urstoff des Universums und göttlichen Ursprungs. Das Prinzip aller Dinge ist das Wasser; aus Wasser ist alles, und ins Wasser kehrt alles zurück."

Thales von Milet

Doch so ganz klar, was Wasser wirklich ist, war es keinem der Philosophen. Der römische Schriftsteller Plinius (23–79 n. Chr.) stellte beim Beobachten der Wolken fest, daß diese durch eine Verdickung der Luft entstünden. Die Wolken lösten sich einfach auf und würden wieder zu Luft. Doch was er sich nicht ganz erklären konnte war, daß sich die Wolken auch durch den Regen auflösen konnten.
Konnten die Wolken einmal Luft und einmal Wasser sein?
Mehr als 1500 Jahre später erkannte Isaac Newton (1643–1727), daß der Wasserdampf der Luft sehr nahe stehen muß. James Watt (1736–1819) kam der Sache dann am nächsten. Er behauptete, Wasser sei nur ein zusammengesetzter Körper.
Dem Franzosen Antoine Laurent Lavoisier (1743–1794) gelang dann schließlich der Beweis, daß sich Wasser aus Wasserstoff und Sauerstoff zusammensetzt.
Wasser war kein 'Element' mehr. Diese Erkenntnis war ein großer Schritt nach vorn, die Lehre vom Stoff – die Chemie – auf eine rationale Basis zu stellen. Lavoisier wurde damit

Giuseppe Brunamontini
Gabbiani e veleni

immagina che muoia, parole come: "...scrivi su una colonna un carme di me degno,
ma breve, che lo legga il viandante di corsa:
'Qui la splendida Cinzia in terra tiburtina giace ed aggiunge, Aniene, prestigio alle tue rive.'" No, non c'è più posto per la poesia nei nostri fiumi. Nessun poeta, neppure di quelli piagnoni, dissacranti, demenziali o della corte dei maledetti, se tornassse potrebbe celebrare l'acqua mortifera dei fiumi.
Ma se Messene piange, Sparta non ride; e così è nel mondo. Nel Mare del Nord tirano le cuoia le foche e in URSS muore lo storione. Le trasparenti acque del verde-chiaro Volga al pari di quelle bionde del Tevere, di quelle blu del Danubio, sono grige di schiume di detersivi, rugginose e paonazze degli scarichi industriali. Fiumi, dunque, addio?
In genere, l'umanità corre ai ripari sempre dopo la catastrofe o mentre questa si verifica. Forse siamo in quest'ultima "fortunata" fase, quando è ancora possibile reinventarsi l'acqua nei modi mille volte sbandierati e saputi: chiamando sul banco degli accusati gli interessi criminali, la pubblicità avida, gli amministratori imbroglioni, l'ignoranza colposa. Tutti sanno che cosa si può fare, e si deve fare. L'attuazione pratica è ciò che fa discutere perché bisogna distruggere situazioni intoccabili. E altrettante sono nascoste, sconosciute.
Non basta, perciò, limitarsi ad entrare nel coro del pianto per il funerale dei fiumi, ma stare almeno una volta dall'altra parte, con chi grida per impedire l'assassinio dell'acqua.
Non vorrà essere, l'olocausto, la scelta collettiva dei gabbiani per far rinsavire l'uomo?

Wim Offeciers
Water is leven

Daardoor kan water de lading van andere moleculen opheffen en ze ontbinden. Als die molecule helemaal door watermoleculen is omringd, dan is die stof „opgelost". Water is een haast universeel oplosmiddel. Het vuil van onze handen kunnen we zelfs met water zonder zeep verwijderen, als we er maar voldoende van gebruiken.
Water als universeel oplosmiddel heeft als gevolg dat je in de natuur haast nooit „zuiver water" aantreft. In zeewater zijn talrijke zouten opgelost: gemiddeld 36 gram per liter. Een van de gevolgen daarvan is dat zeewater bij een lagere temperatuur bevriest dan zoet water (daarom voegen we in de winter ook een antivriesmiddel bij het water van onze radiator). Zelfs een regendruppel lost tijdens zijn val gassen uit de atmosfeer op. In regenwater is vooral CO_2 opgelost. Die kooldioxyde is in de atmosfeer van nature aanwezig, maar is ook voor een deel een gevolg van ons energieverbruik (de verbranding van fossiele brandstoffen is immers een verbinding met zuurstof).
Dat oplossend vermogen van de regen heeft ook zijn minder plezierige kanten: de regen kan ook „schadelijke" stoffen oplossen en meenemen. Je hebt misschien al wel eens de uitdrukking „zure regen" gehoord. In die regen bevinden zich hele kleine hoeveelheden zwavelzuur en salpeterzuur. Die bevinden zich in de atmosfeer, als resultaat van een hele reeks ingewikkelde scheikundige reacties. Bij de verbranding van fossiele brandstoffen ontstaat immers niet alleen een koolstof-zuurstofverbinding in de atmosfeer, ook stikstof-zuurstofverbinding (in de meeste brandstoffen bevindt zich zwavel als onzuiverheid). In de hoge atmosfeer doen er zich mogelijk onder invloed van ultravioletstralen van de zon allerlei chemische reacties voor, die de regen „zuur" maken. Wat is dat nu, de zuurtegraad of pH? Een klein deel van het water ontbindt zich, in een H-deel enerzijds, een OH-deel anderzijds. Normaal is er evenveel H als OH, dan is het water „neutraal". Is er meer waterstof, dan is

Gaurier Ludovic
Les lacs des Pyrénées françaises

deux talus, en deux pentes continues qui, se rejoignant au thalweg, dessineront un V dont le sommet sera le lit du torrent.
Par suite du rétrécissement du lit dans la traversée des zones rocheuses, le courant y acquiert une plus grande force, puisque les eaux s'y accumulent et que leur puissance est augmentée du poids de tous les matériaux solides, sables, graviers et cailloux, qu'elles charrient. Chaque fois que la pente du lit se brise brusquement, il se forme une cascade au pied de laquelle l'eau agit avec le maximum de force, puisqu'elle tombe verticalement ou très obliquement, de tout son poids, en provoquant des remous intenses au bas de la chute. Un cas analogue se présente quand un banc de rocher dur barre le courant, soit dans le lit même, soit à un coude d'une rive; la masse des eaux arrêtée par cet obstacle tourbillonne avec fureur, use, scie, perforce ce «verrou», «barre». De même, si un éboulement provoque un barrage momentané, l'eau s'accumule derrière lui, jusqu'au moment où elle emporte tout, dans une débâcle irrésistible qui entraîne une coulée de boue et de rochers, une «lave», dont l'action de creusement et de transport est encore plus violente.
Par suite du frottement continu de l'eau et des matières qu'elle tient en suspension, le fond du lit et les parois du couloir prennent un poli extraordinaire, qu'il est impossible de confondre avec les polis glaciaires, ne serait-ce que par l'absence des stries. Quand le lit rocheux est d'inégale résistance ou fissuré, des creux se forment dans ses parties tendres; il suffit alors que des cailloux ou même des graviers tombent dans ces creux pour que les remous de l'eau leur impriment un mouvement de rotation, grâce auquel ces cailloux et ces graviers creuseront en «marmite de géant» ce trou dont ils ne peuvent sortir. On trouve même des marmites annulaires, quand la force centrifuge presse les galets contre les parois du trou, sans les laisser passer au centre. Le marbre et le granite se prêtent merveilleusement à ce genre de creusement. On en trouve de nombreux et superbes exemples, notamment dans le Gave de Bitet, dans le Gave d'Ossau en amont du Hourat, et dans le lit du Valentin

Charles Berlitz
A Suggestion from the Ocean's Past

memory, and that it was connected with the sea, consequent changes in terrain, climate, and water levels throughout the earth.
Vestiges of this catastrophe or catastrophes are found not only in the memory of man but are witnessed by evidences of vast risings, sinkings, and bucklings of the land and the sea bottoms, such as the sandy beaches under thousands of feet of water around the Azores and coastline beaches thrust hundreds of feet upward along many coasts, especially in Greenland, Northern California, and Peru (where human artifacts are found near the bottom of ancient geological striations resulting from this upthrust). The Andes themselves, geologically fairly recent, seem to have been thrust or forced upward, perhaps carrying with them such cities as Tiahuanaco, while other coastal lands of South America dropped into the Nasca Deep in the ocean. The same catastrophe may have caused the melting of the glaciers, which thereupon flooded the plateaus of the Atlantic islands and large parts of the continental shelves, which were formerly above water. At the same time, climatic changes occurred throughout the world, evidently with startling rapidity. In Siberia, frozen bodies of mammoths are still being found, frozen so quickly that the meat proved to be edible, first by dogs, and later experimentally by Russian scientists. These mammoths, rhinoceroses, and other animals not generally associated with Siberia, were apparently entrapped in floods of freezing mud (or mud that subsequently froze) and preserved so quickly that undigested foods (of plants no longer native to Siberia) have been found in their stomachs.
Parts of Northern Siberia, Alaska, and Canada are so covered with bones of great animals that

Bernhard Michalowski
Wasser – nur eine Chemische Verbindung?

zu einem der Begründer der modernen Chemie. Den Nachweis führte er mit relativ einfachen Methoden. Er ließ Wasser durch ein glühend heißes Eisenrohr fließen. Teile des Wassers und das Eisen setzten sich dabei um. Den Dampf des übriggebliebenen Wassers kondensierte er und fing den entstandenen Wasserstoff auf. Allein durch die Gewichtszunahme des Rohres, konnte er nachweisen, daß es Sauerstoff aufgenommen haben mußte. Und er behielt das Ergebnis nicht für sich. Als er eines abends Freunde zu sich nach Hause einlud, versuchte Lavoisier seinen Besuch mit einem kleinen Experiment zu begeistern. Er füllte zwei verschlossene Glasbehälter mit dem so gewonnenen gasförmigen Wasserstoff und einen Behälter mit Sauerstoff und mischte die beiden. Als er an das Gemisch eine offene Flamme hielt, kam es zu einer Explosion. Etwas Dampf entstand und kondensierte zu Tropfen – reinstes Wasser.
Der Beweis war erbracht: Wasser ist kein chemisches Element – eben nur H_2O!
Nur H_2O – Wasser ist ein höchst ungewöhnlicher Stoff. Normalerweise nimmt die Dichte von Flüssigkeiten bei zunehmender Temperatur ab. Beim Wasser aber nimmt die Dichte bis zu vier Grad Celsius zunächst zu und verhält sich erst dann ähnlich wie andere Flüssigkeiten, zum Beispiel wie Quecksilber. Auch in der festen Phase des Wassers, wenn es zu Eis geworden ist, zeigt es ein völlig anderes Verhalten als sonstige Flüssigkeiten. Wasser hat als Eis eine nahezu zehn Prozent geringere Dichte als im flüssigen Zustand. Schuld daran sind die sogenannten Wasserstoffbrücken, also die Tatsache, daß benachbarte Moleküle gemeinsame Atome besitzen. Diese Besonderheit des Wassers hat für die geologischen und klimatischen Verhältnisse auf der Erde eine große Bedeutung. Würde das Dichtemaximum einerseits nicht bei vier Grad Celsius liegen, so würde im Winter jedes tiefere Gewässer vollständig einfrieren. Die Volumenvergrößerung des Wassers beim Gefrieren spielt andererseits eine große Rolle bei der

Giuseppe Brunamontini
Il Piave mormorava

Non è una eccezionale musica, una poderosa sinfonia: è poco più di una marcetta; eppure "La leggenda del Piave" è entrata nella immortalità storica e popolare, diventando quasi inno patriottico, soprattutto nel periodo a ridosso della Seconda guerra mondiale.
L'autore è A.E. Mario, che lo compose nel 1918 a ricordo della tenace resistenza italiana sulla linea del Piave.
E racconta, il fiume, proprio la "sua" guerra a cui guardava l'intera penisola, essendone stato testimone e attore, promosso dalla canzone a ruolo di bardo dalla sicura voce.
Bisbigliava ancora placido al transito dei primi fanti, quel 24 maggio, quando tanti giovani italiani raggiungevano la frontiera e s'udiva
"... dalle amate sponde,
sommesso e lieve il tripudiar dell'onde,
Era il presagio dolce e lusinghiero.
Il Piave mormorò:
non passa lo straniero!"
L'intera guerra 1915–18 lo vide protagonista. Il generale Cadorna lo scelse come possibile linea di ripiegamento fin dal 1916 quando le truppe austriache premevano sul Trentino. Allora era il fiume Isonzo a fare da demarcazione fra i due eserciti. E il fante cantava:
"In riva de l'Isonzo
ci sta Santa Lucia
se vuoi morire giovane
t'insegnerò la via".

Wim Offeciers
Water is leven

het water „zuur" (is er meer OH dan is het basisch of alkalisch).
Die zure regen heeft onplezierige eigenschappen! Hij zorgt er voor dat bepaalde planten en dieren niet meer in meren en vennen kunnen leven. De plantengroei kan er nadelige gevolgen door ondergaan. Ook de vele levende wezens in de bodem worden erdoor gestoord. Ook stenen worden erdoor aangetast. Daarom „verweren" onze historische gebouwen (maar b.v. ook de klokken in de kerk) nu vlugger dan dat vroeger het geval was.
Geen planeet bevat zoveel water als onze blauwe aarde...Alle „waterproblemen" zijn dan ook veeleer van kwalitatieve dan van kwantitatieve aard.
Is de totale waterhoeveelheid op de aarde ontzaglijk groot, de voor de mens geschikte waterbronnen (de rivieren en meren, de ondiep gelegen grondwaterlagen) bevatten nauwelijks 1/3000ste van die totale waterhoeveelheid.
Maar die totale waterhoeveelheid blijft constant (en dat doet ze al 4 miljard jaar), het water vormt een hydrologische cyclus, een gesloten kringloop waar we zo dadelijk mee kennismaken.
Hoeveel water is er op de aarde? Hoe is het verdeeld? Een bijzonder moeilijke vraag!
Op schaal van een rivierbekken een waterbalans opmaken is al ver van makkelijk; het opstellen van een waterinventaris op wereldschaal is helemaal een onmogelijke opgave.
Toch lopen de meeste cijfers die worden vermeld niet zo sterk uit elkaar: de meeste auteurs baseren zich op gegevens door de UNO gepubliceerd en die steunen dan weer op een basispublikatie van de US Geological Survey „Water of the World". Bij die ramingen beperkt men zich, voor de ondergrondse waterlagen, tot een diepte van 5 km. Houdt men ook rekening met de hoeveelheden water die op grotere diepten voorkomen, dan verandert het beeld duidelijk: één kwart van de wereldhoeveelheid aan water bevindt zich ver onder de oppervlakte.

Gaurier Ludovic
Les lacs des Pyrénées françaises

au-dessous de Lhey. Ces cavités ne se rencontrent pas seulement dans le lit des torrents actuels; on les remarque en travers des parois polies qu'ils ont abandonnées à des niveaux supérieurs; et là, elles prennent la plupart du temps la forme d'une niche: c'est le «chaudron». Celui-ci est, en somme, une marmite latérale. La marmite sert à l'approfondissement du lit, le chaudron à l'élargissement des parois du canal; mais le processus de leur formation est le même: c'est toujours l'eau qui, précipitée contre un obstacle, éprouve un choc en retour, mais, pressée par les molécules venant d'amont, glisse obliquement et se met à tourner avec tous les matériaux qu'elle charrie. Il suffit de regarder un courant tant soi peu rapide, à son arrivée devant un obstacle, par exemple autour des piles d'un pont, pour remarquer les remous, les mouvements giratoires déterminés par l'obstacle. Cette «tactique tourbillonnaire» de l'eau courante est la force prédominante de l'érosion. Dans ces tourbillons elle emprisonne des molécules d'air qui la rendent compressible, et grâce aux «troubles» qu'elle charrie, elle agit comme une véritable meule. La plupart du temps, les chaudrons latéraux sont inachevés, parce que le creusement du fond du lit étant plus rapide que celui des parois, le torrent descend constamment à un niveau inférieur. Ces chaudrons sont très nombreux dans les gorges étroites. J'en signalerai de particulièrement vastes au point culminant de l'ancienne route de Laruns aux Eaux-Chaudes, près du rustique oratoire de la Vierge, témoignage indiscutable que le gave passait naguère par ce canal étroit situé actuellement à plus de 80 mètres au-dessus du fond du Hourat. Il y a d'autres chaudrons dans le Hourat même, à mi-hauteur de la paroi, sur la rive gauche. Un autre, magnifique, a été creusé par le gave de Bitet, immédiatement au-dessus de la cascade du Bain de Diane. La photographie ci-après donne, de ce dernier, une image très nette.
Si la muraille rocheuse est bien homogène, de tels creux ne peuvent s'évider; mais alors c'est la paroi entière qui se polira sous l'incessant frottement, sous la pression giratoire des eaux. Elle tendra à prendre une forme concave, étant

Charles Berlitz
A Suggestion from the Ocean's Past

suddenly perished (again at a date estimated from 10,000 to 11,000 years ago), that some islands or high points where they went for refuge seem to be made entirely of their bones. Other survival points where completely different and inimical species fled for shelter and died in great multitudes have been found across Northern Europe, Central Asia, and China, as if the whole top of the world had experienced a rapid and unexplained climate change at the same time. However, in other hemispheres as well there are indications of the simultaneous decimation of species, from the huge elephant graveyard that exists in the Colombian Andes, and even under water, as in the case of an enormous sea elephant graveyard off the coast of Georgia. None of these animals have their natural habitats in the places where they met their deaths in such numbers in the sudden climatic change of 12,000 years ago.
Former land areas of this period now covered by water include parts of the Mediterranean, including land bridges from Africa to Gibraltar and from Sicily to Italy, a large part of the North Sea, the continental shelves of Ireland, France, the Spanish Peninsula, and Africa, the sunken plateaus around the Azores, the Canary and Madeira islands, as well as the Azores-Gibraltar ridge and the North Atlantic Ridge, and the continental shelves of North and South America, and especially the vast Bahama Banks, which, before they were submerged, covered an area of thousands of square miles. There is abundant proof that these areas have been above the surface of the ocean within the last ten or twelve thousand years. A Russian

Bernhard Michalowski
Wasser – nur eine Chemische Verbindung?

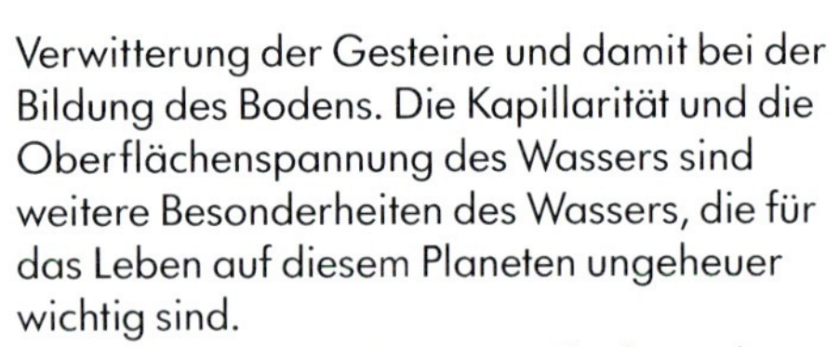

Verwitterung der Gesteine und damit bei der Bildung des Bodens. Die Kapillarität und die Oberflächenspannung des Wassers sind weitere Besonderheiten des Wassers, die für das Leben auf diesem Planeten ungeheuer wichtig sind.
Zudem können große Wasserflächen, aber auch die Feuchtigkeit in der Atmosphäre hervorragend Temperaturen ausgleichen. An heißen Tagen nehmen sie Wärme auf und geben sie an kalten Tagen wieder ab. Die Ozeane sind damit Klimafaktoren ersten Ranges. Würden sie nicht existieren, müßte die Erde auf der der Sonne zugewandten Seite kochen und auf der abgewandten Seite unter einem dicken Eispanzer erstarrt sein. Das Wasser speichert die einstrahlende Sonnenenergie und über die Meeresströme wird diese Energie verteilt. Kurz – eine globale Klimaanlage!

„Alles ist aus dem Wasser geboren, alles wird durch das Wasser erhalten."
Johann Wolfgang von Goethe

Der Grundbaustein menschlichen Lebens sind die Aminosäuren. Sie sind es, die nach bestimmten 'Bauplänen' die Eiweißkörper zusammensetzen.
Voraussetzung ist jedoch, daß sich die Moleküle in einem Lösungsmittel befinden. Wasser ist auf der Erde das ideale Lösungsmittel.
Bei der Entstehung von Leben spielte immer das Wasser eine große Rolle. Auch beim Menschen sind heute noch die Spuren der maritimen Entstehung sichtbar. Als Embryo besitzt der Mensch noch Kiemenbögen und Kiemenspalten, die sich erst in einem späteren Entwicklungsstadium zu den Gehörknochen, zum Zungenbein, zum Schildknorpel, zur Thymusdrüse, zur Nebenschilddrüse und zu den Lymphknoten am Hals fortentwickeln. Aller Ursprung ist das Wasser und so besteht auch der Körper aller Lebewesen auf der Erde aus Wasser. Es übernimmt die Transportfunktionen im Organismus (menschliches Blut besteht zum

Giuseppe Brunamontini
Il Piave mormorava

Nell'autunno del 1917, lo sfondamento di Caporetto. Cadorna diede l'ordine di ritirata generale sulla sponda destra del Piave, operazione che si concluse il 9 novembre del 1917 quando tutti i ponti vennero fatti saltare.
Il Piave assorbiva ira e sgomento dei soldati in fuga, dei profughi che gremivano la piana e
"... dalle violate sponde
sommesso e triste il mormorio dell'onde:
come un singhiozzo in quell'autunno nero,
il Piave mormorò:
ritorna lo straniero!"
Priva di retorica e di demagogia, ma sul filone di certa poesia trovadorica, la canzone, quasi in uno stretto sceneggiato, riassume in poche strofe fatti poi descritti in interi libri di storia.
Sono parole d'acqua, sempre vive anche se, ormai, tutti scomparsi sono quei fantaccini che dai commilitoni venivano descritti con:
"Vittorio Emanuele
ci hai fatto un gran dispetto
hai chiamato il '99
che piscia ancora a letto".
Ironia scanzonata a cui la morte ha spesso suggellato le labbra, in una Grande Guerra combattuta "con la testa pien di peoci senza rancio di consumà!"
La sponda destra del Piave teneva disperatamente, malgrado piccole teste di ponte nemiche contenute e poi respinte. Le relazioni ufficiali

Wim Offeciers
Water is leven

De door de US Geological Survey geraamde waterhoeveelheden worden vermeld in volgende tabel. Daarvan is 99,36% niet onmiddellijk geschikt voor menselijke consumptie: meer dan 97% is zout water, meer dan 2% is ijs. Verrassend is ook dat de beschikbare hoeveelheid grondwater ruim 300 keer groter is dan de hoeveelheid oppervlaktewater waarover de mens kan beschikken.
De waterhoeveelheid van de rivieren lijkt in deze tabel bijzonder klein. Toch zullen deze oppervlaktewateren – zeker in landen als België – in de toekomst nog verder moeten worden geëxploiteerd.
De ondergrondse wateren zijn relatief belangrijk. Die waterlagen hebben een regulariserende invloed voor de bevoorrading van meren en rivieren in droogteperiodes. Maar die lagen worden erg traag aangevuld. Water is een kapitaal dat niet langer plaatselijk, regionaal, zelfs nationaal kan worden beheerd. De grote waterproblemen zijn (wat is het niet?) internationale, Europese problemen geworden. Bijzonder verdienstelijk is de waterinventaris die door het „Internationaal Hydrologisch Tienjarenplan, 1965 – 1975", onder auspiciën van de UNO, werd opgesteld en voorgesteld op de Wereldconferentie over Water (Mar del Plata, Argentinië, maart 1977).
Op wereldvlak is de situatie niet ideaal: een vijfde van de stedelijke wereldbevolking en driekwart van de landelijke beschikken niet over voldoende en behoorlijk zuiver drinkwater. Er zijn Afrikaanse stammen waar men 3,5 liter water per hoofd en per dag gebruikt, net boven het vitale minimum. Meer dan 80% van de bevolking van India, Bangla Desh, Indonesië, Nepal, Thailand beschikt niet over voldoende water.
Voor de industriële wereld, West-Europa en de USA, kunnen zich in de toekomst problemen op watergebied voordoen. Ook wat deze basisgrondstof betreft zullen we moeten nadenken over de grenzeloze verkwisting, die een van de kenmerken van onze samenleving is...

Gaurier Ludovic
Les lacs des Pyrénées françaises

plus creusée à la base, où l'érosion s'exerce constamment, même en basses eaux; il en résulte un encorbellement, comme celui qu'on remarque précisément en amont du Bain de Diane, au Bitet. Ce phénomène se produira chaque fois qu'un mur rocheux empêchera le torrent de descendre en ligne droite, car la masse des eaux, pressée contre l'obstacle, y élève son niveau en un courant principal qui tourbillonne avant d'être rejeté sur la rive opposée. Toute rive attaquée directement devient donc concave, tandis que la rive qui lui fait face, bénéficiant d'une zone où les eaux ont leur minimum de vitesse, verra les sédiments se déposer, et deviendra peu à peu convexe. Il arrive mème qu'une masse de rochers soit flanquée de deux fissures par lesquelles l'eau s'écoule. Alors, les remous, évidant de part et d'autre le pied de cette roche, finiront par en faire un pilier, plus mince à la base qu'au sommet, en forme de carotte. J'en ai trouvé des spécimens curieux dans le lit du gave d'Ossau, au-dessous des gorges de Germe; mais le plus beau est le pilier pédonculaire situé à l'entrée de l'Espalungue d'Arudy, la belle grotte préhistorique dont l'ouverture présente toutes les traces de l'érosion torrentielle qui l'a creusée.
Profils en long. – Tous les agents de la dynamique externe du globe tendent à conquérir un état d'équilibre; le cours d'eau cherche à diminuer sa pente en creusant son lit d'aval en amont et en portant au bas de cette pente tous les débris qu'il a pu arracher. Le profil en long d'une vallée dessine une courbe, tangente à l'horizontale près de l'embouchure, et se relevant graduellement vers la source. Naturellement, cette courbe est beaucoup plus accentuée quand il s'agit d'un torrent, c'est-à-dire d'un cours d'eau dans la période de jeunesse, présentant sur un parcours restreint une différence de niveau considérable entre sa source et son débouché dans la plaine: le gave d'Ossau réalise entre le col du Pourtalet et Laruns une dénivelée de 1.300 mètres sur un parcours de 24 kilomètres. Cette courbe subit, comme l'a montré Martel, des ressauts causés par l'arrivée des affluents et par l'inégalité de résistance que le sol oppose au creusement.

Charles Berlitz
A Suggestion from the Ocean's Past

expedition north of the Azores recently dredged rocks from 6,600 feet which gave evidence of their having been formed at atmospheric pressure about 17,000 years ago, while a nineteenth-century dredging operation, while repairing a break in the transatlantic cable in the vicinity of the Azores brought up pieces of tachylyte, a vitreous lava which forms *above* water at atmospheric pressure. The samples were estimated to be about 12,000 years old. (While this incident has often been commented on, the reason for the breaking of the cable is of special interest as an example of movements in the ocean floor – a sudden rise in the bottom of about 4,000 feet was what had caused the cable to break.)
A project now (1973–1974) being carried out in the Azores by the University of Halifax for the investigation of geothermal energy has had the indirect result of ascertaining that the first 800 meters of cores drilled below sea level give indications of having been formed above sea level, with the implication that greater areas around the present Azores Islands were once above water.
Other fairly recent discoveries seem to support the time element of 12,000 years for the most recent submergence of large land areas in the Atlantic, which would also coincide with the estimated time for the Third Glaciation. In 1956 Drs. R. Malaise and P. Kolbe of the National Museum of Stockholm offered the opinion that skeletons of fresh-water diatoms, which Dr. Kolbe had brought up in a sample core from a depth of 12,000 feet near the Atlantic Ridge, had originally been deposited in a fresh-water lake, formerly on the surface of land now sunk

Bernhard Michalowski
Wasser – nur eine Chemische Verbindung?

großen Teil aus Wasser), gewährleistet die erforderliche Salzkonzentration in den Geweben und hält den optimalen Quellungszustand im Protoplasma aufrecht.
Schon ein Wasserverlust von etwa fünfzehn Prozent führt beim Menschen zum Tod. Ohne Wasser kann der Mensch nicht leben, da sonst im Körper eine zu hohe Salzkonzentration herrschen würde. Etwa zwei Liter muß der Mensch deshalb täglich an Wasser zu sich nehmen. Von der Geburt bis zu seinem Tod trinkt der Mensch 60.000 bis 70.000 Liter Wasser. So mag der Spruch auch recht sinnvoll sein, daß ein Mensch zwar fünfzig Tage ohne Nahrung überleben kann, aber nur fünf Tage ohne Wasser und nur fünf Minuten ohne Luft. Und auch die Luft, die Sauerstoffproduktion, hängt eng mit dem Wasser zusammen. Sauerstoff wird bei der Photosynthese freigesetzt. Für diesen Prozess benötigen die Pflanzen weltweit etwa drei Milliarden Kubikmeter Wasser, eine unvorstellbar große Menge und doch nur der zehnte Teil dessen, was von uns in der Bundesrepublik alljährlich verbraucht wird. Durch diese Stoffwechselvorgänge, durch diese 'einfache', natürliche Chemie, wird alle dreihundert Jahre das in der Atmosphäre enthaltene Kohlendioxid umgewälzt, alle zweitausend Jahre wird die Sauerstoffmenge in der Luft vollständig erneuert und jeder Wassertropfen durchläuft einmal in zwei Millionen Jahren die Biosphäre. Ein ewiger Kreislauf, den die Natur nicht unterbricht.

„Des Menschen Seele gleicht dem Wasser: Vom Himmel kommt es, zum Himmel steigt es, und wieder nieder zur Erde muß es, ewig wechselnd."

Johann Wolfgang von Goethe

Jeder Tropfen wird wieder in den ewigen Kreislauf aufgenommen. Unter dem Einfluß der Sonneneinstrahlung verdampft ein Teil des Wassers in den Gewässern und aus dem Boden steigt die Feuchtigkeit als Dunst nach oben,

Giuseppe Brunamontini
Il Piave mormorava

dello Stato Maggiore austriaco parlano di "stupefacente rapidità di ripresa dell'esercito italiano", tanto da rinunciare dal 29 novembre 1917 ad ogni nuova offensiva nella zona.
Difficile, in quei frangenti, soffermarsi su canzoni tenere del tipo: "Sul ponte di Bassano noi ci darem la mano . . .", oppure:
"Di là dal Piave
ci sta un'osteria.
Là c'è da bevere e da mangiare
ed un buon letto per riposar."
Dolci ricordi, ormai.
Gli occhi dei fanti erano puntati sull'altra riva in attesa di ciò che decidevano i comandi.
Si parlava di estremi disegni di sfondamento su più settori da parte degli austriaci. Ma tutte le offensive vennero arginate, annullate. Tanto che sul Mondello si verificò il primo rovesciamento delle sorti del conflitto, che si stava combattendo su un fronte lunghissimo. A quel punto Diaz, succeduto a Cadorna dopo la disfatta di Caporetto, diede l'ordine della controffensiva a partire proprio dal settore dei fiumi Brenta e Piave.
È in quel momento che il fiume assurge a tutta la sua dimensione epica: "No! – disse il Piave –
No! – dissero i fanti –
mai più il nemico faccia un passo avanti!
Si vide il Piave rigonfiar le sponde!
E come i fanti combattevan l'onde . . .
Rosso di sangue del nemico altero,
il Piave comandò:
Indietro va', straniero!"

Wim Offeciers
Water is leven

Panta rhei, alles is altijd in beweging, zei Heraklitos in een ver verleden. Dat geldt zeker voor het water. Laten wij eens een waterdruppel volgen, op zijn tocht doorheen de waterkringloop, de hydrologische cyclus.
Onze druppel. We ontmoeten hem voor het eerst in de atmosfeer, als waterdamp. Hij blijft er een week; dan wordt hij „geboren", als regendruppel, sneeuwvlok of ijskristal. Meteen begint zijn korte reis, samen met miljarden soortgenoten naar de aarde.
Onze druppel valt niet in zee, zoals de meeste van zijn soortgenoten, hij verdampt ook niet, komt niet in een rivier of in een meer of op een gletsjer terecht.
Een verblijf in een waterloop duurt een week of een maand, in een meer blijft water enkele weken maar soms ook duizenden jaren. Komt het water in een gebergtegletsjer terecht, dan wordt het voor een eeuw ijs; komt het op de ijskap van Antarctica terecht, dan blijft het daar tienduizenden, zelfs miljoenen jaren.
Onze druppel maakt de boeiendste tocht: hij dringt in de aarde, hij sluipt tussen de zand- of leemkorrels of de kleiplaatjes door. Op zijn lange weg door een doolhof van eeuwig donkere gangetjes en spleetjes, ontmoet hij soortgenoten, altijd meer naarmate hij dieper gaat. Terwijl hij verder trekt, veroudert en verandert onze druppel: elke grondlaag die hij passeert heeft er haar afdruk op nagelaten want hij heeft er kleine delen uit meegenomen. Zijn tocht kan eeuwen duren, tot hij miljarden soortgenoten in een ondergrondse waterlaag weervindt.
Grondwater blijft een eeuw, maar soms ook vele honderden eeuwen onder de grond. Op 150 meter diepte bevindt zich „regenwater" uit de Middeleeuwen; het water dat wordt geboord in sommige oasen van de Sahara heeft gedurende tienduizenden jaren duizenden kilometers afgelegd.
Ook daar blijft hij niet eeuwig. Het leven van een waterdruppel is veel langer dan dat van een mens. Uiteindelijk komt hij weer in zee terecht, weer aan de oppervlakte van de zee, weer in de kringloop.

Gaurier Ludovic
Les lacs des Pyrénées françaises

La courbe du Gave d'Ossau entre Oloron, où il se jette dans le Gave d'Aspe, et le cirque d'Anéou, où il a ses sources, offre les caractéristiques suivantes:
Le profil en long du Gave d'Ossau ne présente donc qu'un ressaut granitique: il n'y a pas de cascades; cela tient à la quasi continuité des terrains qu'il traverse, calcaires dans le haut bassin, granitiques dans la partie moyenne, calcaires dans le tronçon inférieur. La portion granitique a suffi à déterminer la différence des pentes: le calcaire se creusant plus vite que le granite. Les parties planes (paliers) sont occupées (Martel va jusqu'à dire «déterminées») par les terrains les plus accessibles à l'érosion; les ressauts (gradins) sont provoqués par les roches dures. Dans l'ensemble, la courbe du Gave d'Ossau est assez régulière, sauf accentuation de la pente dans la traversée de la zone granitique.
Par contre, son affluent principal, le Soussouéou, long de 12 km. 600, présente des accidents remarquables. Sa vallée descend en trois paliers séparés par des ressauts énormes. Le lac d'Arrémoulit occupe le palier supérieur, puis vient un escarpement de 300 mètres, avant le deuxième palier rempli par le lac d'Artouste; celui-ci est barré à son tour par un ressaut de plus de 300 mètres, qui domine le palier inférieur où s'étale la plaine du Soussouéou, ancien lac, comblé par les alluvions; enfin une dernière marche, haute de 400 mètres, sépare cette plaine du confluent avec le gave d'Ossau. Il est visible que le creusement qui rongeait la bande calcaire allant de ia Sagette de Buzy au Soum d'Ar, a été arrêté par un sous-sol granitique, qu'on voit pointer entre les alluvions, dès l'altitude de 1.500 mètres et qui reparaît définitivement au bord inférieur de ce palier. Le transport des matériaux venus d'amont allant plus vite que l'érosion sur ce plateau, le lac a été totalement comblé, comme le seront dans un avenir prochain le lac d'Ayous et le grand lac de Campo-Plano, à moitié envahi déjà par un vaste delta. Sur ces terrains plats, presque horizontaux, dont on voit encore un bel exemple au plateau de Bious, la vitesse du courant est si

Charles Berlitz
A Suggestion from the Ocean's Past

to the bottom of the ocean. The age of these fresh-water diatoms was estimated at 10,000 to 12,000 years.
This figure is oddly coincidental with Plato's account of Atlantis in his *Timaeus* dialogue, in which he refers to a great continent having existed in the outer ocean "9,000 years ago" – or about 11,400 years before the present time. While dates recorded from legends are suspect and even more so when they are second- or third-hand, since Plato received his information indirectly from Solon, who, on his part, originally acquired it while on a trip to Saïs in Egypt, it is nevertheless remarkable that this time calculation comes up so frequently in other fields connected with these sunken lands.
But there are still other indications that large parts of the western Atlantic were once above sea level. Beach sand, for example, is formed not at the bottom of the ocean, but by the force of waves breaking at the edge of the sea. Yet sand beaches are found on deep underwater plateaus around the Azores. Rivers form canyons only on land; yet the Hudson River canyon proceeds under water for hundreds of miles out to sea. Other river canyons extend out in like manner from where European, African, and South American rivers enter the ocean. Mastodon and human bones have been found on the bottom of the North Sea, along with prehistoric tools, indicating a certain degree of advancement and the probability of cultural development in the Pleistocene era (prior to 11,000 B.C.). But perhaps the most striking of all indications of the drowning of cultural remains of prehistoric peoples since the melting of the last glaciers are the underwater buildings, walls, causeways, and roads now being found

Bernhard Michalowski
Wasser – nur eine Chemische Verbindung?

verdichtet sich dort und treibt als Wolke über mehrere Tausende von Kilometern, regnet sich wieder ab, verdunstet oder sammelt sich als Oberflächen- und Grundwasser und wird von Mensch, Tier und Pflanze beansprucht, bevor es wieder in die Meere zurückfließt.
430.000 Kubikkilometer Wasser verdunsten jährlich auf der Erde. Fast achtzig Prozent regnen sich wieder über den Ozeanen ab, etwa 23 Prozent über den Kontinenten. Durch Verdunstung und Abfluß wird diese Menge jedoch wieder verringert. Zur effektiven Nutzung stehen den Menschen nur etwa 14.000 bis 20.000 Kubikkilometer Wasser zur Verfügung. Eine Menge, die eigentlich reichen sollte! Zumal das Minimum des Pro-Kopf-Verbrauchs bei etwa fünf bis fünfzehn Liter Wasser liegt. Aber durch den industriellen Fortschritt benötigen vor allem die Industriestaaten mehr Wasser und verschmutzen immer mehr davon. Der Pro-Kopf-Verbrauch in New York liegt bei etwa 300 Litern Wasser am Tag, in der Bundesrepublik sind es bereits 143 Liter Wasser, in Indien jedoch nur etwa 25 Liter am Tag. Rechnet man die industrielle Nutzung hinzu, so beträgt der Pro-Kopf-Bedarf an Wasser in den Industriestaaten oft schon zwischen 500 und 600 Litern täglich. Experten haben berechnet, daß ein Pro-Kopf-Verbrauch von etwa 80 Litern am Tag genügen würde, um einen ansprechenden Lebensstandard aufrecht zu erhalten. Doch der weltweite Wasserverbrauch liegt täglich bei etwa 3000 Kubikkilometern. Fast zwei Drittel davon werden von der Landwirtschaft genutzt, etwas über zwanzig Prozent benötigt man für die industrielle Nutzung und nur etwa fünf Prozent werden im Haushalt verbraucht. Theoretisch könnten Mensch, Tier und Pflanzen mit den vorhandenen Wasserressourcen beinahe unbegrenzt leben. Jedoch schafft es der Mensch durch die maßlose Nutzung des Wassers, selbst dieses Reservoir der Erde auszuschöpfen! Ein Verhalten, daß ihn an den Rand seiner Existenz gebracht hat!

Giuseppe Brunamontini
Il Piave mormorava

Era cominciata la battaglia di Vittorio Veneto, quella risolutiva della Prima guerra mondiale. Le forze di qua e di là del fiume si equivalevano e il 24 ottobre, proprio nell'anniversario di Caporetto, tutto lo schieramento italiano dal Grappa al Piave, dopo lungo martellamento di artiglieria, fu lanciato nella lotta. Le truppe dovettero combattere aspramente per oltrepassare il letto del fiume e mantenere i drappelli sull'altra riva. Le perdite, tremende. Tanto più che il fiume era in piena per le forti piogge. Ma analogamente a quanto erano riusciti a fare gli austriaci contro gli italiani nel 1917 sull'Isonzo, così ora erano i fanti a scompigliare le truppe dell'Impero austro-ungarico.
E "indietreggiò il nemico
fino a Trieste, fino a Trento ..."
e finalmente
"... tacque il Piave: si placaron le onde ..." Così conclude. Che ci fossero stati 600.000 caduti, mutilati, prigionieri, feriti, danni incalcolabili, non poteva dirlo. Le canzoni raramente riportano numeri.

Wim Offeciers
Water is leven

De waterhoeveelheid op aarde is in de laatste 4 miljard jaar wellicht niet veranderd. Hetzelfde water ondergaat telkens opnieuw dezelfde kringloop: het verdampt (vooral uit de zee), valt in vaste of vloeibare vorm als neerslag (ook vooral op de zee) en stroomt (al of niet na eerst ijs te zijn geweest) aan de oppervlakte of onder de grond weer naar zee.
Op elk ogenblik is maar een kleine hoeveelheid van het wereldwater „in beweging", amper 5 duizendsten van 1%! De motor van de hele cyclus is de zon. Die verdampt jaarlijks 450000 km^3 zeewater en 70000 km^3 zoet water. Een zelfde hoeveelheid valt elk jaar als neerslag: 410000 km^3 op de zee, 110000 km^3 op het vasteland. Van het water dat op het land valt, verdampt bijna twee derde, het grootste deel rechtstreeks, een kleiner deel door de secundaire cyclus, de verdamping door de planten. De rest vloeit oppervlakkig af of sijpelt in de grond. Daar kan het door de plantewortels in de secundaire cyclus worden gebracht of – zoals onze druppel – doordringen naar dieper gelegen lagen.
Verdamping, condensatie en transport zijn de processen die bij de watercyclus een rol spelen. Daarbij wordt een energie van 3.10^{22} calorieën gebruikt. De voortdurende verdamping en condensatie maken het water meteen tot de warmteregulator van de atmosfeer...en daardoor van het hele leven op aarde.
De kringloop is een combinatie van vlugge en trage processen. De waterhoeveelheid in de lucht wordt om de 10 tot 12 dagen volledig vernieuwd. Mocht de hele hoeveelheid atmosfeerwater ineens en gelijkmatig vallen, dan zou ze de aardoppervlakte met 2,5 cm water bedekken.
Bij de vlugge processen zijn betrekkelijk kleine waterhoeveelheden gemoeid: de wind transporteert het uit de zee verdampte water vlug naar het vasteland; ook regenval en afstroming over de bodem en in de rivieren, het „zweten" van de gewassen en de infiltratie in de bodem zijn vlugge processen.
Vertragingen treden op als het water in diepere lagen circuleert, als ijs wordt opgeslagen in gletsjers en ijskappen of in de onderste, weinig beweeglijke lagen van de zee terechtkomt.

Gaurier Ludovic
Les lacs des Pyrénées françaises

réduite qu'il n'a plus la force de creuser: il divague en de tranquilles méandres entre les alluvions déjà déposés. Pour franchir les trois gradins granitiques de la vallée du Soussouéou, le torrent, tombant en cascade, s'est encaissé dans un canal profond en utilisant une fissure. On peut même remarquer dans le barrage du lac d'Arrémoulit que, par suite de l'usure du seuil qui retient ce lac, le ruisseau a abandonné l'ancien canal, situé à l'Est du refuge et à 8 mètres au-dessus du nouveau déversoir qui coule par une fissure à l'Ouest de ce refuge. De même, dans l'escalier d'Herrana, on trouve un ancien canal, aujourd'hui à sec, dont la pente était de 33%. Il est situé entre le canal actuel dont la pente est réduite à 11 %, et la falaise du Pic Cézy: on l'a transformé en sentier. (Martel avait déjà remarqué cette particularité en 1909.)
La vallée du Valentin, longue de 16 kilomètres environ, présente aussi, dans sa partie moyenne, deux petits paliers appuyés sur des escarpements. Venant des lacs du Lavedan et d'Uzious, où il a sa source, le ruisseau doit traverser une bande crétacée entre deux zones dévoniennes. Après avoir descendu torrentiellement dans les schistes coblentziens du Plaa-Débatch, il forme un premier palier, le Plateau de Gourette (1.326 m.) dans les calcaires crétacés, puis il tombe du plateau de Gourette sur celui de Lhey, par un ressaut presque vertical. Ce gradin, déterminé par la faille qui sépare le crétacé de la bande dévonienne venant du col d'Aubisque, provoque la cascade de Larressec et un passage souterrain du torrent dans une fissure du calcaire. Au-dessous du plateau de Lhey, mouveau cran brusque de descente, jusqu'au pont de Goua. Le cours inférieur du Valentin est encore accidenté de cascades, mais les terrains plus homogènes ne lui ont pas permis de créer de nouveaux paliers; il suit presque rigoureusement la faille qui borde au Nord le massif crétacé, puis s'encaisse profondément dans les alluvions qui ont remblayé la partie basse de sa vallée entre Eaux-Bonnes et le village de Pon, où il se jette dans le gave d'Ossau.

Charles Berlitz
A Suggestion from the Ocean's Past

with increasing frequency under the waters of the western coasts of Europe and South Africa and the southeastern coasts of North America. The latter include underwater buildings, walls, and stone roads leading east from the coasts of Yucatán and Honduras, roads which may connect with submerged cities still farther out at sea. There is even a thirty-foot-high, one-hundred-mile-long example of sea "wall" leading out into the ocean off Venezuela near the mouth of the Orinoco. This was thought at first to be a natural feature, but its straight lines and composition tend to belie this first appraisal.
There are strong indications that a continental land mass existed in the Caribbean Sea of which the islands and ridges of the Antilles may be the surviving mountain peaks. In 1969 a research expedition from Duke University studied the sea bottom of the Caribbean and conducted dredging operations at a number of places on the Aves Ridge, a ridge running along the eastern border of the oceanic Venezuelan Basin between Venezuela and the Virgin Islands. On fifty occasions granitic (acid igneous) rocks were brought to the surface. Ordinarily these rocks are found only on continents. A distinguished oceanographer, Dr. Bruce Heezen, in commenting on this matter, has observed: "Up to now, geologists generally believed that light granitic, or acid igneous rock are confined to the continents and that the crust of the earth beneath the sea is composed of heavier, dark-colored basaltic rock ... Thus, the occurrence of light-colored granitic rocks may support an old theory that a continent formerly existed in the region of the eastern Caribbean and that these rocks may represent the core of a subsided, lost continent."

Der Nil – Legende alter Zeiten und Lebensader Ägyptens

Der legendäre Fluß der Bibel entsteht aus dem Zusammenfluß des Blauen und des Weißen Nils bei Khartum im Sudan. Kein anderer Fluß ist so reich an Geschichten. Und auch keiner ist so wichtig für die Bevölkerung seines Landes wie er. Mit seinen jährlichen Überschwemmungen düngt er die ägyptischen Felder und macht sie fruchtbar.
Er ist damit der Lebensspender ganz Ägyptens.
Der Nil war Zeuge einer der ersten Hochkulturen und Grundlage dafür.
Der Reichtum, den er gibt, machte die zahllosen Kunstwerke des alten Ägyptens erst möglich. Wer an den Nil denkt, wird deshalb auch immer die Pyramiden vor Augen haben und die sagenhaften Goldschätze Tutanchamuns.
Und er ist heute so wichtig wie damals. Der Assuan-Staudamm, ein Kunstwerk der Neuzeit, staut den Nil zur Energiegewinnung und reguliert die jährlichen Überschwemmungen. Der Nil bewässert dann die breiten Ufer und bildet damit die 5 bis 20 Kilometer breite Flußoase Oberägyptens. Unterhalb von Kairo fächert er sich dann zum breiten Mündungsdelta auf und fließt nach einer langen Reise von 6.671 Kilometern in das Mittelmeer.

Il Nilo – leggenda di tempi antichi e arteria vitale per l'Egitto

Il leggendario fiume della Bibbia ha origine dalla confluenza del Nilo Azzurro e di quello Bianco nei pressi di Khartum, nel Sudan. È senza dubbio il corso d'acqua più ricco di storia, ed anche più importante per la popolazione del suo paese. Le sue periodiche inondazioni, infatti, significano soprattutto fertilità per i campi egiziani. Esso è, dunque, un dispensatore di vita per l'intero ex-paese dei faraoni. Il Nilo è stato testimone e fondamento di una delle prime grandi culture dell' antichità. La ricchezza che esso comporta rese possibili le innumerevoli opere d'arte dell'antico Egitto. Chi pensa al Nilo penserà necessariamente anche alle piramidi ed agli stupendi tesori aurei di Tutanchamon. Il Nilo ha, oggi, la stessa importanza di allora. La diga di Assuan, un'opera d'arte dell'era moderna, consente la produzione di energia e svolge azione regolatrice sulle inondazioni annuali. Il Nilo irriga, poi, le ampie rive dando vita, nell'alto Egitto, ad un'oasi fluviale larga tra i 5 e i 20 chilometri. A nord del Cairo esso si dirama, poi, in un vasto delta per gettarsi, dopo un viaggio di 6.671 chilometri, nel Mediterraneo.

De Nijl – een legende uit de oudheid en levensader van Egypte

De legendaire bijbelse rivier ontstaat uit het samenvloeien van de Blauwe en de Witte Nijl bij Khartum in Soedan. Geen andere rivier komt in zoveel vooral oude verhalen voor als deze. Geen andere rivier is ook zo belangrijk voor de bevolking als de Nijl voor de Egyptenaren. Hij vulde hun schuren in de zeven vette jaren en liet ze zeven magere jaren hongeren. Aan de Nijl werd handel gedreven en steden gebouwd. Hij zag de grote farao's met hun gevolg en droeg het rieten mandje, waarin Mozes werd uitgezet. En hij is vandaag van net zoveel belang als toen. De Assoen-dam een kunstwerk van de moderne tijd, stuwt de Nijl om energie op te wekken. Door deze stuwdam wordt nieuw akkerland kunstmatig geïrrigeerd en de jaarlijkse overstromingen binnen de perken gehouden. De Nijl voert dan de zomerregen uit het Ethiopische hoogland mee en verandert van een trage rivier naar een wilde stroom. Deze vruchtbare groene ader loopt door droog woestijngebied. Ten zuiden van Caïro vormt de Nijl dan een brede deltamonding aan de Middellandse Zee. Op deze lange reis van 6.671 kilometer heeft hij veel leven gezien en geschonken.

Le Nil – Légende des temps anciens et artère vitale de l'Egypte

Le fleuve légendaire de la Bible jaillit de la rencontre du Nil bleu et du Nil blanc, près de Khartoum, au Soudan. Il n'est d'autre fleuve aussi riche en histoires. Il n'en est d'autre que lui d'aussi important pour la population de son pays. Ses crues annuelles fertilisent les champs égyptiens. Ainsi est-il la source vitale de toute l'Egypte. Le Nil fut aussi le témoin d'une des premières grandes civilisations et de son fondement. Ces innombrables œuvres d'art de l'Ancienne Egypte ne furent réalisables que grâce à la richesse qu'il dispense. Penser au Nil, c'est avoir les Pyramides, les trésors de Toutânkhamon sous les yeux.
Et de nos jours, il est aussi important qu'autrefois. Le barrage d'Assouan, cette œuvre d'art d'une nouvelle époque, fait du Nil une énorme réserve d'énergie. Par ailleurs, e Nil régularise les crues du fleuve, arrose ses larges berges et forme ainsi cette oasis fluviale de Haute-Egypte, de 5 à 20 kilomètres.
Au sud du Caire, il dessine et forme un large delta. Son long voyage de 6.671 kilomètres se termine en Méditerranée.

The Nile – Legend of the past and life line of Egypt

The legendary biblical river arises out of the confluence of the Blue Nile and the White Nile near Khartoum in the Sudan. No other river is so steeped in legends. And no other is so important for the population of the country it flows through. Its annual floods bring nourishment to the Egyptian fields and make them fertile. It is in other words the lifeblood of the whole of Egypt. The Nile was a witness to the first advanced civilizations and indeed constituted their very basis. The wealth it provided made possible the countless works of art of Ancient Egypt. When we think of the Nile, we also have therefore the pyramids in mind and the legendary golden treasure of Tutankhamen.
And today the river is still as important as ever it was. The Aswan dam, one of the great works of art in the construction field in modern times, dams up the Nile so as to generate energy and regulate the annual floods. The Nile provides water for the floodplains and helps form the 5 to 20 kilometers wide river oasis of Upper Egypt.
Below Cairo it fans out to form a gigantic delta before ending its 6,671-kilometer-long journey by flowing into the Mediterranean.

 Ein Schiff in Stein gehauen

Una nave scolpita nella roccia

Een schip in steen gehouwen

Un bateau sculpté dans la pierre A ship hewn out of stone

 Die Fischerboote ziehen hinaus

I pescherecci prendono il largo

De vissersboten trekken erop uit

Les bateaux de pêche prennent le large

The fishing boats set out

 Wie ein Schleier über dem Nil...

Come un velo sul Nilo....

Als een sluier over de Nijl...

Tel un voile sur le Nil...

Like a veil over the Nile...

Leben: Durch die Wüste zur Oase

Vita: attraverso il deserto fino all'oasi

Leven: door de woestijn naar een oase

Vie: vers l'oasis, à travers le désert

Life: through the desert to the oasis

بسم الله الرحمن الرحيم

Des maisons centenaires au bord du fleuve   Centuries-old houses by the river

 Wenn nur der Nil noch leise raunt...

...e il Nilo gorgoglia silenzioso

Als alleen de Nijl nog zacht murmelt

Menschen am Nil: Er gibt ihnen Wasser und Brot

Gente sul Nilo: la loro fonte di vita

Mensen aan de Nijl: hij geeft hun water en brood

Le Nil et les hommes: il leur donne pain et eau

People of the Nile: the Provider of water and bread

Sand und Stein in der Wüste
Ohne Wasser – kein Leben

Sabbia e roccia nel deserto
Senza acqua non c'è vita

Zand en stenen in de woestijn
Zonder water – geen leven

Sable et pierres dans le désert
Sans eau – pas de vie

Sand and stone in the desert
No water: no life

180 Stadt der Toten

La città dei morti

Dodenstad

Ville des morts

City of the dead

 Der Strom kommt zur Ruhe   La corrente si placa   De stroom komt tot rust

Le fleuve s'apaise The mighty river finds its peace

5

Er machte Ströme zur Wüste
und Wasserquellen zu dürrem Land,
fruchtbares Erdreich zur Salzsteppe
wegen der Bosheit derer, die darin wohnten.

Tramutò fiumi in deserti
e fonti d'acqua in terra secca,
fecondo terreno in steppe di sale
per la malvagità di chi vi abitava.

Hij maakt stromen tot een woestijn
en waterbronnen tot een dorstig land;
vruchtbaar land tot zouten grond
wegens de boosheid van wie daar wonen.

Il transforma des fleuves en désert
et des sources en arides terres,
des sols fertiles en steppe salée
à cause de la méchanceté de ceux qui y
habitaient.

He turned the rivers into a desert,
flowing springs into thirsty ground,
and fruitful land into a salt waste,
because of the wickedness
of those who lived there.

Lionel Carson
Das Geschenk des Flusses

Der Nil war und ist für Ägypten, was das Meer für England und die Alpen für die Schweiz sind. Er war die Voraussetzung für die Wirtschaft des Landes und bestimmte seine politische Struktur. Der Nil zählt zu den längsten Strömen der Erde. Er ist etwa sechstausend Kilometer lang. Zwei große Flüsse vereinigen sich in ihm: der Blaue Nil, der in Äthiopien entspringt, und der Weiße Nil, dessen Quelle in Uganda liegt. Sie strömen in Khartum zusammen. Hier beginnt der eigentliche Nil, der nun dreitausend Kilometer nach Norden fließt, bis er ins Mittelmeer mündet. Seit uralter Zeit hat der Strom sein Bett immer tiefer gegraben und so inmitten ausgedehnter Wüsten eine lange, schmale Oase geschaffen, die schon früh von Menschen besiedelt wurde. Zu allen Zeiten haben ihre Bewohner, geschützt durch die angrenzenden Wüsten, in Wohlstand und Sicherheit gelebt. Der Fluß und die Wüste haben die physische Existenz der alten Ägypter geformt und ihre geistige Welt beeinflußt.
Der ruhige, gewundene Lauf des Flusses wird an sechs Stellen durch Stromschnellen, die berühmten Nilkatarakte, unterbrochen. Der sechste Katarakt liegt wenige Kilometer stromabwärts von Khartum; der erste in Assuan kennzeichnet den Beginn des eigentlichen Ägyptens.
Von hier fließt der Nil ohne weitere Unterbrechung zum Meer. Ungefähr 150 Kilometer vor seiner Mündung teilte er sich im Altertum in sieben Hauptmündungsarme (heute sind es nur noch zwei.) Dieses marschige Mündungsgebiet wurde von den Griechen der Antike Delta genannt, weil seine dreieckige Form ihrem Buchstaben „Delta" ähnelte.
Das Ägypten der Antike war zunächst nur das Gebiet zwischen dem ersten Katarakt und dem Mittelmeer. Später haben die Pharaonen ihren Einflußbereich immer weiter nach Süden bis in den Sudan vorgeschoben. Es ist geographisch in zwei unterschiedliche Regionen gegliedert: Unterägypten – die Gegend um das Nildelta – und Oberägypten – der schmale, von hohen Felswänden eingeengte Uferstreifen bis zur Grenze.
Alljährlich, wenn in Äthiopien die Frühjahrsschmelze beginnt und schwere Regen fallen,

Giuseppe Brunamontini
Il monarca dei fiumi

"C'è un solo uccello che può mettere la testa nella gola del coccodrillo", dice un proverbio sudanese. E questo volatile è l'unico animale tollerato dal monarca dei fiumi il quale acconsente che gli saltabecchi sulla splendida corazza, ripulendone gli interstizi da insetti e sanguisughe o, addirittura, gli passeggi nella bocca spalancata magari nutrendosi del cibo restato tra i denti, e quindi curandogli l'igiene delle fauci.
Un'amicizia curiosa, dunque, ma non insolita nel mondo animale, forse gradita da entrambi se da una parte allevia e divaga la incomunicabilità del coccodrillo e dall'altra consente all'uccelletto di sfamarsi con una certa sicurezza.
Il pennuto è dell'ordine dei caradridiformi, ma è meglio conosciuto come "il guardiano del coccodrillo" e la sua fedeltà arriva al punto di pigolare disperatamente in vista di qualche minaccia per il sovrano. Allora la bestia interrompe il profondo sonno per scivolare nel proprio elemento: l'acqua.
Il suo aspetto è così stupendamente terrificante che neppure i demoni, nella loro assunzione di forme orribili al fine di incutere paura, hanno mai osato prendere le sue sembianze. Eppure in essi abbondano ali di grifone, mostri con tre teste, lupi con coda di serpente che vomitano fuoco, vipere, uomini caudati con vipere ferocissime in mano, leoni con faccia di briganti, angeli con teste di leone, corvi, cani con le ali, leopardi pure largamente alati, mostri marini, draghi, cervi dalla coda fiammeggiante e così di seguito, in una multiforme e terribile scenografia. Neppure uno, però, ha osato prendere le sembianze del coccodrillo. Era forse troppo per loro?
Nell'anagrafe, scritta sull'argomento da Johann Wier, medico illustre e pervicace indagatore di cose occulte vissuto dal 1515 al 1588, dal titolo "Pseudomonarchia dei demoni", in cui vengono identificati una settantina di diavoli con tutte le loro legioni di sudditi, aspetto e competenze, il monarca dei fiumi compare due sole volte. E non, si diceva,

Marcellus Emants
Op de Nijl

„Tot waar komen wij vandaag, kapitein?"
„Allah keriem, ya, chawage."
Het was nu al de derde dag, dat de man ons met dit antwoord afscheepte.
Met wapperende vlaggen hadden wij Caïro verlaten. Cook's stoomboot zelfs ingehaald en de piramiden één voor één aan de horizont zien verdwijnen. Toen was de wind plotseling gaan liggen, waren de liggende en staande driekleuren met een treurige tintenmengeling op elkander neêrgezonken, had de hijgende en stampende stoomboot ons weêr achter zich gelaten en de dragoman woedend uitgeroepen: „Vous voyez le vent? Il dort, l'animal."
De Nijl, in de regel bewogen, vuilbruin – misschien wel omdat zijn wateren uit het paradijs komen, waar de engelen er zich mede wassen – was nu spiegelglad geworden en glanzig blauw. Geen vlekje wit zweefde meer langs het lichtend zwerk, en geen zuchtje trilde door de fijngetande palmkronen heen.
Alles sluimerde in de middaghitte van een Afrikaanse herfstdag.
De gele rand van het Arabisch gebergte, dor van de voet tot aan de spits, met onafzienbare reeksen zwarte grafkamers als doorprikt, geleek een verlaten, uitgebrande vesting, en beneden, in de talloze rossige puinhopen van eenmaal machtige steden, wier scherven-heuvels hoog boven de nieuwe dorpjes uitstaken, was 't alsof het vuur nog altijd doorgloeide, dat ze eenmaal tot pulver had doen vergaan.
Minder doodse aanblik bood de westelijke oever. Daar moest het schitterende woestijnzand tot aan de gezichteinder wijken voor de uitgestrekte akkers, de stadjes en de suikerfabrieken, waarin de laatste zuilen der oude steden verdwenen zijn. Maar ook daar rees nu geen grauwe duivenvlucht in de stille atmosfeer uit de stoppels van de afgemaaide doern op; ook daar sloeg geen blanke ibis op de dicht bevolkte zandbanken de sneeuwwitte vleugels uit. Het grauwe dorp met zijn

Jean Laporte
Le Nil Somerset

Une piste relie Masindi-Port au lac Albert, pour assurer la jonction avec le Nord de l'Ouganda et le Soudan, coupant la boucle appelée Nil Somerset. C'est la route impériale du Caire au Cap de Bonne Espérance, plus symbolique qu'effective, mais seule utilisable hors l'avion, pour parcourir du Nord au Sud la moitié Est de l'Afrique.
De lourds camions anglais à trois essieux et à remorque, basés à Masindi-Ville, font la navette entre le lac Kioga et le lac Albert. Au Nord, le lac Kioga prolonge son chenal marécageux jusqu'à Atoura (Atura), et à partir des rapides de Foouera et Karouma, le fleuve descend la plus forte pente de son parcours par la boucle non navigable sur une centaine de kilomètres, des gorges du Nil Somerset. Nos cartes au 1/250.000e mentionnent uniquement le tracé du fleuve qui a été repéré par avion. Ses abords, jusqu'au Nord de Masindi-Ville, sont en blanc et portent la mention: inhabité et inexploré.
Les environs du Somerset sont coupés de nombreuses petites vallées et de collines sur lesquelles croît une steppe broussailleuse épaisse qui rend son approche très difficile. Les crocodiles pullulent sur les rives. Singes, léopards, lions et troupeaux d'éléphants y abondent, donnant par avance l'impression d'une terre inhospitalière. En fait, la présence des animaux entretient les mouches glossines et la maladie du sommeil, raison majeure de la désertion totale de l'homme.
Les Britanniques ont fait de cette région une réserve d'animaux où il est interdit de les chasser; règlement qui est facilement respecté chez eux. Les éléphants y sont devenus si nombreux qu'ils débordent souvent les limites conventionnelles et viennent piétiner les plantations du département de Masindi. De riches chasseurs les prennent alors pour cible. Le prix d'un permis de chasse à l'éléphant équivaut à six mois de salaire d'un ouvrier français. Il y a certainement une volupté du coup de fusil sous lequel tombera l'énorme bête, et un attrait du risque que l'homme recherche

Emil Ludwig
A River Gets Underway

A roar heralds the river. Thundering, a shining sheet of water, radiantly blue, tense with life, plunges round the reef of a rocky islet in a double fall, while below, the spray thickens in a milky green vortex, madly whirling its own foam away to an unknown destiny. In such clamour, the Nile is born.
In a quiet inlet at the edge of the mighty fall, a gigantic maw yawns pink. Puffing and sluggish, the hippopotamus snorts and grunts as it raises its head above the water to squirt a water-jet from its nostrils between its pink-lined ears. Lower down, where the water grows calmer, bronze-green dragons, with black spots on their carapace and a yellowish belly, lie basking; to complete the illusion of fairyland, their eyes are rimmed with gold. Each bears a bird on its back, or even between its teeth, for the dragon sleeps open-mouthed. This is Leviathan from the Book of Job, the crocodile. It looks like some strange survival from the time when ferns and forests covered the earth and saurians ruled the world. But above the primeval monsters, the world of feathered things soars, wheels, and swoops. All the birds crossing Northern Africa, and many from Europe, gather here, and their screaming drowns the din of the waters. On the bushy island in the fall, untrodden by the foot of man, at the source of the Nile, lies the paradise of the birds.
Soft white patches shimmering like orange-blossom from out the dark verdure are transformed, when a noise alarms them, into white egrets which fly away over the falls, trailing their black legs. The bird with the curious spoon at the end of his bill, from which he takes his name, the whitest thing in nature, looks small beside the huge grey one, who bears his heavier body with hunched shoulders and indrawn neck slowly through the air. Suddenly there is a splash in the hurrying water: a big, dull black bird has dropped from the wet brushwood of the islet; it is that notorious glutton, the cormorant; he stays

Lionel Carson
Das Geschenk des Flusses

schwillt der Nil mächtig an und wälzt seine schlammige Flut nach Norden. „Wenn nun der Nil das Land überschwemmt", schrieb Herodot im 5. Jahrhundert, „so ragen nur die Städte über dem Wasser hervor, fast wie die Inseln in unserem Ägäischen Meer. Das ganze ägyptische Land mit Ausnahme der Städte ist offenes Meer. Man fährt dann auch zu dieser Zeit nicht im Strombett, sondern mitten über die Felder. Will man zum Beispiel von Naukratis nach Memphis fahren, so fährt man dicht an den Pyramiden vorbei." Wenn die Flut fiel, blieb eine fruchtbare Schlammschicht zurück, die von den Ägyptern im Gegensatz zum „roten Land" der Wüste das „schwarze Land" genannt wurde. Herodot nannte Ägypten „das Geschenk des Flusses". Ohne den Nil wäre das Land Wüste, der Fluß machte es zu einem der fruchtbarsten Ländern der Antike. (Für die Römer war Ägypten die wertvollste Kornkammer ihres Reiches.) Die Ägypter haben nie Sorge um Regen haben müssen. Sie haben niemals fürchten müssen, ihren Boden zu erschöpfen, denn der nächste Herbst schon brachte neuen, fruchtbaren Schlamm.

Wie so viele Naturphänomene konnte der Nil statt Segen auch Not bedeuten. Wenn die Flut des Flusses zu hoch war, richtete sie Verwüstungen an; wenn sie zu spärlich floß, blieben weite Teile des Landes trocken und konnten nicht bebaut werden. Wenn niedrige Fluten mehrere Jahre hintereinander auftraten, herrschte Hungersnot am Nil. Die Prophezeiung des Joseph im Alten Testament von den sieben fetten und den sieben mageren Jahren könnte auf das alte Ägypten zutreffen. Der Spielraum zwischen Wohlergehen und Not war häufig gering. Ein Meter höher als gewöhnlich bedeutete überschwemmte Dörfer, ein Meter niedriger akuten Nahrungsmangel.

In frühen Zeiten, so nimmt man an, verließen die verstreut siedelnden Stämme ihre Wohnplätze, sobald der Nil zu steigen begann, und kehrten am Ende der Überschwemmungsperiade zurück. Um aber eine große und seßhafte Bevölkerung ernähren zu können, muß geplant werden. Als die Ägypter gelernt hatten, die Flut zu bändigen, hatten sie eine neue Stufe der Zivilisation erreicht.

Giuseppe Brunamontini
Il monarca dei fiumi

come mostro protagonista, bensì usato come cavalcatura.

Unicamente due diavoli ne dispongono: il bellissimo Zaleos, grande capo degli inferi, ornato di corona ducale e guerriero affascinante, ed il vecchio Agares.

Quest'ultimo, soprattutto, è un demonio di primaria importanza, la cui sfera d'azione è collocata nella parte orientale del mondo, disponendo di trentuno legioni di diavoli subalterni. Ebbene, tale entità demoniaca, se si mostra, appare con le sembianze benevole di un uomo anziano, ma cavalcando un coccodrillo e tenendo un falcone in mano. Evidentemente, in entrambi i casi si è voluto bilanciare il fascino della persona con la temerarietà agghiacciante della cavalcatura. Altrimenti, nessuna connessione hanno questi due principi delle tenebre con l'elemento acqua; al contrario del demonio Vine, potente condottiero che si presenta come un leone assiso su un cavallo nero e con una vipera in mano, che ha la potenza di far gonfiare i fiumi, o della categoria di demoni di specie marina catalogata, nel registro del male, come Acquatile.

I diavoli acquatici

Questa masnada, numerosissima, vive proprio in zone lacustri, fiumi e paludi ove opera con larga possibilità di provocare inondazioni e catastrofi e facendo affogare un gran numero di persone in tragedie collettive tipo naufragi, oppure singolarmente.

Ecco, il monarca dei fiumi si attiene a quest'ultima abitudine, avendo però la saggezza di tutti gli animali di non uccidere al di fuori e in maggior misura di quanto esiga il proprio nutrimento. Certo, questo succede se l'uomo non è circospetto: se affronta imprudentemente un guado o se abbevera il bestiame in acque infestate; oppure se si trata di bambini inconsapevoli o di donne intente a lavare gli indumenti. Ogni villaggio, situato in prossimità dei fiumi, deve lamentare i suoi scomparsi. Altre vittime sono le zebre, le antilopi, perfino i cammelli.

Il morso del coccodrillo è una cesoia, tanto che

Marcellus Emants
Op de Nijl

verblindend wit Schech-graf sliep in de schaduw van roerloze palmen, sycomoren, gombomen, en lodderig staarde een stier ons aan, misschien wel een afstammeling van een Apis. Waar het oog ook zoekt, stil en eenzaam is 't overal. Slechts een enkele shadoef, waarmede twee naakte fellahs schepmandjes van palmbladen in de Nijl neêrlaten om ze door het tegenwicht van klei omhoog te doen trekken en uitstorten in het kleine kanaal, knarst en piept op de afbrokkelende oever. Slechts een enkele boer, dromerig achter de ploeg aanlopend, welke, evenals ten tijde van Moses en ondanks de bijbel, een os en een ezel over de akker heentrekken, verraadt, dat er nog mensen wonen achter de lage vensterloze muurtjes, en achter de uitstallingen van drek-turfjes, welke de Egyptenaar tot brandstof dienen.

Roerloos zit de kapitein op zijn traditionele plaats neergehurkt, het stompje pijp in de mond en de donkere ogen naar de horizont gericht; geeuwerig hangt de stuurman over de roerpen heen en kauwt op een steel suikerriet.

De dragoman zit zwijgend voor zijn hut en breit kousen, de reizigers liggen onder het uitgespannen zeil en lezen of mijmeren; de matrozen lopen suikerriet kauwend op de oever achter elkander aan, en trekken de dahabië met ontzenuwende langzaamheid tegen de stroom op.

Wij vorderen, o, ja! Het melancholische lied van gindse shadoef, dat ons heden morgen uit de slaap wekte, is nu bijna in de verte weggestorven, en op dit ogenblik zal 't ongeveer twee ure zijn. Doch aanstonds zullen onze Nubiërs de worsteling met de stroom wel weder opgeven, de pennen in de grond slaan, de dahabië vastmeren en zich, in hunne blauwe hemden gewikkeld op het oeverzand of tussen de koffers en sofa's op het dek te slapen leggen. Zonder moeite onderscheiden wij elke avond de plaats van waar wij 's morgens vertrokken, en nog altijd is 't of er lood aan het dundoek hangt, zo roerloos omsluit het de stok.

toujours, pourvu qu'il soit limité. Si le chasseur manque l'éléphant, l'éléphant ne manquera pas le chasseur.
On dénombre, très approximativement sans doute, 30.000 éléphants en Ouganda. Mais la chasse à outrance provoque dans les autres régions la rareté des bêtes sauvages qui seront à classer bientôt, animaux historiques ou pièces de musées. Nous trouvons barbare ce reste d'instinct primitif qui consiste à détruire pour le plaisir d'un coup de fusil, une masse de viande énorme, dont, à l'exception des défenses, l'Européen n'a que faire. A l'égard des animaux, nous préférons la caméra. Eux aussi. Rapporter de bonnes vues d'animaux présente d'ailleurs beaucoup plus de difficultés et de risques. Il est indispensable de les approcher à moins d'une portée de fusil et alors que le tir à courte distance ne s'évalue que selon deux dimensions, la qualité d'une vue cinématographique dépend du cadrage harmonieux de la bête, du mouvement souhaité en raison des précédents, de l'éclairage et des réglages préparatoires que réclame une caméra un peu perfectionnée, avant de déclencher son mouvement: horizontalité du trépied, remontage, vérification de la pellicule vierge, du verrouillage, de la vitesse du défilement, de l'obturateur, de l'ouverture du diaphragme et de la mise au point en profondeur.
C'est un grand plaisir de pouvoir se montrer aux autres sous un jour favorable; c'est pourquoi beaucoup de chasseurs abandonnent aujourd'hui le fusil pour la caméra, qui leur permet mieux que les histoires de chasse, de vanter leurs exploits.
Nous payons nos piroguiers. Je démonte les deux kayaks qui ne peuvent subir les transports routiers sans dommage. Les vibrations useraient rapidement les joints et le caoutchouc aux points de frottement. Je constate à l'inventaire, la perte du trépied de caméra, ce qui diminue d'une bonne moitié la valeur de ce que nous pouvions encore espérer du film.

submerged for minutes at a time, rises far off, and, with the struggling fish in his beak, disappears with the powerful wing-strokes of a sea-bird. Disapproving, a grave black and white bird looks on; he walks with drooping head; then, as if to display real dignity, slowly spreads the shapely bow of his yellow-striped wings in graceful flight. This is the ibis, the holy bird of the Nile.
Proud and solitary, like the princes of Arabian legends, mute and unapproachable, the cranes stand along the banks. One, silver-grey, with a noble gaze, who bears his rather too heavy head gracefully on his delicate neck, and holds his dark tailfeathers like a bouquet, at a single stroke spreads out a pair of gigantic wings and trails slowly away over the water, but his handsomer brother, whose feathers shimmer blue on tail and belly, carries on his head, like a peacock, a tuft of golden feathers; this is the crested crane, stately, gorgeous, and decadent like Van Dyck's royal portraits. Beside this prince, but slightly to the rear, as is seemly, stands the aged man of money. Ugly and comical, as in the fairy-tales, a picture of feigned repose and false dignity, unscrupulous and wary, shrewd and greedy, the black and white marabou is always to the fore if business is on foot, and takes everything that offers from the rat to the spider.
And among them the countless multitude of smaller birds flits to and fro over the source of the Nile, screaming, chattering, and piping: sun-birds flashing in water and light, turquoise-blue with orange feathers, pink and rusty red, iridescent, among blue-shimmering kingfishers, with gleaming thrushes darting over their heads. Bulbul, the oriental nightingale, invisible in the undergrowth, gurgles her melody, but close by her secret spot, the swallows from the north swoop past in softly twittering flight, seeking, like the German poets, the south and the oriental nightingale. And the rose-grey

Lionel Carson
Das Geschenk des Flusses

Vor mehr als fünftausend Jahren, lange vor der Begründung der ersten Dynastie, haben die Ägypter begonnen, die Jahreszeiten nach dem Verhalten des Flusses zu bezeichnen. Es gab drei Jahreszeiten: „Überschwemmung", die Zeit der Flut, die ungefähr von Juni bis Ende September dauerte, „das Auftauchen der Felder aus dem Wasser", die im Oktober begann und das Land bis in den Februar hinein feucht hielt, und „Trockenheit", die Zeit bis Juni, wenn der Zyklus von neuem begann. Aus diesen Beobachtungen entstand der erste praktikable Kalender. Er ist im Prinzip derselbe, den wir heute in der ganzen Welt gebrauchen.
Die Jahreszeiten hatten auch Einfluß auf die soziale Organisation des Landes, denn das Verhalten des Flusses bestimmte die tägliche Arbeit in Ägypten. Während der Zeit, in der nach der Flut der Wassrspiegel sank, wurde an dem ausgeklügelten Bewässerungssystem gearbeitet und gleichzeitig gesät. In der Trockenzeit wurde geerntet und gedroschen. Während der Überschwemmung arbeitet das Volk an den gewaltigen Bauprojekten der Pharaonen.
Sie bauten Deiche zum Schutz der Dörfer gegen Überschwemmungen, legten riesige Bassins an, um das abfließende Wasser aufzufangen und gruben lange Kanäle und kurze Gräben, um es bei Bedarf auf die Felder zu leiten. Um über den jeweiligen Höchststand der Nilflut im Bilde zu sein, schuf man sogenannte Nilmesser, das heißt Markierungen an den Uferfelsen. Diese Messungen, die sich bis auf den heutigen Tag erhalten haben, liegen um sieben bis neun Meter über den normalen Fluthöhen unserer Zeit. Als man im Laufe der ägyptischen Geschichte die Grenzen weiter nach Süden vorschob, legte man dort neue Nilmesser an, denn die Nilbehörde des Pharao wollte so früh wie möglich über die jährliche Fluthöhe unterrichtet sein.
Der große Strom war fast die einzige Grundlage der ägyptischen Wirtschaft.
Er ernährte die Menschen und war neben den Goldminen der östlichen Wüste und Nubiens die wichtigste Quelle ihres Wohlstands. Er machte die Ägypter von Anfang an zu einer Agrarnation. Der Wert von Grund und Boden

Giuseppe Brunamontini
Il monarca dei fiumi

talvolta deve accontentarsi di un solo arto della preda, avendolo trinciato al primo chiudersi delle mascelle dotate di due file di denti potentissimi. Non disdegna qualsiasi mammifero avvicinatosi alla sponda per dissetarsi. Né mancano, nell'elenco degli uccisi, gli uccelli acquatici e i pesci di ogni dimensione. Il coccodrillo avvicina la preda nuotando sott'acqua, dalla quale sporge soltanto la punta del muso, silenziosissimo. E giunto a distanza di colpire, si fionda fulmineamente: non c'è scampo! Nei rari casi di fallimento, non insegue: la sua mole diventa goffa e lentissima su un terreno duro. Infatti, su di esso il monarca difficilmente accetta di battersi, consapevole della sua inferiorità, apparendo talvolta perfino pauroso e ripiegando appena possibile nel suo elemento in cui immediatamente si integra e ritrova la feroce potenza.
E nell'acqua impigrisce fino a mezzogiorno. Da simile nirvana emerge, per approdare e trascinarsi sopra qualche banco di sabbia o su rive basse ove si crogiola, sotto il torrido sole, fino ad addormentarsi profondamente. Tanto c'è il guardiano alato a montare la guardia. Solo al tramonto comincia la ricerca di cibo. Allora ogni squamoso parte per la sua strada, sciogliendosi dal gruppo che si era costituito sugli isolotti.
Eppure era sacro
È questo il coccodrillo del Nilo, il più diffuso dell'Africa o, per meglio dire, nelle sue vitali arterie d'acqua. Può raggiungere perfino i sette metri di lunghezza, e di essi circa metà compongono la coda. C'è chi ha scritto che nel regno animale esistono solo due autentici mostri: il pescecane, ossia il cosiddetto squalo la cui aggressiva voracità è straordinaria, ed il coccodrillo. Ma nella vicinanza delle foci, se qualcuno domanda: "Ci sono pescicani, qui?", la lepida risposta è: "No, no, stia tranquillo: hanno paura dei coccodrilli!"

Marcellus Emants
Op de Nijl

Op deze wijze vorderen wij nu al drie dagen. Trokken er tegen de avond en bij het krieken van de dag niet wat schapen, kamelen en gelovigen op ezels voorbij, voeren wij nu en dan niet dicht genoeg langs een dorp heen om de vuile kinderen in de drek te kunnen zien wroeten en de gesluierde vrouwen in de lange, donkerblauwe gewaden water putten uit de Nijl, zakten er niet onophoudelijk vlotten van aan elkaar gebonden kruiken of samengesjorde en hoog met hooi beladen schepen de rivier af, en maande niet elke avond dezelfde overgang van vurige in koele tinten aan het wolkenloos uitspansel, hetzelfde gloeien en vergrauwen van het Arabisch gebergte aan de voortsnellende tijd, waarlijk men zou zich hier kunnen voorstellen uit het aardse leven in een bestaan verplaatst te zijn, waar geen tijd en dus ook geen verandering meer is.
Elke morgen voor her ontbijt staren wij naar het noorden, rimpels zoekend op het spiegelend watervlak, maar elke morgen volgt na een korte aarzeling het bevel: „achna aus el tenda". Is dit bevel ten uitvoer gelegd, dan zinkt de reis weêr met gekruiste benen op zijn post neder, de stuurman dut onder her roer in, de matrozen kruipen als slangen elke opening binnen, welke tussen de divaans en de kisten op het dek te vinden is, en alleen de dragoman met zijn koks ontwikkelen nog enige bedrijvigheid. De eerste stopt het niet onder stoelen of banken, dat het weder hem driftig maakt. Reeds vertoont hij zich nooit meer in zijn gegalonneerd grijs buis, waaronder het vest van paars gestreepte zijde met de ontelbare knoopjes zo goed uitkwam. De wijde zwarte mantel, met twee gaten in stede van mouwen, die hij thans draagt, doet hem soms meer op een vleêrmuis dan op een mens gelijken, wanneer hij nijdig gesticulerend over her dek loopt. Met de dag begint zijn gezicht somberder te staan, knipt hij zenuwachtiger met de half gesloten oogleden, en duwt hij de rode tarboesch verder achterover.

Jean Laporte
Le Nil Somerset

Nous installons nos réchauds à essence à l'ombre d'un abri pour préparer notre déjeuner. Pendant ce temps une voiture s'arrête sur l'appontement. Le chef de la police de Masindi-Ville en descend, vêtu de l'uniforme colonial au grand complet: casque à galons dorés, veste de toile à épaulettes, ceinturon, culotte courte large comme une jupe, descendant jusqu'à mi-genoux, chaussettes blanches à pompons de couleur, une fine cravache à la main. C'est le type de l'officier colonial anglais tel que le représentaient les revues de voyage du siècle dernier. Il est venu aux nouvelles et superviser le débarquement du vapeur. Il ne répond pas à nos salutations et donne très sèchement quelques indications à Goddard. Nous pourrons prendre place avec notre matériel sur un des gros camions qui doivent arriver le soir à Masindi, et le rejoindre ensuite à son bureau. Après quoi il s'éloigne.
Les officiers de police de l'Ouganda sont d'autant plus infatués du respect qu'on leur doit, qu'ils sont mal rémunérés. Nous savons aussi les Britanniques peu loquaces, mais nous nous étonnons de tant de froideur ici, où il n'y a pas un blanc dans un rayon de cinquante kilomètres.
Nous arrivons la nuit à Masindi, trop tard pour le rejoindre à son bureau. Nous nous faisons conduire chez lui. Nous sommes immédiatement invités à passer à la salle de bains. Chez les Européens, cette opération est la première des hospitalités. Quelle impression agréable de se retrouver en plein confort et de se débarrasser de nos chemises moites de sueur sur lesquelles adhère la poussière épaisse de la piste.
Nous sommes ensuite conviés au «whisky» puis au dîner, et admis d'emblée dans l'intimité de la famille. Ainsi sont les Britanniques.
Le lendemain, nous reprenons en camion la piste du lac Albert. Elle se déroule sur la steppe puis en forêt sur une partie du parcours, gravit en courbes les hauteurs qui marquent l'approche de la dépression, puis nous fait déboucher à nouveau sur la grande faille de l'Ouest au fond de laquelle le lac Albert sert de carrefour régulateur à toutes les eaux de la partie équatoriale du Nil.

Emil Ludwig
A River Gets Underway

turtles coo in deep contralto, little opalescent blue-green starlings pipe their song into the screaming of the bigger birds, martins dip their brown breasts in the spray, and the wagtail, a Nile-bird like the ibis, the daintiest of all, warbles as it rocks. In a chorus of sound and colour, they whir round the inaccessible islet in the falls, as though they feared man more than the hippopotamus, more than the crocodile and the great birds.
Where are we?
The source of the Nile, the Ripon Falls, lying close above the equator, three hundred yards broad, called by the natives "The Stones", plunges between virgin rocks bare of any green growth save brushwood and wild flowers, on a treeless plateau, for the white men have felled the forest on account of the deadly flies. It is the most northerly point of Lake Victoria, near Jinja, where the mighty roar proclaims a mighty spectacle. Behind grey rocks, which form a kind of natural dam, on the other side of the bay, lies the lake with its many islands, great and small, the lake which sends forth the river, the great messenger from the heart of Africa, to bear wonderful tidings to a distant sea.
None guessed its origin. For thousands of years men sought this source and went astray. The strange river, they thought, must draw its strength from high mountains, and, like every other river on earth, be formed of little mountain torrents. One day, late in time, only seventy years ago, it was discovered that the Nile began its course with a gigantic waterfall: the child of the greatest of all African lakes, it showed its strength in the foam and thunder of the first day of its life.
Not all the breakers of these first hours will reach the goal. Wind and sun, rocks, animals, and plants will stop many, or dissolve them in air; nor will all the water that ends its course in the Mediterranean many months later come

Lionel Carson
Das Geschenk des Flusses

wurde nach ihm bestimmt, denn alles Land wurde in drei Abschnitte geteilt: in den Teil, der immer überflutet wurde, in den, der von den Wassern des Nils nur hin und wieder erreicht wurde, und in den, der immer unbewässert blieb. Die Steuersätze waren entsprechend gestaffelt. Der Fluß war schuld an vielen Prozessen der ägyptischen Gerichte, denn seine Nutznießer stritten unentwegt über Wasserrechte. Sogar bei den Totengerichten des Gottes Osiris spielte er eine Rolle. Wenn ein Ägypter dort Rechenschaft über sein vergangenes Leben ablegen mußte, war eine Erklärung, daß er „kein Wasser während der Saatzeit aufgehalten" oder „keinen Damm gegen fließendes Wasser errichtet" habe, von ebenso großem Gewicht wie der Nachweis, daß er niemanden beraubt oder getötet hatte.
Der Nil schenkte den Ägyptern in normalen Zeiten solchen Überfluß, daß Herodot und die Bibel von den „Wundern der Fleischtöpfe Ägyptens" sprachen. Getreide war das Hauptprodukt, und der Fluß ermöglichte so reiche Ernten, daß Ägypten – wenn Frieden und Ordnung im Lande herrschten – Überschüsse exportieren konnte.
Ein anderes Geschenk des Flusses, das außerdem nur einen Bruchteil der Mühe kostete, den der Ägypter zur Produktion von Getreide aufwenden mußte, war das Papyrusrohr. Es wuchs an den Ufern des Nils, besonders in den Marschen des Deltas in üppigen Dickichten. Aus ihm hatte die Mutter Moses' den Korb geflochten, in dem sie den jungen Moses aussetzte. Die Ägypter lernten schon früh, aus den Stengeln des Papyrus ein ausgezeichnetes Schreibmaterial herzustellen. Es war das beste, das die Alte Welt gekannt hat. Sie haben es schon im Alten Reich produziert und bis zum 12. Jahrhundert n. Chr. ein einträgliches Monopol behauptet.
Der Papyrus hat der Kultur der Alten Welt unschätzbare Dienste erwiesen. Da die Papyrusblätter leichter waren und aufgerollt werden konnten, konnte man mit ihnen viel einfacher umgehen und sie bequemer transportieren als die gebrannten Ton-Schreibtafeln Mesopotamiens. Sie haben dazu

Giuseppe Brunamontini
Il monarca dei fiumi

Eppure esso era sacro per gli egiziani. Le ragioni possono essere solo ragionevolmente induttive: essendo monarca dei fiumi e soprattutto del Nilo, era considerato il padre dell'Egitto.
Per esempio, 2000 anni avanti Cristo, nel corso della dodicesima dinastia, una città di nome Scedet, situata proprio sulle rive del Nilo, era il centro di una fede legata al dio dell'acqua, Sucho, avente, guarda caso, la testa di coccodrillo. La divinità proteggeva l'intera regione, denominata Faijum, conservandola ricca di acque.
In quel tempo remoto, prospiciente al tempio destinato alle devozioni c'era un lago gremito di coccodrilli ritenuti sacri. Ed i sacerdoti adibiti al culto sovraintendevano ai sacrifici che la popolazione doveva tributare ai mostri. Se uno di essi tirava le cuoia, la sua pelle squamosa non andava certo a guarnire l'abbigliamento delle belle egiziane di allora; al contrario: all'animale venivano tributati onori dovuti al suo rango. Godeva del diritto all'imbalsamazione, al pari dei sovrani, e così mummificato veniva portato al suo tumulo ove il popolo seguitava a dedicargli preghiere e offerte.
Perché l'acqua e il fiume, cioè la fecondità della terra e la ricchezza delle messi, erano le ragioni di un legame così stretto e rispettoso che sorvolavano perfino sulla ferocia impenetrabile dell'unico discendente dei primi mostri della terra.
Vari santuari racchiudono mummie di coccodrilli sacri. Nel Faijum, appunto, presso Krokodilopolis se ne trovarono sotto le rovine del cosiddetto labirinto.
Erodoto riuscì a visitarlo, e scrisse: "Sorpassa in imponenza e in grandiosità ogni descrizione ed è ancor più maestoso delle piramidi.
È composto di dodici cortili coperti; nel sottosuolo si aprono 1500 camere e altre 1500 si trovano alla superficie. I sacerdoti non volevano farmi penetrare nelle camere inferiori, poiché in esse si trovano sarcofaghi di re e di coccodrilli sacri . . .". Forse per questo i diavoli non hanno mai osato assumerne l'aspetto!

Marcellus Emants
Op de Nijl

„Moi, voyez-vouz, je soigne les dames," had hij gedurende de onderhandelingen in Caïro steeds op allerminzaamste toon verklaard. „Moi, je ne suis bas comme les autres dragomans qui dorment. Moi, jamais dormir. O! vous ne me connaissez bas encore, mais brenez des informations. J'ai été avec"...(talrijke prachtige namen, waaronder de Lesseps). „Le cabitaine, que j'ai bris, est un pon cabitaine, il connait les pancs de saple. Le second reis, pon aussi." Les matelots, pons et bas méchants. Le pateau neuf, les rideaux neufs, le tabis neuf, le linge neuf, les verres neufs, les assiettes neuves. Moi, je ne suis bas comme les autres dragomans, qui poivent du cognac. Moi, je soigne les dames. Si madame aime les confitures, moi je vous donnerai des confitures anglaises et arapes. Si madame aime les piscuits, moi je vous donnerai des piscuits anglais."
Nu bromt hij: „Il ne faut bas que j'y berde. Les œufs, les boules, les bigeons, les moutons, tout cela coûte cher ici. Et le dimanche une dinde, moi toujours une dinde. Mais il ne faut bas que j'y berde. Je suis bauvre, moi."
En wanneer dan tegen de middag de wind nog altijd niet opgestoken is, vaart hij regelmatig tegen de kapitein uit, die zijn volk niet lang genoeg aan de lijn laat trekken, roept ons te hulp om het contract te handhaven, en buldert: „Ya, chawage, cet homme là" (als 't erg loopt zegt hij: cet animal) „est une mauvais cabitaine. Il m'a trombé, monsieur, il a toujours été matelot, simple matelot. Il ne faut bas que j'y berde. Tout coûte cher ici!"
Heeft de kapitein, gesteund door de tweede reis, hem een onverstaanbaar antwoord toegebruld, dan ontspint zich een woordenstrijd, waarin beiden wel honderdmaal: „bes!" roepen en toch telkens weêr van voren af aan beginnen. Ten slotte wreekt Mohammed zich op een der bedienden of oorveegt hij zijn slaaf, een neger van de afschuwelijkste soort, die inderdaad Moergaan heet, maar tegenover ons wordt aangeduid als: „le gentil betit noir".

Jean Laporte
Le Nil Somerset

Au bout de la vaste langue sablonneuse qui s'avance sur la rive droite, le petit port de Butiaba marque la reprise de la navigation sur 300 kilomètres.
Sur l'autre rive, c'est le Congo belge. Nous éprouvons quelque réconfort en pensant qu'on y parle français, mais ceci est très relatif, car ces montagnes bleutées, presque abruptes, qui ferment l'horizon, sont à peu près inhabitées.
Le panorama est magnifique. Nous comprenons l'enthousiasme de Baker qui le découvrit de cette même rive, et la description qu'il en fait dans son journal de voyage.
A Butiaba, le «Corindon» construit comme un petit cargo mixte de haute mer, s'apprête au départ du lendemain. Nous y passons la nuit pour éviter de monter la tente. Le soir, au bord de l'appontement, un épais nuage d'éphémères tourbillonne sous la lumière d'un lampadaire. Beaucoup tombent à l'eau. Au ras de la surface, des centaines de poissons, serrés les uns contre les autres, les happent aussitôt. Je songe machinalement aux pêcheurs qui, chez nous, confectionnent des mouches artificielles et reviennent à longueur de journées, taquiner une même truite. Il y a ici de quoi les émerveiller ou bien les dégoûter de leur passe-temps. Il faudrait, sans aucune exagération, écarter les poissons pour pouvoir prendre un seau d'eau.
Entre les lacs Kioga et Albert, le Nil a descendu sur 100 kilomètres, une dénivellation de 400 mètres. La diminution d'altitude se ressent nettement par la différence de température.
Il règne une chaleur lourde et humide très désagréable. Même en inaction nous transpirons continuellement; et comme nous aurons tout le temps d'en souffrir plus encore sous la tente dans les jours qui vont suivre, nous prenons l'initiative de nous installer à l'ombre du vieux «Lugard» accosté le long d'une passerelle. J'entrepose nos bateaux et nos sacs dans le grand hangar où s'emmagasinent provisoirement des centaines de paires de défense d'éléphants. On ne croirait pas, dans la solitude de cette région, les éléphants si nombreux, mais le lac Albert est une des «plaques tournantes» de l'ivoire.

Emil Ludwig
A River Gets Underway

from this source, for the Nile has three sources, and, at the beginning, many tributaries. Yet there are many millions of atoms of water that follow the whole career of their river in its bed, from this fall which gives it birth, till at last they mingle with the salt of the sea.
Here, at the source, the veils of morning are rising from the lake, whose bounds no man can divine.
The growing light discloses hosts of islands, large and small, deep gorges cutting into the land, sandbanks far out, and, beyond, ranges of hills fading into the pale-blue distance. Broad, shimmering grasslands clothe the swelling banks, studded by single huge trees dividing light from shade in great masses, fertile, idyllic. Even if all the islands and bays were not there to crowd the view, the eye could never reach the farther shore, for this lake is a sea, much bigger than Switzerland, with laws, forms, and dangers of its own, an unrelated element in this enchanted continent, a gigantic mirror for the sun of Africa, the frontier of a bucolic land which is called Uganda. It has been likened to Paradise, for here eternal summer reigns, without mortal heat by day, without sultry mist by night; rising from a level of three thousand feet, cooled by afternoon thunderstorms, by evening wind, almost without seasons, with an equal daily share of sun and rain, it is ever fertile, ever bountiful.
Behind the girdle round the lake, the last giants of a primeval world lie hid. For the land mounts terrace-wise from the shores of this silken blue sea, rising in the north-west to hoary granite peaks and volcanoes, to the sources of rivers all flowing to the one great stream, and yet higher to the snow-capped summits of the Mountains of the Moon. Like a loosely fitting armour, these heights enclose the domain of the blessed race of men who, in the lakeside uplands, reap much longer than they sow.

Lionel Carson
Das Geschenk des Flusses

beigetragen, die Kunst des Schreibens den Völkern der Antike zu vermitteln. Am Beginn des christlichen Zeitalters schrieben reiche Römer ihre Briefe, Kaufleute ihre Rechnungen, Dichter ihre Werke in allen Ländern des Mittelmeeres von Spanien bis nach Syrien auf Papyrus, das aus Ägypten kam.
Papyrus wurde von den Ägyptern auch für praktische Zwecke gebraucht. Man drehte seine Fasern zu Tauen und Seilen. Viele der Schiffe, die auf dem Mittelmeer fuhren, waren mit solchen Tauen betakelt. Dies traf natürlich auch für die Nilschiffe zu. Kleine Kähne und flache Boote waren aus Papyrusbündeln gefertigt. Viele Dinge des täglichen Lebens, wie Körbe, Matten, Kästen, Sandalen, Siebe, Stühle und anderes, waren aus dieser Pflanze hergestellt, die im Übermaß am Nil wuchs, jedermann zugänglich war und nur geschnitten zu werden brauchte.
Für gewisse Lebensnotwendigkeiten, die den Ägyptern fehlten, hatten sie ausgezeichneten, manchmal sogar besseren Ersatz. Statt Holz, das am Nil selten war, verwandte man getrocknete Lehmziegel für alle Wohnhäuser, von der einfachsten Hütte bis zum Palast des Pharao. Das Niltal war für den Anbau des Olivenbaumes nicht geeignet, der für die meisten Mittelmeerländer die wichtigste Ölquelle war, aber man besaß Rizinusöl, Flachssamenöl und Sesamöl im Überfluß.
Im Deltagebiet, wo die flachen Ebenen zur Viehhaltung prädestiniert waren, züchtete man prächtige Rinder und vor allem Schweine, die ja mit Vorliebe im feuchten Boden wühlen. Ziegen konnte man überall im Lande in großen Mengen finden, in den reichen Dörfern Unterägyptens ebenso wie in den armseligen Landstrichen Oberägyptens. Die Papyrusdickichte in den Marschen des Deltas waren Tummelplätze aller erdenklichen Arten von Wasservögeln.
Die Ägypter jagten sie von Booten aus mit Wurfhölzern oder legten Schlingen für Enten, Gänse und Kraniche, die sie dann in Käfigen mästeten.
Eine gut florierende Wirtschaft muß zur Verteilung ihrer Produkte über ein ausrei-

Giuseppe Brunamontini
Il monarca dei fiumi

Giobbe, nella Bibbia (XL, 20), domanda:
"Potrai tirar fuori il Leviatan coll'amo,
E con una corda legare la sua lingua?
Gli potrai porre un cerchio alle narici,
O forargli la mascella con un anello?";
poi passa a darne una terrificante e suprema descrizione (XLI, 4): "Chi scoprirà il disopra della sua corazza?
Chi entrerà nel mezzo della sua gola?
Chi aprirà le porte della sua faccia?
Sulla chiostra dei suoi denti sta il terrore;
Il suo corpo è come di scudi fusi
È coperto di squame ben serrate insieme:
L'una è unita all'altra,
E tra esse non passa neppure un fil d'aria;
L'una aderisce all'altra,
Si tengono strette senza mai separarsi.
Il suo starnuto è splendore di fuoco,
I suoi occhi sono come le ciglia dell'aurora.
Dalla sua bocca escono vampe
Come tizzoni di fuoco acceso.
Dalle sue narici esce fumo
Come da caldaia bollente sul fuoco.
Il suo alito fa bruciare i carboni,
E una fiamma esce dalla sua bocca.
Nel suo collo sta la forza
E davanti a lui va la miseria.
Le parti sue carnose sono ben compatte,
Lanciando contro di lui i fulmini non andranno altrove.
Il suo cuore è duro come la pietra, saldo come l'incudine del fabbro.
Quando si alza su, gli angeli tremano
E sbigottiti si purificano.
Contro di lui
Nulla può la spada, la lancia e la corazza.
Il ferro è per lui come la paglia,
Il bronzo come legno tarlato.
L'arciere non lo metterà in fuga:
Per lui son di stoppa le pietre della fionda,
La mazza la crederà un fil di paglia,
E si burlerà di chi brandisce la lancia.
Esso avrà sotto di sé i raggi del sole,
Si stenderà sopra l'oro come sul fango.
Farà bollire come una caldaia il fondo del mare,
Lo renderà come unguenti in ebollizione.
Si lascia dietro una scia luminosa.

Marcellus Emants
Op de Nijl

Moergaan trekt zich evenmin 's mans gebrul als zijn klappen aan. Met zijn platte neus, zijn uitstekende jukbeenderen, zijn mond, die een brievenbus gelijkt, en zijn dikke lippen weet hij in zulke gevallen een grijnslach te voorschijn te brengen, die een Europese zuigeling de stuipen op het lijf zou jagen, maar voor ons slechts het bewustzijn van zijn onmisbaarheid vertolkt. En onmisbaar is hij, voor zijn meester althans, ongetwijfeld. Want niet alleen vilt hij de schapen, plukt hij de kippen, vangt hij de vissen en moeten zijn roetzwarte Hercules-armen even goed ons linnen wassen als de zeilen helpen ophijsen, maar heeft de eerste kok – een groot kunstenaar overigens, die zich een enkele zwakheid veroorloven mocht – eens een onbewaakt ogenblik gehad, dat ons noodzaakt hem de boeien aanteleggen en enige uren van slaap te gunnen, dan is Moergaan in staat zijn plaats te vervullen, en ons door een goede maaltijd in goede luim te houden. Natuurlijk is le gentil betit noir, die zijn meester 300 franken gekost heeft, na zulk een opvoeding wel het driedubbele waard, en zal het niemand verbazen dat de dragoman hem gaarne met een gentille betite négresse zou doen paren. Nochtans heeft Moergaan zelf daar veel tegen. Voor zijn eigen persoon begeert hij de hooggeroemde vrijheid, die hem dwingen zou te allen tijde zelf in zijn onderhoud te voorzien, volstrekt niet; doch voor zijn kinderen denkt hij er anders over. Tot trouwen is hij terstond bereid, maar...met een: demoiselle libre arabe.
De derde kok heeft minder van Mohammed te lijden, daar hij uitsluitend in dienst van de bemanning staat, welke haar eigen brood bakt, en alleen op vaste tijden een schaap ten geschenke krijgt. Als kleinste der matrozen zit hij steeds op het uiteinde van de ra, wanneer het zeil ingenomen moet worden. Wat de culinaire kennis aangaat van het verschrompelde gele ventje met zijn katachtig toegeknepen ogen, die is tamelijk wel in overeenstemming met de eenvoud van zijn kooktoestel en van de

Jean Laporte
Le Nil Somerset

Bien que le ravitaillement soit très précaire à Butiaba, nous souhaitons attendre le départ d'un des deux bateaux qui font la navette pour les voyageurs qui désirent remonter jusqu'à la chute Murchison. Car nous ne trouverons pas de pirogue pour y aller, et il n'est pas certain que nous puissions trouver sans le connaître, le chenal praticable dans le «sadd» qui ferme sur une vingtaine de kilomètres l'embouchure du fleuve dans le lac, ni que nous puissions remonter le courant jusqu'au voisinage de la chute.
Goddard qui s'impatientait à faire de la correspondance, a profité d'un camion pour rejoindre Kampala. Il en revient quelques jours plus tard avec l'autorisation complaisante de nous rendre à la chute Murchison à l'occasion de la navette d'un inspecteur du Service des Eaux, pour un contrôle de niveau. Le voyage sera pour cette raison d'un prix modique, mais malheureusement très bref.
Nous embarquons le lendemain matin avec tout notre matériel. Le bateau s'éloigne de Butiaba et de la côte pour se diriger droit vers l'entrée du fleuve dans le lac, 90 km, au nord. Les deux moteurs Diésel nous font filer bon train. Il y a à bord deux américains qui nous expliquent leur randonnée africaine et trouvent qu'elle leur coûte cher. Les voyages sont toujours coûteux lorsqu'il faut compter sur les services locaux. Chez les Britanniques, il n'y a pas de demi-mesure entre leur mode de vie régulier et le complet dénuement. Même sur ce petit bateau destiné à parcourir l'une des dernières régions explorées d'Afrique, nous trouvons en réduction le confort habituel. Couchettes propres, lavabos, douche et douze noirs au service de six passagers. Cette disproportion paraît scandaleuse, mais la main-d'œuvre est bon marché et la notion de rendement lui est absolument étrangère. Trois blancs s'acquitteraient facilement du travail des douze noirs. Cette proportion demeure la même sous toutes les formes d'activité, sans parler de l'inaptitude professionnelle dont les conséquences mènent souvent les entreprises mécanisées à la faillite. Le bateau remonte le large estuaire bientôt

Emil Ludwig
A River Gets Underway

For the shores of the lake are a park, formed by nature and the sun-browned hand of man. Pastel-green, the liquid light flowing through their delicate branches, so that their shadow falls but grey on the grass, lofty acacias stand singly, their crowns spreading like open parachutes. Close above the ground, the thick main trunk branches out all round, dry, gnarled, and tender grey; much higher up, the finely articulated leaves begin to radiate, and the flowers droop in great mauve bunches. Above widespread roots, which rise above the ground, stands the dome of the ficus, as rich in timber and in shade as the royal sycamore beside it. The flaming red blossoms of slender flamboyants bow towards the lake, but the bright scarlet candelabrum of the coral tree thrusts its rigid fingers into the air. Thus each stands on these meadow slopes, almost motionless, the symbol of the landscape of a dream.
No human being has yet dared to lay hand on this part of Africa to shape or subdue it, although many a plan has been woven round the source of the Nile. Yet the river has been bridged in the first moments of its life: a short distance downstream a grey iron bridge bears the train which connects the mighty lake with the Indian Ocean, the small sea with the great. Not until two thousand miles lower down, on the brink of the desert, will the Nile, completely transformed, know another bridge. Along this whole stretch through lands and peoples, save for one natural bridge, no one can cross the Nile unless by rowing; men and beasts have tried and lie buried in it: for long reaches the unbridged stream has proved a barrier between one fauna and another.
The young river takes no heed of the bridge: in a long series of falls and rapids, spraying and leaping, it drives its infant powers onward, foaming in the joy of life. A second fall, the

Lionel Carson
Das Geschenk des Flusses

chendes Verkehrsnetz verfügen können, damit der Verbraucher auch in den Genuß der Güter kommt. Hierfür war in Ägypten großzügig gesorgt. Der Nil war und ist eine vollkommene Verkehrsader. In vielen Ländern der Antike wurden die Güter durch den Handel verteuert, weil diese meist auf den Rücken von Lasttieren nur langsam vorwärts kamen. Der Verkehr in Ägypten war durch den Nil schnell und billig. Der Nil durchzog das ganze Land, und im Delta, dem einzigen Teil, wo es breit war, fächerte er sich in sieben Arme auf. Darüber hinaus stellten seine Wasser die Kraft zur Fortbewegung zur Verfügung; für die Fahrt in umgekehrter Richtung sorgte der Wind, der bequemerweise ständig von Nord nach Süd wehte.
Als Folge dieser günstigen natürlichen Gegebenheiten hat der Nil schon sehr früh Menschen an seine Ufer gezogen. Die Ägypter sind durch ihn zu Pionieren auf dem Gebiet des Wassertransports geworden. Die früheste Kunde von einem Segel ist eine Abbildung auf einem ägyptischen Topf von etwa 3200 v. Chr. Die Bootsleute des Nils haben im Schiffbau Erstaunliches geleistet. Die Ägypter benutzten flache Papyrusboote mit Paddeln, mächtige, siebzig Meter lange Boote zum Transport der Obelisken, kleine Punten für den Fährbetrieb, prächtige Yachten für hohe Würdenträger und breitausladende Frachter zur Beförderung von Massengütern aller Art.
Lotsen, Bootsmänner und Fährleute waren auf dem Nil des antiken Ägyptens genauso wichtig wie zum Beispiel in der Gegenwart auf dem Nord-Ostsee-Kanal. Der Verkehr von Ufer zu Ufer und auf den unendlich vielen Kanälen war rege, so daß die Fährleute ständig beschäftigt waren. Sie sind in den Gräbern der Pharaonen abgebildet, wo sie den toten König über die Wasser der Unterwelt fahren mußten. Offensichtlich war der Umgang mit ihnen im jenseitigen Leben genauso schwierig wie manchmal im diesseitigen: Sie schliefen, wenn man sie brauchte, klagten über Lecks und weigerten sich bisweilen, an die Arbeit zu gehen.
Der Nil hat dem ägyptischen Volk zu früher politischer Vereinigung unter einer zentralen Regierung verholfen. Die Anfänge reichen vor

Giuseppe Brunamontini
Il monarca dei fiumi

E farà apparire canuto l'abisso.
Non v'è sulla terra potenza che gli possa esser paragonata.
Perché fu fatto per non aver paura di nessuno.
Guarda in faccia i più eccelsi,
È re su tutti i figli della superbia."
Lo sbaglio di Alessandro
Fu proprio il suo aspetto a trarre in inganno Alessandro Magno, quando credette di aver scoperto le sorgenti del Nilo. Ne scrisse perfino alla madre Olimpiade, esultante. Ma si era ingannato, malgrado lo straordinario acume di esploratore, oltre che di condottiero.
Che cosa era successo? Che le sue truppe, giunte sulle rive dell'Indo, nella valle di Cabul, alla vista dell'acqua fredda e trasparente, vi si gettarono per un bagno da troppo tempo desiderato. Ogni Macedone era valente nuotatore, infischiandosi del disprezzo degli intellettuali ateniesi; ed anche qui, nel cuore dell'Asia, volle affrontare vigorosamente la corrente. Mal gliene incolse, soprattutto ai primi che presero il largo: terrificanti grida di morte si levarono dalla corrente. Demoni crudeli trascinarono i legionari nel fondale e l'acqua diventò subito rossa di sangue. Si propagava il rumore delle mascelle e delle ossa stritolate. Si sa: i coccodrilli amano consumare i loro pasti nelle profondità.
Ma erano proprio coccodrilli? Immensi tronchi d'albero, giallo-verdastri, immoti alla deriva si agitavano e fiondavano sulle prede. Ma i coccodrilli non vivevano solo nel grande Nilo? E come mai si trovavano in India? Quali collegamenti c'erano fra quello ignoto fiume e il grande padre d'Egitto? Ora, la presenza di questi monarchi non testimoniava definitivamente che l'Asia e l'Africa erano collegate in qualche zona meridionale?
A tutte queste domande il grande Alessandro finì per dare una risposta affermativa, confortato anche dalla presenza di coccodrilli nelle correnti dell'Idaspe, l'attuale Gelam, successivamente esplorato.

Marcellus Emants
Op de Nijl

grondstoffen, waaruit hij zijn mengsels moet bereiden. Onder een gewelfje, van Nijl-slijk gekneed, maakt hij een vuurtje aan; op het ronde gat boven in dat gewelfje plaatst hij de pan, of de koffieketel. Brood en linzen in de olie gekookt eten de matrozen; een haksel van eieren vormt het extraatje van kapitein en stuurman; suikerriet is aller versnapering en de haschisch-pijp met de koffieketel aller troost na volbrachte arbeid.
Het is dus nog altijd warm en doodstil. Slechts de shadoef blijft doorzingen – een diep weemoedig gezang – en van tijd tot tijd bonst de sloep eens het roer aan of plompt een stuk van de oeverrand in het water neêr.
In het fornuisje van de kleine kok begint het vuur te knetteren. Een logge Arabische schuit zakt langzaam met de stroom naar Caïro af, en de roeiers, die bij elke riemslag voor- en achteruit lopen, staken een ogenblik de arbeid om ons scheepsvolk enige tamelijk gekruide aardigheden toe te roepen. De suffende matrozen lichten even hunne hoofden op, beantwoorden de kiese begroeting op even kiese wijze; de dragoman, qui soigne les dames, voegt er een paar kernachtige zetten bij, die allen doen schateren van het lachen, en de kleine afwisseling is al weder voorbij.
Daar werpt Mohammed Effendi plotseling zijn kous neder, begint zenuwachtig met de ogen te knippen, klimt het achterdek op, en komt op de reiziger toe, die het best van allen zich in het Arabisch verstaanbaar kon maken:
„Monsieur, vous avez entendu; ces Arapes se moquent de nous. Ils nous abbellent des cochons baresseux, des puffles! Voulez-vous dire au cabitaine qu'il droit tirer à la corde. Il ne faut bas que je devienne bauvre. Les œufs, les boules tout cela coûte cher ici. Et le vent, l'animal, il dort. Le cabitaine, el ganzier, est un mauvais cabitaine, et le second cabitaine, el ibn-el-kelb est baresseux et les matelots, tous cochons, disent qu'ils sont fatigués et ne beuvent bas tirer á la corde barce qu'il y a des pancs de saple dangereux."

Jean Laporte
Le Nil Somerset

bordé de petites collines recouvertes d'une steppe buissonneuse épaisse, entrecoupées de vallées par lesquelles nous ne tardons pas à voir se faufiler lentement des familles d'éléphants assez nombreuses. C'est au Sud de ces collines de la rive gauche que Baker découvrit cette entrée du fleuve dans le lac. Sa sortie qu'il ne découvrit pas, n'est qu'à 30 km au Nord; mais il lui aurait fallu, sans certitude d'y parvenir, retraverser le Nil dans une dizaine de kilomètres de papyrus, dont il gardait sûrement, depuis sa remontée du Bahr el Ghazal, un mauvais souvenir.
Les rives se resserrent à mesure que nous progressons vers la chute Murchison, mais le fleuve qui conserve une largeur de 300 mètres, ne permet pas de les observer de près. Les troupeaux d'hippopotames, qui ont de loin la silhouette de gros porcs, paissent dans les herbes et descendent à l'eau à l'approche du bateau, en s'enfonçant mollement dans les roseaux et la vase des rives, pour ne laisser apparaître que leur tête tournée vers nous, au ras de la surface.
Quand une berge escarpée indique au pilote un passage plus profond, le bateau s'approche de la rive. Les crocodiles qui sommeillent sur les parties dénudées ou dans les herbes, descendent lentement à l'eau quand ils perçoivent le bruit du moteur. Certains, aux taches grises et jaune pâle, nous paraissent atteindre cinq mètres, leur dimension maximum. D'autres à fleur d'eau, sont découverts un instant par les vagues de notre sillage, et restent immobiles comme des troncs d'arbres. Des antilopes qui broutent sur les berges, fuient et s'en retournent dans la steppe buissonneuse qui avance parfois jusqu'à l'eau. Des singes babouins descendent des arbres isolés pour se cacher dans la végétation plus dense. Les troupeaux d'hippopotames par quarantaine de têtes, nous épient à fleur d'eau. On se croirait dans un parc zoologique, avec cette différence, qu'il n'y a pas de grille entre les animaux et les visiteurs.
Les rives se resserrent à mesure que les collines se font plus élevées et nous apercevons le petit nuage d'embruns blancs qui nous signale la

Emil Ludwig
A River Gets Underway

Owen Falls, as broad as the first, but twice as deep, and still wilder, comes to lengthen the chain of rapids, and, calculating by the course of nature and not the other way round, these should be called the first and second Nile cataracts. Without pausing for breath, the young unnavigable stream foams and winds on northwards, but now it is no longer bordered by meadows and smooth plains. Since this region is uninhabitable owing to sleeping sickness, the river is here alone with the forest, as both were formed by the hand of their Creator, by vegetation and the erosion of centuries.
Living walls of trailing lianas here cut off the forest on both sides of the river, hiding from it the struggles and disasters of the great animals within, as we try to hide them from children, and leaving the river to its play all day. What goes on behind these living walls belongs to a time when the earth was younger and life denser and more exuberant. In this luxuriance of careless growth, where the individual struggle for existence stands out less hard and bare than in the more sparsely provided regions of the north, life and death grow indissolubly united: plants and animals, which no human hand has touched, are, in their inmost being, mutually dependent, even though the animals fight. Under a dome of liquid-green gloom, which creates the jungle atmosphere, the roots of huge trees cling to their prostrate forefathers, while their crowns, like great and lonely characters, tower over the dense mêlée, to form above with others a community of sunny heights. What grew on them falls away, turns to fresh fertility in this zone of unquenchable life, for no one reaps the fruit of these trees. Steaming in the brooding warmth of love, nature lies free of all purpose.
Through the ages the floor of the tropical forest has steadily risen; a moist, spongy humus of vegetable matter begets roots and stems from the twigs of falling, still living giant trees. Out of

Lionel Carson
Das Geschenk des Flusses

die Zeit der ersten Dynastie zurück. Als diese am Ende des 4. Jahrtausends zu herrschen begann, war ein koordiniertes System zur Kontrolle der Flut die ganze Länge des Flusses entlang begründet. Der Bau und die Erhaltung von Deichen, Bassins und Kanälen wurde unermüdlich betrieben, jahrein und jahraus. Die hierzu notwendigen Arbeitermassen konnten nur durch Zwangsverpflichtung aufgebracht werden. Das ganze arbeitsfähige Volk war an diesen Arbeiten beteiligt, denn sie waren für das Gemeinwohl von lebenswichtiger Bedeutung. Ohne eine zentrale Autorität, die den Arbeitseinsatz lenkte und leitete, wäre dies nicht möglich gewesen. Zu dieser ursprünglichen Aufgabe kamen später neue hinzu, die für die gesicherte Existenz des Volkes von ebenso großer Bedeutung waren, zum Beispiel die zentrale Verfügung über Ernteüberschüsse guter Zeiten für Jahre der Not.
Zu beiden Seiten des Flusses lagen Wüsten, im Norden und Osten Meere. Sie haben wie der Nil auf das Leben der alten Ägypter einen starken Einfluß gehabt. Die Ägypter trieben über das Mittelmeer und das Rote Meer mit Syrien, dem Libanon und mit dem Weihrauchland Punt – wahrscheinlich das Küstengebiet des heutigen Somali-Landes – regen Handel. Sie exportierten Leinen und Papyrus und führten Holz, Kupfer und Weihrauch ein. Die Wüste lieferte ihnen Steine für ihre Skulpturen, Halbedelsteine wie Achate, Jaspis und Amethyste für ihren Schmuck und das begehrte Gold.
Die Wüste diente den Ägyptern auch als Schutzwall gegen Invasionen. Es war für Landschaftskundige ohne große Schwierigkeiten möglich, sie mit Handelskarawanen zu durchqueren, und im Westen sind viele Oasen als Karawanenstationen vorhanden, aber es war unmöglich, auf diesen Wegen Eroberungsheere gegen Ägypten zu führen. Die östliche Wüste trennt das Nilland im Norden von Palästina, im Süden vom Roten Meer. Der Wüstensaum am Rande des Roten Meeres, der von einer Kette sonnendurchglühter und wasserloser Berge durchzogen wird, bildete eine fast undurchdringliche Barriere.

Giuseppe Brunamontini
Il monarca dei fiumi

E le conclusioni furono che Indo e Idaspe erano le introvabili sorgenti del Nilo. La tesi era, peraltro, sostenuta dalla neve che copriva le montagne da cui i due fiumi provenivano, straordinarie provviste d'acqua per formare il vecchio Nilo.
Il ragionamento sembrava anche risolvere il problema del Mare Eritreo, da considerarsi più ampio del Caspio. Il Nilo, la grande arteria, probabilmento lo aggirava verso sud. Conclusione: seguendo il corso dei due fiumi asiatici si doveva per forza giungere al Nilo. Una strada nuova e diversa per ricondurre indietro l'esercito stanco. D'altra parte, una generazione prima Artaserse III, grande re persiano, non era incorso nello stesso sbaglio? Solo che ad Alessandro bastarono pochi giorni per accorgersi dell'errore. Testimonianze di pochi indigeni e illuminate deduzioni gli chiarirono le idee. Fu così che la trionfante lettera scritta alla madre e ancora non partita restò definitivamente nell'archivio e alla storia, mentre ogni asserzione sul fortunoso ritrovamento venne cancellata.
In realtà, le milizie di Alessandro si erano imbattute nel famigerato *coccodrillo poroso,* lungo quasi sei metri, vivente nelle acque dei fiumi e degli estuari di India, Indocina, Malacca, Cina meridionale, Arcipelago Malese, Australia settentrionale, che usa compiere perfino lunghe escursioni in mare. Voracissimo e temibile per l'uomo, il *poroso* è un predone sanguinario e spietato che ogni anno provoca o, per meglio dire, provocava un maggior numero di vittime umane di quello delle tigri. La sua voracità è ineguagliabile: si avventa su qualsiasi cosa commestibile che sia alla sua portata, non solo esseri umani, ma addirittura carni putrefatte. Talune sue varietà riescono perfino a ghermire qualche imprudente dalle basse imbarcazioni.
È perciò, quasi impossibile scorgere carcasse galleggianti a filo di corrente, poiché gli squamati divorano tutto: sia essa preda abbattuta da cacciatori, sia cadavere umano affidato al fluire del fiume anziché alla normale sepoltura terrena.

Marcellus Emants
Op de Nijl

Een moeielijk vraagstuk van gezag deed zich voor. Moest de kapitein gedwongen worden, of zouden wij 't hoofd buigen voor zijn ervaring? Het een kon even slechte gevolgen hebben als het ander. De reiziger, die te veel toegeeft aan zijn dragoman of reis, verliest ten slotte zijn overwicht en wordt hun speelbal; hij, die het te weinig doet, loopt gevaar van om te komen. Het laatste was nog voor een paar jaren gebeurd toen een Engelsman, die 's nachts wilde doorvaren, ondanks de vertogen van zijn volk, bij Menschië schipbreuk geleden en de dood in het water gevonden had. Ook een deel der bemanning was er bij verongelukt onder andere de kok, wiens aangespoeld lijk, waarschijnlijk tot waarschuwend voorbeeld, onbegraven op de Nijl-oever was blijven liggen. Wat zouden wij dus doen? Gehandeld moest er in alle gevalle worden.
Eensklaps ziet onze vriend in de verte een dun stofzuiltje opstijgen, dat al kronkelend over de velden voortjaagt, de rivier overtrekt en op de andere oever verdwijnt. Terstond stapt hij op de reis toe, en zegt zo bars mogelijk in het Arabisch: „Kapitein, ontrol de zeilen, wij gaan varen."
De kapitein, een mooie chocolaad kleurige kerel, wiens streng gesloten mond en gebogen neus een uitdrukking van wilskracht aan zijn gelaat bijzetten, die wel eens in tegenspraak komt met zijn zwichten voor de weêrstand der bemanning, houdt een heftige rede, waarvan de ondergetekende niemendal begrijpt, begleidt zijn woorden met even heftige, maar even onduidelijke gebaren, en noch hij, noch een der slaperige matrozen doet een poging om aan het bevel van de chawage te gehoorzamen.
Een ernstig gevaar scheen dus ons gezag te bedreigen. Gelukkig bleek het spoedig dat onze reisgezel zijn order niet lichtvaardig gegeven had.

Jean Laporte
Le Nil Somerset

chute. Quelque temps après, nous atterrissons rive droite.
Nous avons aperçu avant de débarquer, un crocodile de taille moyenne qui dort dans les herbes, mais Davy s'avance vers lui en marchant bruyamment. A trois mètres de nous, il saute à l'eau avant que nous puissions le photographier. Ce n'est évidemment pas de cette manière qu'il faut procéder. Mais Davy ne comprendra jamais que les prises de vues réclament de la patience. Nous terminerons la descente du Nil après avoir vu des milliers de crocodiles, sans en rapporter une seule vue.
Nous sommes en pleine organisation touristique. Il y a un petit débarcadère et un banc à l'ombre d'un gros arbre. Deux noirs de l'équipage, armés d'un fusil de gros calibre nous encadrent immédiatement pour nous protéger d'une charge éventuelle d'éléphants ou de lions. Ils vont nous faire mener bon train car la chute ne les intéresse aucunement et ils n'aspirent qu'à rentrer au plus vite à Butiaba.
Nous nous sentons très humiliés d'arriver de cette manière après une demi-heure de marche, en amont de la chute où nous devions aboutir par voie d'eau et portages, en passant par la gorge encore inexplorée qui se termine ici.
Je reste perlexe devant ce coude assez encaissé tapissé de buissons épineux, d'où l'on ne peut pas voir plus loin, et par où dévale brutalement l'abondante masse d'eau; sur un diamètre de 80 kilomètres, voici ce que l'on représente par une des dernières taches blanches sur les cartes d'Afrique.
Nous ne sommes qu'au début de notre voyage, mais nous ne pourrons pas nous déplacer librement tant que nous n'aurons pas atteint Juba et reçu les pièces de rechange du kayak de Davy. D'autre part, mes deux coéquipiers persévèreront dans leur manière d'agir et nous ne rapporterons aucun document utilisable, de ce voyage. Je conçois avec plus de certitude, la nécessité d'une seconde expédition qui aura pour but de descendre les trois parties non navigables qui séparent le lac Victoria de Juba. Ceci parachèvera la descente complète du fleuve et permettra la réalisation d'un document moins complet que le Nil vu dans son ensemble, mais intéressant et mouvementé.

Emil Ludwig
A River Gets Underway

dying plants returning to earth, and even out of the body of living and growing ones, new plants rise and bloom from sucking roots, in the fearless joy of growth, for frost and hail, the enemies of the northern forest, and rough winds from the neighbouring snow-mountains cannot penetrate these self-created walls, while warmth and water, the two great patrons of the vegetable world, reign in profusion. The only enemy who can force his way in, who is nearly the strongest of all, the creature from an earlier world who held his own while all the others dwindled, the elephant alone, is powerful enough to trample or break down with his mighty limbs whatever stands in his way.
Without his huge tread, man would never have set foot in the jungle, for it is he who opened paths for the Negro, and it was these paths the white man followed much later with his roads.
And as the jungle grows together from above and below, as the ferns and giant grasses press upwards to meet the hanging lianas, a living wall arises, impenetrable, and multiplied a hundredfold in the course of time, for the virile ring of the tree-felling iron has never startled this humming world.
The density of the forest begets its silence: only the remoteness of the bird-calls can give an idea of its depth, and only of part of its depth. The grumbling of the monkeys, the whirring of insects, the sighing, creaking, and groaning of the giant tree-trunks, cramped for space and air, the croaking of frogs from the papyrus, the call of the oriole, the clatter of huge lizards, the silky gliding of the snakes, and again the whistling and rattling of the butcher-birds – it all sounds as muffled as the light in this forest, random and overloud, like children's voices raised in church, for in spite of all its wildness, the dimness and height of the jungle recall a cathedral.

Wasser, Felsen, Gletscher – die Welt der Berge hat ihre eigenen Formen

Wasser –
Es prägt das Bild unserer Landschaften:
Seit Jahrmillionen schneiden sich Wassermassen tief in das Gestein ein, formen mäandrierende Wasserläufe ganze Regionen, sind Seen und Meere Lebensgrundlage für Mensch und Tier, sichern Gletscher als letzte Überbleibsel der unwirtlichen Eiszeiten den Wasserkreislauf der Natur.
Wasser –
Durch seine lebenserhaltende und -spendende Funktion ist es die Grundlage unseres Lebens.
Grundlage für das Zusammenspiel von Mensch und Natur. Darüber hinaus fasziniert es uns immer wieder: Staunend blicken wir in die Gischt der zu Tal stürzenden Wasserfälle, sind überwältigt von der Kraft des „Elements", erfreuen uns an den Spiegelungen im Teich, genießen die Natur am Rande stiller, einsamer Seen, suchen den frischen Duft des Meeres und lauschen dem beruhigenden Plätschern der Wellen.
Wasser –
Nur ein Wort, nur ein natürlicher Stoff, den wir Tag für Tag benützen, oft unbedacht. Ohne groß zu überlegen, was er für uns bedeutet:
Nämlich Erholung und Kultur – aber vor allem Leben.

Acqua, rocce, ghiacciai – il mondo delle montagne ha le sua forme proprie

Acqua –
caratterizza l'immagine dei nostri paesaggi:
da milioni di anni le masse d'acqua s'infrangono profondamente nella roccia, serpeggianti corsi d'acqua danno forma ad intere regioni, laghi e mari sono fonti di vita per l'uomo e gli animali; e i ghiacciai, ultimo vestigio delle desolate ere glaciali, assicurano il circolo naturale dell'acqua.
Acqua –
nella sua funzione di elemento che preserva e dispensa vita essa rappresenta l'origine della nostra esistenza, il fondamento del connubio uomo-natura.
E ci affascina in continuazione: osserviamo incantati la schiuma delle cascate che si gettano giù nella valle, siamo esterrefatti dalla forza dell'"elemento", ci dilettiamo ai riflessi nello stagno, godiamo la natura ai bordi di laghi solitari e silenti, cerchiamo il fresco profumo del mare ed ascoltiamo lo sciacquio delle onde.
Acqua –
solamente una parola, una materia naturale che adoperiamo giorno dopo giorno, spesso distrattamente, senza pensare più di tanto cosa significhi per noi: riposo e civiltà, ma soprattutto vita.

Water, rorsen, gletsjers – de bergwereld heeft haar eigen vormen

Water –
Een kemmerkend beeld in onze landschappen:
Sinds miljoenen jaren banen watermassa's hun weg in het gesteente, vormen meanderende waterlopen hele regio's, zijn meren en zeeën de basis voor ieder menselijk en dierlijk leven, zijn gletsjers als laatste overblijfsel uit de onherbergzame ijstijd een zekerheid voor het behoud van de watercyclus van de natuur.
Water –
Een waarborg voor het behouden en schenken van leven en daarom de grondslag van ons leven. De grondslag voor het samenspel van mens en natuur.
Bovendien fascineert het ons steeds weer: met verbazing staren wij naar het schuim van de in het dal stortende watervallen, zijn overweldigd door de kracht van het „element", verblijden ons over de spiegeling in een vijver, genieten van de natuur aan de oever van stille, eenzame meren, zoeken de frisse geur van de zee en luisteren naar het rustgevende kabbelen van de golven.
Water –
Slechts een woord, slechts een natuurlijke stof die we dag in dag gebruiken, vaak gedachteloos. Zonder erbij na te denken wat het voor ons betekent:
Namelijk ontspanning en kultuur – maar vooral leven.

Eau, roches, glaciers – l'univers montagneux a ses propres formes

L'eau –
nos paysages portent son empreinte:
depuis des millions d'années, des masses d'eau creusent leur chemin dans la profondeur des roches, les méandres des cours d'eau forment des régions entières, lacs et mers constituent une base vitale pour l'homme et l'animal, les glaciers – ces derniers vestiges de la période glaciaire inhospitalière – assurent la circulation d'eau de la nature.
L'eau –
elle maintient la vie, elle donne la vie et pour cela elle est base de notre vie.
Base de ce jeu commun entre l'homme et la nature.
Et plus est, elle nous fascine encore et toujours: c'est l'étonnement qui nous saisit quand nous regardons l'écume bouillonnante des torrents se précipitant en cascades vers la vallée, la force de «l'élément» nous envoûte, ses reflets dans l'étang nous enchantent, la nature au bord des lacs tranquilles et retirés nous réjouit; nous cherchons le parfum de la mer et nous tendons l'oreille au clapotis des vagues.
L'eau –
seulement un mot, une substance naturelle que nous utilisons quotidiennement, souvent à la légère.
Sans beaucoup réfléchir à ce qu'elle signifie pour nous:
à savoir récréation et culture – mais surtout la vie.

Water, rocks, glaciers – the mountain world has its own forms

Water –
it stamps the picture of our landscapes:
For millions of years great masses of water have carved their way deep into the rocks, formed meandering watercourses. Entire regions are made up of lakes and seas. The great glaciers, the last remnants of the inhospitable Ice Age, form the basis of life for man and animal, secure nature's water cycle.
Water –
through its life-giving and life-preserving function it forms the basis for all life on earth – the basis too for the interplay of man and nature. In addition it fascinates us all again and again. Full of amazement we gaze into the spray of the waterfalls as they dash down to the valleys; we are overwhelmed by the elemental force; we are enchanted by reflections in a pond, enjoy nature on the banks of quiet lonely lakes, crave for the fresh smell of the sea and listen to the soothing lapping of the waves.
Water –
just a word, just a product of nature which we use day in, day out, often without giving it a second thought, without really thinking what it means to us:
recreation and culture – and life itself.

 An Felsen bricht sich das Wasser　L'acqua s'infrange sulle roccie　De golven breken tegen de rotsen

L'eau se brise sur les roches

The water breaks on the rocks

 Ninfee – divine giardini acquatici Waterlelies – watertuin des Heeren

Nénuphars – un jardin sur l'eau, don de Dieu Water lilies – God's water garden

206 In Stein gewaschene Wasserbecken, von Moos umsäumt

Bacini d'acqua rosi nella pietra, circondati da muschio

Een in steen uitgehold waterbekken, met mos omzoomd

Des bassins d'eau lavés dans la pierre, bordés de mousse

Water basins hollowed out of stone, ringed by mass

Bergbäche und Gletscher
– Wasser der Berge,
das für Wachstum und
Leben in den Tälern
sorgt

Torrenti di montagna
e ghiacciai
– acqua delle montagne
che permette la crescita
e la vita nelle valli

Bergbeken en gletsjer –
bergwater, dat voor
wasdom en
leven in de dalen
zorgt

Ruisseaux de montagne
et glaciers –
eau des montagnes qui
veille à tout ce qui vit
dans les vallées

Mountain streams and
glacier tongues –
water of the mountains
securing life and growth
down in the valleys

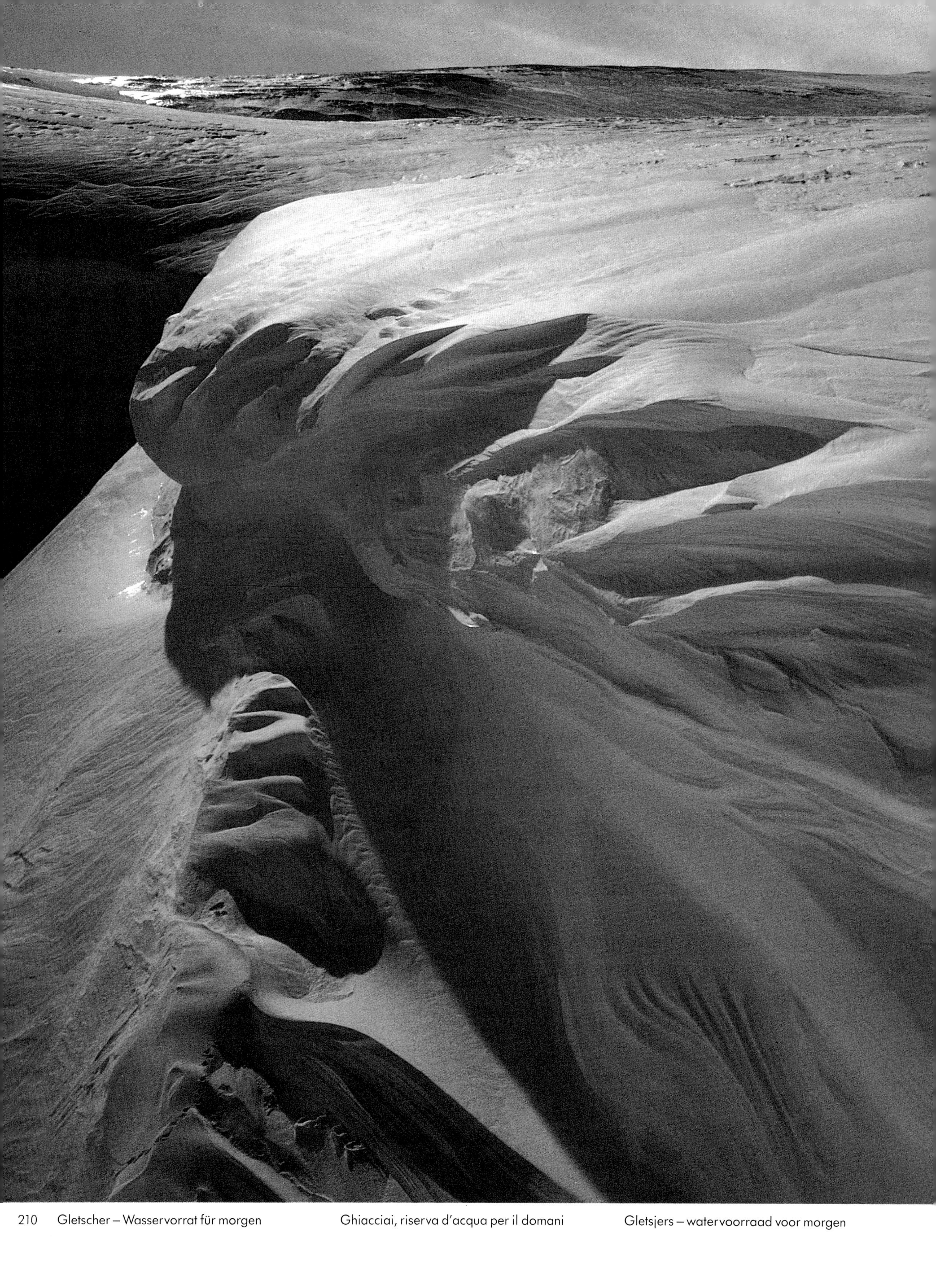

 Gletscher – Wasservorrat für morgen Ghiacciai, riserva d'acqua per il domani Gletsjers – watervoorraad voor morgen

Eis und Schnee – kristalline Wunderwerke des ewigen Bergwinters

Ghiaccio e neve – meraviglie cristalline dell'inverno perenne di montagna

IJs en sneeuw – kristalachtige wonderwerken van de eeuwige bergwinter

Neige et glace – œvres cristallines merveilleuses de l'éternel hiver montagnard

Ice and snow – crystalline miracles of the eternal mountain water

 Bergseen – hellgrüne Augen Gottes

Laghi di montagna – come occhi di Dio

Bergmeren – lichtgroene ogen des Heeren

Lacs de montagne – yeux émeraudes de Dieu Mountain lakes – bright green eyes of God

 Kein Marmorpalast kann schöner sein!

Non c'è palazzo di marmo più bello!

Geen marmeren paleis kan mooier zijn!

Un palais ne peut être plus beau!

No marble palace can be more beautiful!

Blau kommt das Wasser von den Hügeln – sattes Grün ziert alle Wiesen

Blu scende l'acqua dalle colline – un verde intenso orna i prati circostanti

Blauw stroomt het water van de heuvels – sappig groen siert alle weiden

Un ruissellement d'eau bleue descend des collines-un vert foncé décore les prés

Blue, the water comes down from the hills – rich green the meadows respond

Wenn der Morgen dämmert, schweben die
Nebel wie Schleier über dem See

Mentre albeggia, le nebbie si librano sul
lago come veli

Met het aanbreken van de dag, zweven de
nevels als sluiers over het meer

Quand le matin s'annonce, le brouillard plane
tel un voile sur le lac

At daybreak, the mists hover like veils over
the lake

 Wasserfälle – vielstimmige Wassermusik

Cascate – musica d'acqua a più voci

Watervallen – meerstemmige watermuziek

L'eau, force impétueuse de la nature Water, the raging elemental force

Wasser wirbelt durch die Luft, versprüht sich in abertausend Tröpfchen

L'acqua vibra nell'aria e sprizza in migliaia di goccioline

Water wervelt door de lucht en spat in miljoenen druppeltjes uiteen

L'eau tourbillonne dans l'air, en milliers de gouttelettes

Water swirls through the air, spraying thousands of tiny drops

Martin Opitz

Die Zeit, so wir verschließen,
Pflegt als ein Strom zu fließen
Der keinen Halt nicht weiß.

Il tempo, in conclusione,
si cura di scorrer come fiume
che più non sa dove indugiar.

De tijd, voor je het vergeet
vloeit als een stroom
die niet van ophouden weet.

Le temps, dûssions nous le retenir,
Suit son cours tel un courant
Que rien ne peut pas arrêter.

Time, so we deduce,
doth flow as a river
that knows no halt.

Eduard von Keyserling
Wellen – im Meere schlafen

Doralice ging jetzt allein am Strande hin, sie ging täglich stundenlang, das war der Inhalt ihres Lebens. Sie wollte Hans dienen, wollte bei ihm sein, wollte ihm treu sein. Dort auch vermochte sie ihren Schmerz tief zu fühlen, konnte um ihre Liebe trauern, konnte unglücklich sein, denn, wenn sie das nicht konnte, was hatte sie dann, was war sie dann? Und dann war um sie und in ihr alles leer. Etwas anderes noch war es, was sie auf ihren Wanderungen begleitete. Wenn sie so an den Wellen entlangging, die weiß mit leisem Prickeln über den Sand bis zu ihr hinaufliefen, da schien es ihr, als wollte das Meer sie zu etwas überreden, zu etwas, gegen das sie sich sträubte, gegen das sie stritt, zuweilen so heftig stritt, daß sie laut vor sich hin ein „nein, nein" in das Rauschen der Wellen hineinsprach. Allein dieser Streit mit dem Meere hatte für sie eine furchtbar erregende Anziehung. Zu Zeiten jedoch entglitt ihr all das, dann versank sie gedankenlos in die Betrachtung der feinen Linien, die das Wasser auf den Sand geschrieben hatte, in den Anblick der zitronengelben, hellblauen und hellrosa Muscheln, welche wie kleine Blumen über das Ufer gestreut waren. Oder sie folgte mit den Blicken den Wellen, die eilig hintereinander herliefen, ohne daß je eine die andere erreichte. Der zu Ende gehende September hatte sommerwarme Tage gebracht. Doralice ging weit, weit hinaus dem Leuchtturm zu, sie ging, bis ihr die Füße schwer vor Müdigkeit wurden. Dort weiter fort trat der Hochwald bis dicht an den Dünenrand heran, riesige rote Föhrenstämme mit wirren dunklen Schöpfen, hier und da stand eine Birke oder eine Espe zwischen ihnen, das Laub, schon herbstlich gelb, stand da wie ein goldenes Gerät in einer großen Säulenhalle. Die Moosdecke des Bodens war bunt von Herbstschwämmen und Preiselbeeren, Sonnenschein und die Schatten der Baumzweige trieben dort ihr stummes Spiel. Das mußte gut tun, dort auszuruhen, dachte Doralice. Sie stieg hinauf und streckte sich auf einem Mooshügel aus.

Giuseppe Brunamontini
La musica dei fiumi

È sicuramente quella dei fiumi la musica della natura, al pari di quella del vento nelle chiome degli alberi, delle onde del mare, del tuono, del picchiettare della pioggia.
È un suono che rasenta il silenzio quando la corrente è calma, e allora bisogna proprio saperlo ascoltare; oppure produce tutte le tonalità dell'acqua che fluisce veloce, o è rallentata, ostacolata da scogli; ovvero quando precipita da dislivelli alti, da cascate, per ribollire a valle. Allora il rumore diventa poderoso ed esprime acusticamente ciò che appare agli occhi ammirati.
C'è poi l'altra musica, ispirata dai fiumi o da essi derivata quando serviva da stimolo al lavoro degli uomini. Forme onomatopeiche, ossia foneticamente imitative del gesto che si compie, e canti di lavoro, nenie già in uso fin dalle popolazioni primitive e continuate da greci e romani, per accompagnare gesti e mestieri, fino a noi, sulla Senna, sul Tamigi, in forme di canti popolari.
I boscaioli del Canada, quando lasciano trasportare ai fiumi gli enormi tronchi d'albero tagliati dirigendone la corsa con dei ramponi, spesso galleggiando in piedi sopra uno di loro, trasferiscono i gesti alle corde vocali per esprimere la loro esistenza tribolata.
Ma più tribolati erano coloro che trascinavano dalla riva, con lunghe corde, barconi carichi ai quali dovevano far risalire il fiume. Una musica dura, lenta, ritmata sui passi e sugli sforzi.
Di essa, vecchia di qualche secolo, resta l'esempio di "Volga, Volga...", ritornello tipico per le calde voci russe di una melodia forte e disperata.
Il titolo del canto era *Orsù tiriamo,* ed interpreti forzati erano quei russi che trascinavano i barconi sul Volga, con lunghissime funi, sotto le sferzate dei cosacchi. Romantica segnalazione linguistica: i fiumi sono femminili in russo.

Ben Borgart
Het nieuwe Land

Onder een bewolkte lucht boven het IJsselmeer doorwaden er twee mannen de laatste meters modder tussen naar elkaar toe gebouwde dijken, op de dag dat deze dijken na jaren van stapelwerkzaamheden tenslotte aaneensluiten en er een *waterscheiding* tot stand is gekomen. Ontroerd, terwijl hun haar wappert in de wind, drukken die mannen elkander de hand. Op de sleepbootjes in de buurt en op drijvende kranen wordt er van alle kanten een saluut getoeterd. Persfotografen dringen om dit moment vast te leggen, ministers rekken hun hals. In bontjassen gehulde vrouwen van vooraanstaanden klappen in hun handjes, arbeiders juichen en grollen en zwaaien met hun helm; er worden pullen bier bij geopend. Het laatste gat is dicht! *Driewerf hoera.*
Een nieuw stuk binnenzee is ingedijkt.
Ja vandaag nog heerst er een feeststemming en thans kan men tevreden zijn in Den Haag, maar morgen reeds zal er een begin worden gemaakt met het leegmalen en de verdere drooglegging van deze geplande polder – Zuid Flevo – waar al die voorbereidingen toe dienden en wat nu bij lange niet afgelopen is. Er valt nogal wat te redderen aan deze reusachtige onderneming voordat er hier koeien zullen grazen of het eerste graan geoogst kan worden. En zij allen, de grondwerkers, de puinvaarders, de waterbouwkundigen, de baggeraars, de dijkjongens, de dragline-machinisten, bakkenschippers en vrachtwagenchauffeurs, alsmede op de achtergrond een legertje van technische tekenaars en ambtenaren en planmakers hebben hier voorlopig nog een boterham aan... Hoogstens een enkele ouwe visser op de wal bekijkt het gedoe met lede ogen en als niemand 't ziet dan pinkt die pekbroek misschien een traan weg van zijn wang (of komt het door de kou?); zijn kotter heeft ie al lang van de hand moeten doen, zijn wijf is met de mode mee gegaan en draagt geen wit mutsje meer of zo'n kleurig schort over baairokken, wie weet drijven hun kinderen tegenwoordig een toeristenshop in Volendam of zijn tot landrotten geworden die afdropen

Emile Zola
La
Neige

Vers le soir, un nuage d'un gris rose monte de l'horizon et lentement emplit le ciel. De petits souffles froids s'élèvent et font frissonner l'air. Puis, un grand silence, une immobilité douce et glaciale descend sur Paris qui s'endort. La ville noire sommeille, la neige se met à tomber avec lenteur dans la sérénité glacée de l'espace. Et le ciel couvre sans bruit l'immense cité endormie d'un tapis virginal et pur.
Lorsque Paris s'est éveillé, il a vu que, pendant la nuit, la nouvelle année avait mis une robe blanche à la ville. La ville semblait toute jeune et toute chaste. Il n'y avait plus ni ruisseaux, ni trottoirs, ni pavés noirâtres: les rues étaient de larges rubans de satin blanc; les places, des pelouses toutes blanches de pâquerettes. Et les pâquerettes de l'hiver avaient aussi fleuri sur les toits sombres.
Chaque saillie, les bords des fenêtres, les grilles, les branches des arbres portaient de légères garnitures de dentelle.
On eût dit que la cité était une petite fille, ayant la jeunesse tendre de la nouvelle année. Elle venait de jeter ses haillons, sa boue et sa poussière, et elle avait mis ses belles jupes de gaze. Elle respirait doucement, d'une haleine pure et fraîche; elle étalait avec une coquetterie enfantine sa parure d'innocence.
C'était une surprise qu'elle ménageait à ses habitants; pour leur plaire, elle effaçait ses souillures, elle leur souriait au réveil, dans tout l'éclat de sa beauté de vierge. Et elle semblait leur dire: «Je me suis faite belle pendant que vous dormiez. J'ai voulu vous souhaiter la bonne année, vêtue de blancheur et d'espérance.»
Et voilà que, depuis hier, la ville est de nouveau toute blanche et toute chaste.
Le matin, en hiver, lorsqu'on pousse les persiennes de sa fenêtre, rien n'est attristant comme la rue noire d'humidité et de froid. L'air sue un brouillard jaunâtre qui traîne lugubrement contre les murs.

Mark Twain
The River
and its History

The Mississippi is well worth reading about. It is not a commonplace river, but on the contrary is in all ways remarkable. Considering the Missouri its main branch, it is the longest river in the world – four thousand three hundred miles. It seems safe to say that it is also the crookedest river in the world, since in one part of its journey it uses up one thousand three hundred miles to cover the same ground that the crow would fly over in six hundred and seventy-five. It discharges three times as much water as the St. Lawrence, twenty-five times as much as the Rhine, and three hundred and thirty-eight times as much as the Thames. No other river has so vast a drainage-basin; it draws its water-supply from twenty-eight states and territories; from Delaware on the Atlantic seaboard, and from all the country between that and Idaho on the Pacific slope – a spread of forty-five degrees of longitude. The Mississippi receives and carries to the Gulf water from fifty-four subordinate rivers that are navigable by steamboats, and from some hundreds that are navigable by flats and keels. The area of its drainage-basin is as great as the combined areas of England, Wales, Scotland, Ireland, France, Spain, Portugal, Germany, Austria, Italy, and Turkey; and almost all this wide region is fertile; the Mississippi valley, proper, is exceptionally so.
It is a remarkable river in this: that instead of widening toward its mouth, it grows narrower; grows narrower and deeper. From the junction of the Ohio to a point half-way down to the sea, the width averages a mile in high water; thence to the sea the width steadily diminishes, until, at the "Passes," above the mouth, it is but little over half a mile. At the junction of the Ohio the Mississippi's depth is eighty-seven feet; the depth increases gradually, reaching one hundred and twenty-nine just above the mouth. The difference in rise and fall is also remarkable – not in the upper, but in the lower river. The rise is tolerably uniform down to Natchez (three hundred and sixty miles above the mouth) – about fifty feet. But at Bayou La Fourche the river rises only twenty-four feet; at New Orleans

Eduard von Keyserling
Wellen – im Meere schlafen

Wir können einen sehr großen Schmerz haben, wir können sehr unglücklich sein, und doch hält all das nicht stand vor der Wonne, nach einer langen ermüdenden Wanderung wohlig die Beine von sich zu strecken. Sie sah hinauf in die Wipfel der Föhren, hoch oben revierte ein Falke metallblank in all dem Blau. Neben ihr stand eine Espe und flüsterte unablässig. Wie war es hier gut, über alles Wünschen hinaus gut.
Doralice fielen die Augen zu, das letzte, was sie mit halbgeschlossenen Lidern noch sah, war ein Sprung Rehe, der von der Höhe niederstieg. Vorsichtig hoben die Tiere ihre dünnen Läufe über das hohe Farnkraut. Sie gingen bis an den Rand der Düne vor, blieben dort stehen und äugten regungslos auf das Meer hinaus.
Doralice schlief so süß, daß, als der Schlaf vorüber war, sie doch noch dalag, ohne sich zu bewegen, in der Hoffnung, noch ein wenig dieses gedankenlose Glück halten zu können. Allein dann war das Erwachen endlich unwiderruflich da, sie richtete sich auf, saß da und dachte nach. Wie wohl sie sich gefühlt hatte, wie wohl sie sich immer noch fühlte; wie war das? Sie hatte doch ihren großen Schmerz, ihr Unglück. Wo waren sie? Hatte sie sie verloren? Nein, das nicht. Angstvoll sprang sie auf und eilte zum Meere hinab, dort ihren Schmerz wiederzufinden.
Die Nächte waren wieder mondhell. Knospelius und Doralice saßen an dem gewohnten Platz auf der Düne, ihnen zu Füßen schlief Karo, der Hühnerhund. Das Meer war tief beruhigt, sachte wiegte sich der Mondglanz auf dem Wasser, nur an der Brandung schnurrten kleine silberne Wellen behaglich vor sich hin. Vor Stibbes Hütte wurden wieder Fische gereinigt, und die Frauen sangen ihr altes klagendes Lied:
„Sonnchen wollt im Meere schlafen,
Schwarze Wasser sind die Decken,
Hecht, du grüner Offizier,
Laufe schnell, es aufzuwecken.
Raderi, raderi, raderira!
Sonnchen wollt im Meere schlafen,
Wo mein Junge schlafen muß.
Butte, kleines braunes Frauchen,
Bringe beiden meinen Gruß.
Raderi, raderi, raderira!"

Giuseppe Brunamontini
La musica dei fiumi

Il padre delle acque
Il Missisipi, il padre delle acque, è luogo di blues che narrano struggenti avvenimenti. *Ol' man river* canta, per l'appunto, la voce acre di Ray Charles, trasformando in dramma le cantilene, in ribellione le denuncie. Qui, alla fine del 1600 c'erano 75.000 schiavi di origine africana e quattro milioni di negri. Tra il 1862 e il 1865 la schiavitù venne, poi, abolita. E qui, a New Orleans, è nato il jazz.
"Missisipi è una parola lunga tremila miglia" scriveva il grande poeta americano Walt Whitman; e quel fiume, oggi dissanguato dalla navigazione mercantile, oltre ad essere padre delle acque lo è della più profonda musica del nuovo continente. Spesso qualche ragazzo, di sera, lo ricorda alla corrente con le note disperate della sua tromba.
Poi, che dire di *The River*, il fiume nel testo e nella musica di quel grande che è Bruce Springsteen?
"Andammo giù al fiume
e nel fiume ci tuffammo..."
È la vicenda d'amore di un ragazzo venuto "dal fondo della vallata
dove, Signore, quando sei giovane
ti educano a fare come ha fatto tuo padre".
"Poi misi incinta Mery
ed un uomo era tutto ciò che ella aveva..."
Quando si sposarono, non ci furono festeggiamenti, "né passeggio nella navata centrale,
non ci furono fiori, né abito da sposa.
Quella notte andammo giù al fiume
e nel fiume ci tuffammo..." Una ballata stupenda, modulata dall'inconfondibile Springsteen.
A questo punto del discorso le musiche di Johann Strauss sembrerebbero di un altro mondo: quello di Vienna, del valzer disteso.

Ben Borgart
Het nieuwe Land

naar kantoor en industrieën. De wijde visvijver – die in vervlogen tijden het Aalmeer werd genoemd en later door graaf Jan van Holland „de Suydersee" – gaat langzaam maar zeker grotendeels verdwijnen. „En de zee...die was niet meer." Zo luidde de voorspelling. Toch konden hún ouders nog getuigen van de dagen dat men rijke vangsten aan schar en sprot binnenbracht in de haven van Genemuiden, toen Urk en Schokland nog eilanden waren en Marken 's winters alleen bereikbaar was op de schaats. Tegenwoordig het hele jaar door per auto, zoals men straks zowat overal over land zal kunnen komen waar het vroeger buitengaats heette...waar de golven konden spoken. Ach, die vissers. Hoor hun onuitputtelijke verhalen maar eens aan over voorspoed of ramptij, over hoe het toen was, in hun stamcafé in een naar visrokerijen ruikende steeg van dode kuststadjes; wat een bewogen vertellers! Klaas Buytenhuis was er een van en Sijtje Boes en Lou de Palingboer. Maar, tja, dat is allemaal voorbij. Wat koop je voor die vergeelde ansichtkaarten, wat heeft praten erover eigenlijk nog voor zin? Het spreekwoord zegt: „Hoe men het ook zal maken – d'een zal 't prijzen, d'ander laken." Pompen maar! Het liefst met pompen met een vermogen van vijfhonderd kubieke meters water per minuut.
De doorsnee Nederlander staat er minder sentimenteel tegenover; iets onverschillig misschien, die vindt het wel goed; immers, nieuwe polders geven extra ruimte plus de nodige werk- en woongelegenheid in ons dichtbevolkte landje. (Wijlen koningin Wilhelmina liet letterlijk neerzetten in de Zuiderzeewet van 1918: „dat afsluitingen *in 's lands belang* door het Rijk dienen te worden ondernomen".) Laaiend is daarentegen de geestdrift van sommige andere betrokkenen bij de zaak, zoals oudheidsvorsers, leden van de militaire opruimingsdienst en scheepskenners; die wanneer het water na verloop van maanden begint te zakken en er plekken droog komen, vanuit helikopters en in amfibievoertuigen deze onafzienbare moddervlakte gaan afzoeken naar gezonken vissersbootjes, het wrak van een

Emile Zola
La
Neige

Mais quand la neige est venue, pendant la nuit, tendre sans bruit son épais tapis sur la terre, on pousse une légère exclamation de joie et de surprise. Toutes les laideurs de l'hiver s'en sont allées; chaque maison ressemble à une belle dame qui aurait mis ses fourrures; les toits se détachent gaiement sur le ciel pâle et clair; on est en pleine floraison du froid.

Depuis hier, Paris éprouve cette gaieté que la neige donne aux petits et aux grands enfants. On est tout bêtement joyeux, – parce que la terre est blanche.

Il y a, dans Paris, des paysages d'une largeur incomparable. L'habitude nous a rendus indifférents. Mais les flâneurs – ceux qui rôdent le nez au vent, en quête d'émotions et d'admiration, – connaissent bien ces paysages. Pour moi, j'aime d'amour le bout de Seine qui va de Notre-Dame au pont de Charenton; je n'ai jamais vu un horizon plus étrange et plus large. Par un temps de neige, ce paysage a encore plus d'ampleur. La Seine coule noire et sinistre, entre deux bandes d'un blanc éclatant; les quais s'allongent, silencieux et déserts; le ciel paraît immense, d'un gris perle, doux et morne. Et il y a, dans cette eau fangeuse qui gronde, au milieu de ces blancheurs et de ces apaisements, une mélancolie poignante, une douceur amère et triste.

Un bateau, ce matin, descendait la rivière. La neige l'avait empli, et il faisait une tache blanche sur l'eau funèbre. On aurait dit un morceau de la rive qui s'en allait au fil du courant.

Quel écrivain se chargera de dessiner à la plume les paysages de Paris? Il lui faudrait montrer la ville changeant d'aspect à chaque saison, noire de pluie et blanche de neige, claire et gaie aux premiers rayons de mai, ardente et affaissée sous les soleils d'août.

Je viens de traverser le jardin du Luxembourg, et je n'en ai reconnu ni les arbres ni le parterre. Ah! que sont loin les verdures moirées d'or par les

Mark Twain
The River
and its History

only fifteen, and just above the mouth only two and one-half.

An article in the New Orleans *Times-Democrat*, based upon reports of able engineers, states that the river annually empties four hundred and six million tons of mud into the Gulf of Mexico – which brings to mind Captain Marryat's rude name for the Mississippi – "the Great Sewer". This mud, solidified, would make a mass a mile square and two hundred and forty-one feet high.

The mud deposit gradually extends the land – but only gradually; it has extended it not quite a third of a mile in the two hundred years which have elapsed since the river took its place in history.

The belief of the scientific people is that the mouth used to be at Baton Rouge, where the hills cease, and that the two hundred miles of land between there and the Gulf was built by the river. This gives us the age of that piece of country, without any trouble at all – one hundred and twenty thousand years. Yet it is much the youthfulest batch of country that lies around there anywhere.

The Mississippi is remarkable in still another way – its disposition to make prodigious jumps by cutting through narrow necks of land, and thus straightening and shortening itself. More than once it has shortened itself thirty miles at a single jump!

These cut-offs have had curious effects: they have thrown several river towns out into the rural districts, and built up sand-bars and forests in front of them. The town of Delta used to be three miles below Vicksburg; a recent cut-off has radically changed the position, and Delta is now two miles above Vicksburg.

Both of these river towns have been retired to the country by that cut-off. A cut-off plays havoc with boundary lines and jurisdictions: for instance, a man is living in the state of Mississippi to-day, a cut-off occurs to-night, and to-morrow the man finds himself and his land over on the other side of the river, within the boundaries and subject to the laws of the state of Louisiana! Such a thing, happening in the

Hermann Hesse
Siddhartha –
Der lehrende Fluß

Als er die Fähre erreichte, lag eben das Boot bereit, und derselbe Fährmann, welcher einst den jungen Samana über den Fluß gesetzt hatte, stand im Boot, Siddhartha erkannte ihn wieder, auch er war stark gealtert.
„Willst du mich übersetzen?" fragte er.
Der Fährmann, erstaunt, einen so vornehmen Mann allein und zu Fuß wandern zu sehen, nahm ihn ins Boot und stieß ab.
„Ein schönes Leben hast du dir erwählt", sprach der Gast.
„Schön muß es sein, jeden Tag an diesem Wasser zu leben und auf ihm zu fahren."
Lächelnd wiegte sich der Ruderer: „Es ist schön, Herr, es ist, wie du sagst. Aber ist nicht jedes Leben, ist nicht jede Arbeit schön?"
„Es mag wohl sein. Dich aber beneide ich um die deine."
„Ach, du möchtest bald die Lust an ihr verlieren. Das ist nichts für Leute in feinen Kleidern."
Siddhartha lachte. „Schon einmal bin ich heute um meiner Kleider willen betrachtet worden, mit Mißtrauen betrachtet. Willst du nicht, Fährmann, diese Kleider, die mir lästig sind, von mir annehmen? Denn du mußt wissen, ich habe kein Geld, dir einen Fährlohn zu zahlen."
„Der Herr scherzt", lachte der Fährmann.
„Ich scherze nicht, Freund. Sieh, schon einmal hast du mich in deinem Boot über dies Wasser gefahren, um Gotteslohn. So tue es auch heute, und nimm meine Kleider dafür an."
„Und will der Herr ohne Kleider weiterreisen?"
„Ach, am liebsten wollte ich gar nicht weiterreisen. Am liebsten wäre es mir, Fährmann, wenn du mir eine alte Schürze gäbest und behieltest mich als deinen Gehilfen bei dir, vielmehr als deinen Lehrling, denn erst muß ich lernen, mit dem Boot umzugehen."
Lange blickte der Fährmann den Fremden an, suchend.
„Jetzt erkenne ich dich", sagte er endlich. „Einst hast du in meiner Hütte geschlafen, lange ist es her, wohl mehr als zwanzig Jahre mag das her sein, und bist von mir über den Fluß gebracht worden, und wir nahmen Abschied voneinander wie gute Freunde. Warst du nicht ein Samana? Deines Namens kann ich mich nicht mehr entsinnen."
„Ich heiße Siddhartha, und ich war ein Samana,

Giuseppe Brunamontini
La musica
dei fiumi

Difficile, a partire dalla generazione del compositore ad oggi, che qualcuno possa dire di non aver ballato, almeno una volta, oppure di non essere stato rapito, dall'*andantino* e dal vortice del passo doppio di "An der schönen blauen Donau", in italiano: "Sulle rive del Danubio". È la musica di un'epoca, l'inno di Vienna. Ed oggi che tale epoca è finita, Strauss resta con tutta la sua trascinante armonia.
Scivolare, da qui, alle canzoni originate dai fiumi che attraversano le città è quasi ragionevole. Ma siamo già al consumismo?
Al turistico – celebrativo? Poiché in esse il "fatto", se c'è, appare appena accennato, lasciando a strofe e ritornelli la descrizione delle sole bellezze del luogo: "Lungotevere dorme
mentre il fiume cammina...
io lo seguo perché
mi trascina con sé
e travolge il mio cuor..." Un tango entrato nella tradizione canora romana, dovuto alle parole di C. Bruno e alla musica di E. Di Lazzaro, in voga fin dal 1936.
Del dopoguerra, invece, precisamente del 1948 è "Stornellata romana", di C. Innocenzi su versi di M. Rivi. Dice, su un flessuoso motivo ritornante: "Poi quanno a sera Roma s'addormenta
la ninna-nanna er Tevere je canta...", ad uso prevalente della voce dei romani, essendo in dialetto. Stesso vernacolo è pure utilizzato in „Lungotevere", di D. De Micheli e A.G. Perugini, canzone giustamente meno diffusa delle altre: "Er Tevere s'acchitta, cià da fa'..."; e poi "Lungotevere, all'imbrunì,
pe' i murajoni che gran galà
e la luna che ormai lo sa
la mascherina se mette a fa'."

Ben Borgart
Het
nieuwe
Land

Oostinjevaarder zowel als naar de resten van in '40–'45 neergestorte Messerschmitts of hier en daar een Short Stirling van de tegenpartij; schedels van vermiste piloten, verroeste explosieven hetzij door het water aangevreten flarden van Duitse uniformstukken, kunnen nu eindelijk zo'n dertig jaar na de oorlog worden geborgen. Veel ervan zal een plaatsje krijgen in het museum van Ketelhaven. Daarnaast wordt er onderzoek verricht door op langlauf-ski's voortploeterende bodemdeskundigen, die her en der in deze uitgestrektheid monsters van de grond gaan nemen waar het slijk hun dat toelaat. Archeologen komen langzamerhand in actie op gedeeltes die duizenden jaren geleden eveneens tot het land behoorden, verdronken land, wat wel wordt aangetoond door vondsten van vuurstenen en dergelijke der rendierjagers uit de ijstijd – botten van de mammoet en van het oerrund komen er aan het daglicht. Ginds de sporen van een Romeins legerkamp. Ook de historie pikt er een graantje van mee! En voor biologen en ecologen begint het nu pas interessant te worden; zo'n uniek proefterrein krijgen ze waarschijnlik nooit meer van hun leven ter beschikking.
Onderwijl waaien er vanaf het „oude land" zaadpluisjes aan met de wind, om in een volgend voorjaar te ontluiken tussen grillig gevormde poelen. Moerasplanten, die pioniers, komen er als het ware te voorschijn uit het niets; een vegetatie die in deze gebieden ook al eens gegroeid moet hebben aan het begin van onze jaartelling. Kruipwortels van het riet woekeren voort onder het oppervlak. Verspreide zeeasters en pollen gras doen deze woestenij groener worden en veranderen het landschap – dat eerst iets weg had van een dode planeet – gaandeweg in welige moerassen. Een natuurlijke omgeving. In vogelvlucht bezien, ongeveer een zelfde beeld biedend als hoe wij ons voorstellen dat er miljoenen jaren geleden in het Devoon uit algen de eerste landplanten voortkwamen die zich nestelden in het slik van zeearmen en meren waar ooit het water terugvloeide van de oer-moesson.

Emile Zola
La
Neige

clartés jaunes et rouges du couchant! Je me suis cru dans un cimetière. Chaque plate-bande ressemble au marbre colossal d'un tombeau: les arbustes font ça et là des croix noires.
Les marronniers des quinconces sont d'immenses lustres en verre filé. Le travail est exquis; chaque petite branche est ornée de fins cristaux; des broderies délicates couvrent l'écorce brune. On n'oserait toucher à ces verreries légères, on aurait peur de les casser.
Dans la grande allée, les promenades sont éventrées. Une rue va traverser brutalement les feuillages, et les terrassiers ont déjà fouillé le sol, par larges blessures. On dirait des fosses communes. La neige posée sur les bords de ces tranchées les fait bâiller sinistrement; elles paraissent toutes noires à côté de ces blancheurs, et elles semblent attendre les misérables bières des pauvres gens. Un étranger croirait que la peste vient de s'abattre sur Paris, et qu'on utilise le Luxembourg pour enterrer les morts.
Quelle désolation! la terre couturée montre ses entrailles brunes; les roues des charrettes ont creusé de profondes ornières, et la neige sale et piétinée s'étale comme un haillon troué qu'on aurait étendu sur le sol pour en couvrir les plaies, et qui en cacherait mal les misères et les horreurs.
Et les arbres, les grands lustres en verre filé, gardent seuls leurs fines ciselures; là-bas, sur la terrasse, les statues grelottent sous leurs manteaux blancs, et regardent, par-dessus les balustrades, les pelouses vierges et immaculées.
Il y a cependant des Parisiens qui ont pour la neige une médiocre estime; je veux parler des moineaux, de ces pierrots gris et alertes dont la turbulence et l'effronterie sont légendaires.
Ils se moquent de la pluie et de la poussière; ils savent courir dans la boue sans se salir les pattes. Mais les pauvres petits jettent des appels désespérés, lorsqu'ils sautent dans la neige en quête d'une mie de pain. Ils ont perdu

Mark Twain
The River
and its History

upper river in the old times, could have transferred a slave from Missouri to Illinois and made a free man of him.
The Mississippi does not alter its locality by cut-offs alone: it is always changing its habitat bodily – is always moving bodily sidewise. At Hard Times, Louisiana, the river is two miles west of the region it used to occupy. As a result, the original site of that settlement is not now in Louisiana at all, but on the other side of the river, in the state of Mississippi. *Nearly the whole of that one thousand three hundred miles of old Mississippi River which La Salle floated down in his canoes, two hundred years ago, is good solid dry ground now.* The river lies to the right of it, in places, and to the left of it in other places.
Although the Mississippi's mud builds land but slowly, down at the mouth, where the Gulf's billows interfere with its work, it builds fast enough in better protected regions higher up: for instance, Prophet's Island contained one thousand five hundred acres of land thirty years ago; since then the river has added seven hundred acres to it.
But enough of these examples of the mighty stream's eccentricities for the present – I will give a few more of them further along in the book.
Let us drop the Mississippi's physical history, and say a word about its historical history – so to speak. We can glance briefly at its slumbrous first epoch in a couple of short chapters; at its second and wider-awake epoch in a couple more; at its flushest and widest-awake epoch in a good many succeeding chapters; and then talk about its comparatively tranquil present epoch in what shall be left of the book.
The world and the books are so accustomed to use, and over-use, the word "new" in connection with our country, that we early get and permanently retain the impression that there is nothing old about it. We do of course know that there are several comparatively old dates in American history, but the mere figures convey to our minds no just idea, no distinct realization, of the stretch of time which they represent. To say that De Soto, the first white man who ever saw the Mississippi River, saw it in 1542, is a remark which states a fact without

Hermann Hesse
Siddhartha – Der lehrende Fluß

als du mich zuletzt gesehen hast."
„So sei willkommen, Siddhartha. Ich heiße Vasudeva. Du wirst, so hoffe ich, auch heute mein Gast sein und in meiner Hütte schlafen, und mir erzählen, woher du kommst, und warum deine schönen Kleider dir so lästig sind."
Sie waren in die Mitte des Flusses gelangt, und Vasudeva legte sich stärker ins Ruder, um gegen die Strömung anzukommen. Ruhig arbeitete er, den Blick auf der Bootsspitze, mit kräftigen Armen. Siddhartha saß und sah ihm zu, und erinnerte sich, wie schon einstmals, an jenem letzten Tage seiner Samana-Zeit, Liebe zu diesem Manne sich in seinem Herzen geregt hatte. Dankbar nahm er Vasudevas Einladung an. Als sie am Ufer anlegten, half er ihm das Boot an den Pflöcken festbinden, darauf bat ihn der Fährmann, in die Hütte zu treten, bot ihm Brot und Wasser, und Siddhartha aß mit Lust, und aß mit Lust auch von den Mangofrüchten, die ihm Vasudeva anbot. Danach setzten sie sich, es ging gegen Sonnenuntergang, auf einen Baumstamm am Ufer, und Siddhartha erzählte dem Fährmann seine Herkunft und sein Leben, wie er es heute, in jener Stunde der Verzweiflung, vor seinen Augen gesehen hatte. Bis tief in die Nacht währte sein Erzählen.
Vasudeva hörte mit großer Aufmerksamkeit zu. Alles nahm er lauschend in sich auf, Herkunft und Kindheit, all das Lernen, all das Suchen, alle Freude, alle Not. Dies war unter des Fährmanns Tugenden eine der größten: er verstand wie wenige das Zuhören. Ohne daß er ein Wort gesprochen hätte, empfand der Sprechende, wie Vasudeva seine Worte in sich einließ, still, offen, wartend, wie er keines verlor, keines mit Ungeduld erwartete, nicht Lob noch Tadel daneben stellte, nur zuhörte. Siddhartha empfand, welches Glück es ist, einem solchen Zuhörer sich zu bekennen, in sein Herz das eigene Leben zu versenken, das eigene Suchen, das eigene Leiden.
Gegen das Ende von Siddharthas Erzählung aber, als er von dem Baum am Flusse sprach und von seinem tiefen Fall, vom heiligen Om, und wie er nach seinem Schlummer eine solche Liebe zu dem Flusse gefühlt hatte, da lauschte der Fährmann mit verdoppelter Aufmerksamkeit, ganz und völlig hingegeben, mit

Giuseppe Brunamontini
La musica dei fiumi

Meglio trasferirisi a Firenze, sull' "Arno d'argento", ove "si specchia il firmamento". Anche qui, la fortuna di avere un fiume che attraversa l'abitato ha dato luogo ad una produzione di canzoni che, al di là della mediocrità dei testi, ha consentito a motivi semplici ma indubbiamente orecchiabili di diventare colonna sonora di gite turistiche, preferibilmente in carrozzella. Se a Napoli ci fosse stato un bel fiume, avrebbero fatto sicuramente di meglio!

I ponti sono soli
Anche Antonello Venditti spesso usa il dialetto, ma siamo su una diversa orbita. Per questo cantautore la musica e le parole sublimano in richiami e racconti mai ripetitivi, malgrado l'apparenza, che parlano a giovani e anziani: „Quann' er Tevere sogna e li ponti sò soli
una vecchia se prepara pe' ddormì..." È la storia di una barbona, variata fra chitarra e orchestra, che amaramente conclude: "Nun me guardà così, nun me dì che stai a morì
a morì".
Più manierato è il sonno descritto da Angelo Branduardi: "E dormi nel centro del fiume che corre alla meta, e niente che possa turbare
il tuo sonno di seta
qualcuno ti grida di aprire
i tuoi occhi nebbiosi,
ma tu preferisci amare
in giorni noiosi..."
È la descrizione della vita, dell'inutilità dell'oggi? Claudio Baglioni, con la collaborazione di A. Coggio, insiste nella ricerca di

Ben Borgart
Het nieuwe Land

Rond 1980 verloopt de evolutie sneller dan in de oudheid; thans raakte de zaak in circa negen maanden droog. Ditmaal hoeven er geen vissen voor uit het water te kruipen. Hier zouden ze op zekere dag vanzelf naar lucht komen liggen te happen, waren ze niet genoopt om zich bij lage waterstand terug te trekken in de kanalen die men inmiddels heeft uitgebaggerd, en als ze geluk hebben dan kunnen ze via schuttende sluizen het Oostvaardersdiep nog bereiken of het Veluwemeer, waar sportvissers hun aas uitgooien. Misschien kan hun leven nog een poosje worden gerekt...hun rijk gaat er onherroepelijk bij ten onder. Het machtigere rijk van de mens breidt zich erbij uit. Voor ons staat een grootse verovering op de elementen op til. Hefschroefvliegtuigen wieken van horizon tot horizon om wolken rietzaad neer te laten. Aha. Voorlopig wordt er aan het riet – een Hollandse begroeiing bij uitsek – het voorrecht gegeven om bezit te nemen van dit drasland; om onkruid het licht te ontnemen alsmede de bodem stevig te maken en vocht te verdampen via hun bladeren. Alleen taai spul (waaronder groepjes kruipende wilgen en brandnetels) weten zich er hier en daar tussen staande te houden. Het duurt niet lang meer of men ziet er behalve de gewone meeuwen ook landhoenders als fazanten broeden. Baardige vogelwachters schuilen eenzaam in hutten in de vlakte met hun verrekijkers ter hand om de vlucht van scholeksters te registreren, zo ook die van wilde ganzen op doortocht naar Scandinavië, zeldzame pluviertjes, kieviten, reigers, leeuweriken, de koekoek en de boerenzwaluw, insekteneters, en vermoedelijk wordt de *velduil* er wel eens tegen de avond bespeurd; overdag schijnt een zweefvliegende kiekendief boven de rietkragen een alledaags tafereel te zijn. Zulks betekent dat er ook zoogdiertjes zijn gaan wonen die onderhevig zijn aan de wet van de moerassen: teeltlustige soorten, muizen, mollen, konijnen. Er worden misschien reeën toegelaten – of zijn ze soms gedreven door hun instinct, geleid door een Mozes onder hen of door de geest van St.-Hubertus zelf, op zekere nacht het Gooimeer over gezwommen? Verwilderde katten doen er het zwijgen toe. De

Emile Zola
La
Neige

leurs allures tapageuses et goguenardes; ils sont humbles et irrités, ils crient famine, ils ne reconnaissent plus les bons endroits où, d'habitude, ils déjeunent grassement, et ils s'en vont d'un vol effarouché, engourdis de faim et de froid.
Interrogez les habitants des mansardes. Tous vous diront que, ce matin, des pierrots sont venus à coups de bec frapper à leurs vitres. Ils demandaient à entrer, pour manger et se chauffer. Ce sonst de petits êtres hardis et confiants qui connaissent les hommes et qui savent bien que nous ne sommes pas méchants. Ils ont mangé à nos pieds dans les rues, ils peuvent bien manger à nos tables dans nos demeures.
Ceux qui leur ont ouvert les ont vus entrer, caressants et souples. Ils se sont posés sur le coin d'un meuble, réjouis par la chaleur, gonflant leurs plumes, et ils ont becqueté avec délices le pain émietté devant eux. Puis, dès qu'un rayon de soleil a rendu la neige toute rose, ils s'en sont allés d'un coup d'aile, en poussant un léger cri de remerciement.
J'ai vu, au carrefour de l'Observatoire, un groupe d'enfants grelottants et ravis. Ils étaient trois: deux garçons d'une dizaine d'années, portant le costume napolitain, et une fillette de huit ans, hâlée par les soleils de Naples. Ils avaient posé sur un tas de neige leurs instruments, deux harpes et un violon.
Les deux garçons se battaient à coups de boules de neige, en laissant échapper des rires aigus. La fillette, accroupie, plongeait avec ravissement ses mains bleuies dans la blancheur du sol. Sa tête brune avait un air d'extase sous le lambeau d'étoffe qui la couvrait. Elle ramenait entre ses jambes sa jupe de laine rouge, et l'on voyait ses pauvres petites jambes nues qui tremblaient. Elle était glacée et elle souriait de tout l'éclat de ses lèvres roses.
Ces enfants ne connaissaient sans doute que les ardeurs accablantes du soleil; le froid, la neige

Mark Twain
The River
and its History

interpreting it: it is something like giving the dimensions of a sunset by astronomical measurements, and cataloguing the colors by their scientific names – as a result, you get the bald fact of the sunset, but you don't see the sunset. It would have been better to paint a picture of it.
The date 1542, standing by itself, means little or nothing to us; but when one groups a few neighboring historical dates and facts around it, he adds perspective and color, and then realizes that this is one of the American dates which is quite respectable for age.
For instance, when the Mississippi was first seen by a white man, less than a quarter of a century had elapsed since Francis I.'s defeat at Pavia; the death of Raphael; the death of Bayard, *sans peur et sans reproche;* the driving out of the Knights-Hospitallers from Rhodes by the Turks; and the placarding of the Ninety-five Propositions – the act which began the Reformation. When De Soto took his glimpse of the river, Ignatius Loyola was an obscure name; the order of the Jesuits was not yet a year old; Michelangelo's paint was not yet dry on the "Last Judgement" in the Sistine Chapel; Mary Queen of Scots was not yet born, but would be before the year closed. Catherine de Medici was a child; Elisabeth of England was not yet in her teens; Calvin, Benvenuto Cellini, and the Emperor Charles V. were at the top of their fame, and each was manufacturing history after his own peculiar fashion; Margaret of Navarre was writing the "Heptameron" and some religious books – the first survives, the others are forgotten, wit and indelicacy being sometimes better literature-preservers than holiness; lax court morals and the absurd chivalry business were in full feather, and the joust and the tournament were the frequent pastime of titled fine gentlemen who could fight better than they could spell, while religion was the passion of their ladies, and the classifying their offspring into children of full rank and children by brevet their pastime. In fact, all around, religion was in a peculiarly blooming condition: the Council of

Hermann Hesse
Siddhartha – Der lehrende Fluß

geschloßnem Auge.
Als aber Siddhartha schwieg und eine lange Stille gewesen war, da sagte Vasudeva: „Es ist so, wie ich dachte. Der Fluß hat zu dir gesprochen. Auch dir ist er Freund, auch zu dir spricht er. Das ist gut, das ist sehr gut. Bleibe bei mir, Siddhartha, mein Freund. Ich hatte einst eine Frau, ihr Lager war neben dem meinen, doch ist sie schon lange gestorben, lange habe ich allein gelebt. Lebe nun du mit mir, es ist Raum und Essen für beide vorhanden."
„Ich danke dir", sagte Siddhartha, „ich danke dir und nehme an. Und auch dafür danke ich dir, Vasudeva, daß du mir so gut zugehört hast! Selten sind die Menschen, welche das Zuhören verstehen, und keinen traf ich, der es verstand wie du. Auch hierin werde ich von dir lernen."
„Du wirst es lernen", sprach Vasudeva, „aber nicht von mir. Das Zuhören hat mich der Fluß gelehrt, von ihm wirst auch du es lernen. Er weiß alles, der Fluß, alles kann man von ihm lernen. Sieh, auch das hast du schon vom Wasser gelernt, daß es gut ist, nach unten zu streben, zu sinken, die Tiefe zu suchen. Der reiche und vornehme Siddhartha wird ein Ruderknecht, der gelehrte Brahmane Siddhartha wird ein Fährmann: auch dies ist dir vom Fluß gesagt worden. Du wirst auch das andere von ihm lernen."
Sprach Siddhartha, nach einer langen Pause: „Welches andere, Vasudeva?"
Vasudeva erhob sich. „Spät ist es geworden", sagte er, „laß uns schlafen gehen. Ich kann dir das ‚andere' nicht sagen, o Freund. Du wirst es lernen, vielleicht auch weißt du es schon. Sieh, ich bin kein Gelehrter, ich verstehe nicht zu sprechen, ich verstehe auch nicht zu denken. Ich verstehe nur zuzuhören und fromm zu sein, sonst habe ich nichts gelernt. Könnte ich es sagen und lehren, so wäre ich vielleicht ein Weiser, so aber bin ich nur ein Fährmann, und meine Aufgabe ist es, Menschen über diesen Fluß zu setzen. Viele habe ich übergesetzt, Tausende, und ihnen allen ist mein Fluß nichts anderes gewesen als ein Hindernis auf ihren Reisen. Sie reisten nach Geld und Geschäften, und zu Hochzeiten, und zu Wallfahrten, und der Fluß war ihnen im Wege, und der Fährmann war dazu da, sie schnell über das Hindernis

Giuseppe Brunamontini
La musica dei fiumi

motivazioni esistenziali da far germogliare sui crateri del benessere:
"E lungo il Tevere che andava lento lento
noi ci perdemmo dentro il rosso di un tramonto
fino a gridare i nostri nomi contro il vento..."
Sul tono è Fabrizio de André, inventore di tenere favole, che in una canzone dal titolo "Se ti tagliassero a pezzetti", poi spiegato dal testo, dice: "Ti ho trovata lungo il fiume
che suonavi una foglia di fiore,
che cantavi parole leggere, parole d'amore..."
Più diffusa, sempre di Fabrizio de André, è la morte sul fiume de "La canzone di Marinella". Richiama la "disgrazia" della dolce Ofelia, nell' "Amleto" di Shakespeare, e la racconta su poche indovinate varianti musicali. Ecco l'inizio: "Questa di Marinella è la storia vera
che scivolò nel fiume a primavera
ma il vento che la vide così bella
dal fiume la portò sopra una stella."
E prosegue più avanti:
"Dicono poi che mentre ritornavi
nel fiume chissà come scivolavi,
e lui che non ti volle creder morta
bussò cent'anni ancora alla tua porta..."
Come si vede, siamo alla tragedia, ma non sui toni catastrofici del melodramma, bensì sulla carta pentagrammata dei fiumi e della musica leggera. Fino a un certo punto, però. Che cosa dire, per esempio, de "La ballata degli annegati", per canto, mandolino o fisarmonica, di T. Verona e musica di E. Pontiack?
Eppure, quest'ultima ha avuto diffusione meno fortunata di tanti testi melensi. Vale ricordarla:
"Il fiume racconta leggende,
mentre veloce va al mare
la narrano piano le onde,
e i pioppi le stanno ad ascoltare..."
E prosegue: "Bisogna esser stanchi del mondo

Ben Borgart
Het nieuwe Land

sprinkhanen zingen. Op echovolle zomeravonden klinkt alom 't gekwaak op van kikkers rondom de vennen; zij het niet bepaald van honger maar veeleer uit paardrift en levenslust; er tieren immers muggen bij de vleet. Daar waar het minder nat is, laat de schuwe wezel zijn sporen achter. De ringslang vindt hier haar land van melk en honing. „Ongelooflijk." Nog steeds hebben sommige vogelvrije beestjes aan hun uitroeiing weten te ontkomen, terwijl in Antarctica de laatste walvissen verdwijnen naar kerkhoven onder de poolkap. Hoeveel tijd zou het nog vergen, zo vraagt men zich onwillekeurig af, voordat uit Duitsland sluipende vossen de reuk van dit dorado hebben opgesnoven? Wellicht te kort om ze te mogen verwachten. Die drogende venen zijn niet voor eeuwig bedoeld als een wildreservaat...Er zijn wel stropers voor te porren om de taak van vossen waar te nemen; hun domein is wijd zat en zonder wegen of lichtmasten is het hier 's nachts een moeilijk toegankelijk terrein voor politiecontrole. Waarom zou je degenen die van de jacht houden dat genoegen misgunnen? Aanranders en rovers, eveneens, kunnen hun praktijken hier vrijwel ongestoord uitvoeren. Zolang ze maar oppassen om niet in het drijfzand terecht te komen of in verraderlijke gaten en wegzinken in de blubber zonder op hulp te kunnen rekenen; voor wie hier niet thuishoort geschiedt alles op eigen risico. Overigens...ook die gouden tijd voor natuurvorsers en wilddieven blijkt van beperkte duur te zijn. Het ligt in het plan om de rietvelden te zijner tijd af te branden en de wortels ervan te vergiftigen met dalapon; waarna er – als tussenfase – een soort van zwartgeblakerde steppe zal overblijven. Dat wil zeggen wanneer de grond na verloop van een tiental jaren eenmaal hard genoeg is om de boel in cultuur te brengen.
Na afloop van hemelverduisterende rietbranden, als die rookwolken weer zijn weggetrokken en al het levende is verkoold, ziet onze polder in wording er een stuk kaler uit. Een o zo eenzaam en onherbergzaam oord dat zich lijnrecht uitstrekt van kim tot kim. Stil. Boomloos, geen kerktorentje dat de eentonigheid

Emile Zola
La
Neige

souple et cuisante étaient une fête pour eux. Oiseaux passagers des rues, ils venaient des contrées brûlantes et âpres, ils oubliaient la faim en jouant avec les blanches floraisons de l'hiver.
Je me suis approché de la fillette.
«Tu ne crains donc pas le froid?» lui ai-je demandé.
Elle m'a regardé avec une effronterie enfantine, en élargissant ses yeux noirs.
«Oh! si, m'a-t-elle répondu dans son jargon. Les mains me brûlent. C'est très amusant.
– Mais tu ne pourras plus tenir ton violon, tout à l'heure.»
Elle a paru effrayée et a couru chercher l'instrument. Puis, assise dans la neige, elle s'est mise à racler les cordes de toute la force de ses doigts engourdis.
Elle accompagnait cette musique barbare d'un chant perçant et saccadé qui me déchirait les oreilles.
Ses jupes rouges faisaient sur la neige une tache ardente. C'était le soleil de Naples éteint au milieu des brouillards de Paris.
Mais la cité ne garde pas longtemps sa belle robe blanche. Sa toilette d'épousée n'est jamais qu'un déjeuner de soleil. Le matin, elle met toutes ses dentelles, sa gaze la plus légère et son satin le plus brillant, et souvent, le soir, elle a déjà souillé et déchiré sa parure. Quelques jours après, sa robe blanche était en lambeaux.
L'air devient plus doux, la neige bleuit, de minces filets d'eau coulent le long des murs, et alors le dégel commence, l'affreux dégel qui emplit les rues de boue. La ville entière sue l'humidité; les murailles sont grises et gluantes, les arbres semblent pourris et morts, les ruisseaux se changent en des cloaques noirâtres et infranchissables.
Et Paris est plus fangeux, plus funèbre, plus sale qu'auparavant. Il a voulu se vêtir d'étoffes délicates, et ces étoffes sont devenues des haillons qui traînent ignoblement sur les pavés.

Mark Twain
The River
and its History

Trent was being called; the Spanish Inquisition was roasting, and racking, and burning, with a free hand; elsewhere on the Continent the nations were being persuaded to holy living by the sword and fire; in England, Henry VIII. had suppressed the monasteries, burned Fisher and another bishop or two, and was getting his English Reformation and his harem effectively started. When De Soto stood on the banks of the Mississippi, it was still two years before Luther's death; eleven years before the burning of Servetus; thirty years before the St. Bartholomew slaughter; Rabelais had not yet published; *Don Quixote* was not yet written; Shakespeare was not yet born; a hundred long years must still elapse before Englishmen would hear the name of Oliver Cromwell.
Unquestionably the discovery of the Mississippi is a datable fact which considerably mellows and modifies the shiny newness of our country, and gives her a most respectable outside aspect of rustiness and antiquity.
De Soto merely glimpsed the river, then died and was buried in it by his priests and soldiers. One would expect the priests and the soldiers to multiply the river's dimensions by ten – the Spanish custom of the day – and thus move other adventurers to go at once and explore it. On the contrary, their narratives, when they reached home, did not excite that amount of curiosity. The Mississippi was left unvisited by whites during a term of years which seems incredible in our energetic days. One may "sense" the interval to his mind, after a fashion, by dividing it up in this way: after De Soto glimpsed the river, a fraction short of a quarter of a century elapsed, and then Shakespeare was born; lived a trifle more than half a century, then died; and when he had been in his grave considerably more than half a century, the *second* white man saw the Mississippi. In our day we don't allow a hundred and thirty years to elapse between glimpses of a marvel. If somebody should discover a creek in the country next to the one that the North Pole is in, Europe and America would start fifteen costly expeditions thither;

Hermann Hesse
Siddhartha – Der lehrende Fluß

hinwegzubringen. Einige unter den Tausenden aber, einige wenige, vier oder fünf, denen hat der Fluß aufgehört, ein Hindernis zu sein, sie haben seine Stimme gehört, sie haben ihm zugehört, und der Fluß ist ihnen heilig geworden, wie er es mir geworden ist. Laß uns nun zur Ruhe gehen, Siddhartha."
Siddhartha blieb bei dem Fährmann und lernte das Boot bedienen, und wenn nichts an der Fähre zu tun war, arbeitete er mit Vasudeva im Reisfelde, sammelte Holz, pflückte die Früchte der Pisangbäume. Er lernte ein Ruder zimmern, und lernte das Boot ausbessern, und Körbe flechten, und war fröhlich über alles, was er lernte, und die Tage und Monate liefen schnell hinweg. Mehr aber, als Vasudeva ihn lehren konnte, lehrte ihn der Fluß. Von ihm lernte er unaufhörlich. Vor allem lernte er von ihm das Zuhören, das Lauschen mit stillem Herzen, mit wartender, geöffneter Seele, ohne Leidenschaft, ohne Wunsch, ohne Urteil, ohne Meinung. Freundlich lebte er neben Vasudeva, und zuweilen tauschten sie Worte miteinander, wenige und lang bedachte Worte. Vasudeva war kein Freund der Worte, selten gelang es Siddhartha, ihn zum Sprechen zu bewegen.
„Hast du", so fragte er ihn einst, „hast auch du vom Flusse jenes Geheime gelernt: daß es keine Zeit gibt?"
Vasudevas Gesicht überzog sich mit hellem Lächeln. „Ja, Siddhartha", sprach er. „Es ist doch dieses, was du meinst: daß der Fluß überall zugleich ist, am Ursprung und an der Mündung, am Wasserfall, an der Fähre, an der Stromschnelle, im Meer, im Gebirge, überall zugleich, und daß es für ihn nur Gegenwart gibt, nicht den Schatten Vergangenheit, nicht den Schatten Zukunft?"
„Dies ist es", sagte Siddhartha. „Und als ich es gelernt hatte, da sah ich mein Leben an, und es war auch ein Fluß, und es war der Knabe Siddhartha vom Manne Siddhartha und vom Greis Siddhartha nur durch Schatten getrennt, nicht durch Wirkliches. Es waren auch Siddharthas frühere Geburten keine Vergangenheit, und sein Tod und seine Rückkehr zu Brahma keine Zukunft. Nichts war, nichts wird sein; alles ist, alles hat Wesen und Gegenwart."

Giuseppe Brunamontini
La musica dei fiumi

gettarsi nell'acqua e morire,
dormire per sempre sul fondo."
E qui parlano le voci degli annegati e il perché della loro scelta, contenuta nel testo breve ma compiuto dello spazio scritto consentito da una canzone.
Nel dimenticatoio, e non lo merita, è pure "Il fiume e il cavaliere" di C. Chieffo, in cui l'autore ci spiega come il guerriero si tolse l'armatura, accarezzò la bestia e si diresse al fiume: "Bevve avidamente dell'acqua del torrente e vide la ferita ed il suo sangue..."
Per concludere questo fugace viaggio sul pentagramma dei fiumi, abbiamo lasciato un classico popolare, di Romolo Balzani su testo di P. Pizzicaria: "Barcarolo romano". Qui il dialetto supera i propri limiti e diventa linguaggio di dolore in chiave di valzer moderato: "Più di un mese è passato
da quel giorno ch'io dissi 'Niné...
Questo amore è ormai tramontato'
Lei rispose 'lo vedo da me'..."
Da quel momento, come talvolta succede, lui cominciò a cercarla con sempre maggiore ansia: "Je corsi appresso ma nun l'arrivai,
la cerco e ancora nun la trovo mai
si è vero fiume che, tu dai la pace
mò t'ho avvertito e fammela trovà..."
Poi un giorno "proprio sotto er battello
s'ode un grido ed un tonfo più in là
poi ce gira e ce fà er mulinello
poi s'affonna e riaffiora più in là
su, corete è 'na donna affogata
poveraccia penava, chissà..." Descrizione precisa di un suicidio per amore, nelle acque pacificatrici del fiume e la musica, leggera quanto si vuole, ne esprime tutta la tristezza!

Ben Borgart
Het nieuwe Land

verbreekt...Onderwijl wil men van bevoegde zijde gereedkomen met de aanleg van enige hoofdwegen, bouwt men aan de vestiging van afgelegen woon- en werkcentra voor arbeiders; barakken met zendmasten die vanuit de verte doen denken aan een ruimtestation. Men blijft daar evenwel niet bij de kachel zitten. In dit stadium gaat 't pas wat vlotter draaien! Rijen hoogspanningstorens worden er de een na de ander opgezet: de ruggestreng van een urbanisch zenuwstelsel. Men aarzelt niet om forse energiebronnen aan te grijpen: olie, aardgas, elektriciteit, atoomkracht als het enigszins mogelijk is. Inderdaad...met behulp van windmolens die langzaam Gods water over Gods akker lieten lopen en paarden en prutscheppen, houten emmertjes, waarmee onze vaderen toentertijd in de zeventiende eeuw de Purmer klaarden, zou dit karwei te traag verlopen. *Er is land nodig.*
Waar wachten we nog op?
In hun gedaantes van futuristische monsters verschijnen er bulldozers en graafmachines om een stelsel van sloten uit te diepen; vrachtwagens vol met stenen, zand, modder, rijden er af en aan. Zandzuigers doen hun werk achter de einder. De gemalen pompen dag en nacht. Ronkende rupsvoertuigen, stipjes, dringen door tot diep in de leegte der ontginningen, gestaag graven er greppeltrekkers rechttoe, rechtaan hun banen in de weke grond, er komt geen blote hand aan te pas. Dingen waar onze IJsselmeerwerkers nog lang mee bezig zullen blijven. Een en ander om het polderpeil op zijn stand te brengen – een paar meters onder de zeespiegel. Verderop zijn ze allengs aan de gang gegaan met het ploegen. Een maagdelijke wereld wordt nu voor het eerst grootscheeps aangeboord en omgelegd. „Geen nood." Het gebeurt eigentijds met *caterpillars* voorzien van vele ploegscharen en met een vaart van zowat vijftien kilometer per uur; daar valt niet tegen te fietsen. Op deze manier boekt een leger vooruitgang! En (wees eerlijk) zijn onze mensen, ook al rept men over de grens wel eens oneerbiedig van „krentenwegers" of „kaaskoppen", in feite niet de knapste landwinners die er bestaan?

Paul Claudel
Le
Fleuve

Du fleuve vaste et jaune mes yeux se reportent sur le sondeur accroché au flanc du bateau, qui, d'un mouvement régulier faisant tourner la ligne à son poing, envoie le plomb à plein vol au travers de ce flot tourbeux.
Comme s'allient les éléments du parallélogramme, l'eau exprime la force d'un pays résumé dans ses lignes géométriques. Chaque goutte est le calcul fugace, l'expression à raison toujours croissante de la pente circonférencielle, et, d'une aire donnée ayant trouvé le point le plus bas, un courant se forme, qui d'un poids plus lourd fuit vers le centre plus profond d'un cercle plus élargi. Celui-ci est immense par la force et par la masse. C'est la sortie d'un monde, c'est l'Asie en marche qui débouche. Puissant comme la mer, cela va quelque part et tient à quelque chose. Point de branches ni d'affluents, la coulée est unique; nous aurons beau remonter des jours, je n'atteins point la fourche, et toujours devant nous, d'une poussée volumineuse ouvrant largement la terre par le milieu, le fleuve interrompt d'une égale coupure l'horizon d'ouest.
Toute eau nous est désirable; et, certes, plus que la mer vierge et bleue, celle-ci fait appel à ce qu'il y a en nous entre la chair et l'âme, notre eau humaine chargée de vertu et d'esprit, le brûlant sang obscur. Voici l'une des grandes veines ouvrières du monde, l'un des troncs de distribution de la vie, je sens marcher sous moi le plasma qui travaille et qui détruit, qui charrie et qui façonne. Et, tandis que nous remontons cela d'énorme qui fond sur nous du ciel gris et qu'engloutit notre route, c'est la terre tout entière que nous accueillons, la Terre de la Terre, l'Asie, mère de tous les hommes, centrale, solide, primordiale: ô abondance du sein! Certes, je le vois, et c'est en vain que l'herbe partout le dissimule, j'ai pénétré ce mystère: comme une eau par sa pourpre atteste la blessure irrécusable, la Terre a imprégné celle-ci de sa substance: il n'est de rien matière que l'or seul.

Mark Twain
The River
and its History

one to explore the creek, and the other fourteen to hunt for each other.
For more than a hundred and fifty years there had been white settlements on our Atlantic coasts. These people were in intimate communication with the Indians: in the south the Spaniards were robbing, slaughtering, enslaving, and converting them, higher up, the English were trading beads and blankets to them for a consideration, and throwing in civilization and whisky, "for lagniappe"; and in Canada the French were schooling them in a rudimentary way, missionarying among them, and drawing whole populations of them at a time to Quebec, and later to Montreal, to buy furs of them. Necessarily, then, these various clusters of whites must have heard of the great river of the Far West; and indeed, they did hear of it vaguely – so vaguely and indefinitely that its course, proportions, and locality were hardly even guessable. The mere mysteriousness of the matter ought to have fired curiosity and compelled exploration; but this did not occur. Apparently nobody happened to want such a river, nobody needed it, nobody was curious about it; so, for a century and a half the Mississippi remained out of the market and undisturbed. When De Soto found it, he was not hunting for a river, and had no present occasion for one; consequently, he did not value it or even take any particular notice of it.
But at last, La Salle, the Frenchman, conceived the idea of seeking out that river and exploring it. It always happens that when a man seizes upon a neglected and important idea, people inflamed with the same notion crop up all around. It happened so in this instance.
Naturally the question suggests itself, Why did these people want the river now when nobody had wanted it in the five preceding generations? Apparently it was because at this late day they thought they had discovered a way to make it useful; for it had come to be believed that the Mississippi emptied into the Gulf of California, and therefore afforded a short cut from Canada to China. Previously the supposition had been that it emptied into the Atlantic, or Sea of Virginia.

Vorstand
Klaus Loges

Verkaufsdirektion
Renate Achtelik, Elisabeth Gutmann

Vertriebsleitung
Vera Hammerl, Maria Rohling-Schmitt, Birgitt Schmidt, Ursula Seyfarth

Management
Marianne Karl, Brigitte König, Ursula Oswald, Angelika von Thülen, Karin Ullrich-Brox, Heidelinde Haider, Ursula Vehling, Sabine Weeber, Vera Kilian, Petra Orth, Heidemarie Baesen

Direktionsassistentin National
Sabine Emerich

Direktionsassistentinnen International
Christel Reiter, Ute Metzner

Mitarbeiterinnen
Dr. Beate Appelhans, Ilona Asseburg, Angela Assini, Renate Aurin, Ingeborg Bader, Elke Bandilla, Doris Becker, Ursula Boehm, Erika Boroske, Ellen Bund, Lisa Burger, Monika Dahlberg, Brigitte Dickhaus, Gisela Drossmann, Doris Eisenmenger, Karin Emmert, Monika Fahlisch, Gabriela Fenner, Ingrid Fiedler, Heidrun Fiene-Bachfeld, Dagmar Günther, Susanne Gerstel, Inger Gorny-Wiencken, Gabriele Grubert, Silvia Haller, Anne-M. Hamberger, Marianne Haverbeck, Monika Heinen, Anna Hengel, Gabriele Henkel, Gisela Hershoff, Margarete Hilker de Perez, Ingeborg Höbel, Brigitta Höfs, Jutta Ingenhaag, Christel-B. Kühlborn, Karolina Karl, Ulrike Kempinger, Brigitte Klingenberg, Brigitte König, Resi König, Birgit Koppelmann, Christa Kowoll, Christine Kreklau, Gudrun Krisch, Elke Krumscheid, Inge Kues, Rita Li Vigni, Angela Liewald, Christiane Mattow, Inge Maurer, Annegret Mayer, Hiltraud Mentz, Barbara Mueller, Dagmar Mueller, Erika Mueller, Heidrun Näht, Dagmar Nagerl, Waltraud Nirschl, Marlis Nowak, Christa Obermeier, Annelore Op den Orth, Petra Orth, Marion Ortmann, Elke Peuten, Gisela Reuter, Marie-L. Richter, Ursula Riesenberg, Helga Ringler, Victoria Schäufele, Gisela Schüür, Renate Schaefer, Marliese Schaub, Karin Schubring, Carmen Schwarz, Erika Seegmüller, Eveline Seibold, Manuela Seyfarth, Heidi Singer, Sigrid Skeib, Beate Speidel, Inge Spielberg, Karin Stürz, Beate Steffen-Mydlak, Bärbel Struewe, Heidrun Stuhlinger, Johanna Teufel, Monika Tuerk, Karin Uhl-Müller, Gesa Uter, Iris Veigel, Iva Vodicka, Susanne Walch, Helga Weber, Gundi Wesseling, Marlene Wildner, Heidi Ziegler, Sibylle Zink, Angelika Zitzmann

Amministratore Delegato
Antonio Ricciardelli

Direttore Vendite Nazionale
Giorgio Cristofori

Direttore Vendite
Alfio Sudano

Direttore Amministrativo
Lucio Dell'Arciprete

Relazioni esterne/Servizi commerciali
Cinzia Trombetta

Supervisor
Carla Miserocchi, Paola Penazzi, Monica Bondi, Rosanna Cesaritti, Leonella Dolliana, Luisa Donsanto, Anna Filippi, Juccia Marchiori, Gianna Natta, Paola Picotti

Manager
Antonietta Baso, Franca Cinel, Iva Faitelli, Lucia Oggionni, Giuseppina Quaini, Rosanna Salvaderi, Nora Amadori, Rosita Baccelli, Maria Pia Bassi, Laura Beccuti, Angela Maria Dallomo, Lucia Kliba, Annunziata Langione, Marilena Magrini, Tonia Marinelli, Fatima Orlando, Marcella Ricci, Daniela Rossi, Giuliana Sacchini, Wanda Saveriano, Rosarita Tremolada, Marica Vezzosi

Collaboratori
Flavia Andreello, Ivonne Baccaglio, Gloria Bartole, Maria Dolores Baschiera, Clara Bianchini, Germana Bianco, Marisa Bidin, Maria Adele Bigotti, Marinella Bilancia, Bianca Boella, Giulia Borali, Bruna Borio, Gloria Canevazzi, Nadia Carminati, Annabella Carpineto, Emilia Milena Casalino, Gloria Casini, Anita Catella, Angela Cattaneo, Patrizia Cattaneo, Maria Grazia Cavo, Loredana Celant, Maria Enrica Ceracchi, Tiziana Cescon, Anna Maria Chianese, Corinne Colagrande, Marika Colombo, Giovanna Conti, Silvia Conversano, M. Antonietta Cosentini, Fulvia D'Urso, Milena De Angelis, Antonietta De Ritis, Silvana De Rose, Maria Carla Deiana, Anna Del Chicca, Silvana Del Giudice, Sonia Della Lastra, Silvana Delle Site, Aurelia Ducoli, Giula Esposito, Vincenza Eterno, Valda Fabris, Rosarita Facioni, Lucilla Farina, Bianca Fattizzo, Maurizio Ferri, Mara Fortin, Annamaria Fuscati, Isa Gai, Raffaella Galafassi, Lucia Galletti, M. Assunta Gallo, Susanna Ganassini, Susanna Garofalo, Anna Maria Gasparri, Marilena Gatti, Laura Gianfreda, Annarita Gnoni, Gabriella Grilletti, Domittilla Infurna, Laura Lanfredini, Marinella Laruccia, Enrica Lauteri, Giovanna Leonardi, Giuliana Lombardo, Patrizia Lucarelli, Eva Rosa Macchia, Silvana Manconi, Gabriella Marchesini, Gabriella Marianelli, Caterina Mariano, Grazia Martino, Assunta Marzuillo, Paola Massarenti, Maria Alessandra Megali, Marialessandra Meleri, Anna Melluso, Rita Merlo, M. Luisa Migliavacca, M. Gloria Minafra, Paola Modena, Vita Modica, Nicoletta Monni, Meris Morello, Alida Morena, Marc Patrizia Mosca, Isabella Motisi, Marisa Mucci, Silvana Murru, Elena Oliva, Clemes Omati, Alessandra Oriani, Mariarosa Paganuzzi, Renato Pascucci, Rossella Pasquali, Maria Antonella Perazzetta, Dario Perli, Patricia Pica, Mariolita Pieralisi, Tiziana Pipornetti, Cristina Pirotta, Margherita Pucci, Stefania Pugolotti, Anna Maria Rapaccioli, Daniela Ray, Bianca Rebucci, Ivana Recchiuti, Carmen Rech, Angela Regiroli, Rita Riccò, Franca Roggero, Veronika Rogina, Anna Maria Rossignolo, Paolo Rubbioni, Gabriella Russo, M. Concetta Russo, Maria Sabatino, M. Grazia Salvini, Lucia Santoro, Livia Sbisa, Marisa Serrentino, Marinella Simoni, Adelina Spagnoli, Paola Stefanelli, Bruna Svara, Lidia Tarlazzi, Elide Tasselli, Rosalba Tiburli, Tiziana Tomasini, Giuseppina Tonetti, Piero Tonghini, Edvige Tremolada, Maria Teresa Trevisan, Diana Tronco, Patrizia Tumiotto, Consiglia Vega, Carmen Velasquez Hidalgo, Olga Ventura, Vera Ventura, Carla Veronesi, Roberta Veronesi, Mila Vialli, Lucia Anna Viola, Luciana Visentin, Donatella Zelaschi, Gabriella Zoppa

Directie/Direction
Clasine Hoogerwaard

Verkoopleider/Direction de vente
Ria Nolten

Management
Rita Claeys, Marga Mus, Ria Nolten, Mieke ten Berg, Marijke ter Weeme, Femmy Schinkel, Miep van Velzen, Hinke Wissink

Medewerksters/Collaboratrices
Emilie Bakker, Tinneke Blonk, Ingrid de Boer, Evelyn Geurts, Heleen Joosse, Annemarie Kannemans, Ronnie Knijnenburg, Aagje Meirik, Berthe Oppers, Gre Oudhuis, Margit Pandelitschka, Dick Peen, Wilma Tjon, Desiree van Bilsen, Nel van der Linde, Tineke van Derwel, Anneke van Vliet, Hinke Wissink

Geschäftsführer/Gérants
Klaus Loges, Antonio Ricciardelli

Verkaufsdirektor/Direction de vente
Margit Reuter

Management
Hanni Roffler, Monique Vallon

Mitarbeiter/Collaboratrices
Rosmarie Coray, Brigitte Engler, Jacqueline Frei, Christina Funcke, Ursula Hofstetter, Margrit Hungerbuehler, Renate Joder, Agnese Malvetta, Barbara Porchet, Esther Reichlin, Astrid Rigolet, Elfriede Schibli, Marianne Schwab, Eva Tiefenthaler, Waltraud Wirth, Beatrice Zoelly

Geschäftsführer
Roland Wolf

Generalbevollmächtigte
Irmgard Baumgartner

Verkaufsmanagement
Isolde Felsberger, Xenia Peschl-Staf

Mitarbeiterinnen
Irmgard Benco, Christine Böchheimer, Silvia Dedek, Christine Endes, Gerda Hrabac, Martina Hübl, Mag. Silvana Koniecny-Origlia, Corinna Lepold, Monika Niederle, Ingrid Schieb, Leopoldine Topf, Maria Zechmann

Publisher
Roland und Elfie E. Wolf

Chefredaktion, Redattore Capo, Hoofredaktie, Rédacteur en chef, Editor-in-Chief
Klaus Gerosa
Giuseppe Brunamontini

Art Director, Direzione artistica, Kunstdirektie, Direction artistique
Erwin Fieger

Fotografie, Photographie, Photography
Erwin Fieger
Rainer Martini
Hans Rauchensteiner
Anselm Spring
FOCUS, Paris; TRANSCLOBE, Hamburg;
BILDERBERG, Hamburg;
Manfred Kage; Tomas Micek

Redaktionsassistenz, Assistenza di redazione, Redactie-assistente, Assistante à la rédaction, Assistant Editor
Hansi Meier

Übersetzungen, Korrekturen; Traduzioni, correzioni; Vertalingen, korrekties; Traductions, corrections; Translation, proof-reading
Nicole Bornhausen
Annemarie Diestelmann
Franco Mattoni
Christian Ryan

Fotosatz, Fotocomposizione, Foto-Produktie, Photo-composition
FOAG, Oberschleißheim

Druck, Stampa, Druk, Impression, Printing
Mohndruck, Gütersloh

Institut für Freizeitgestaltung
Wolf KG, Herrsching
SPORT E CULTURA SpA
Segrate-Milano
Printed in West-Germany
ISBN-Nr. 3-921412-16-1

Christoph Fasel, Wasser – die Quelle der Kultur
aus: Christoph Fasel, Wasser ist Leben; Wiesbaden 1986

Peter Rosei, Wege – das Erwachen der Flüsse
aus: Peter Rosei, Wege; Salzburg 1974

Friedrich Nietzsche, Zarathustra – Alles ist im Fluß
aus: Also sprach Zarathustra; Frankfurt 1976

Henry Makowski, Bernhard Buderath, Alles fließt, Wasser – Fluß
aus: Henry Makowski, Bernhard Buderath; Die Natur dem Menschen untertan, München 1967

Max Schäfer, In der Waschtrommel des Colorado
aus: Max Schäfer, Durch Strudel und wilde Wasser; Würzburg 1987

Dieter Popp, Leben im Bergbach
aus: Dieter Popp, Rettet die Bäche;
in: natur & umwelt; München 1988

Bernhard Michalowski, Wasser – nur eine chemische Verbindung
aus: Bernhard Michalowski, Lebensmittel Wasser; Rastatt 1989

Lionel Carson, Das Geschenk des Flusses
aus: Lionel Carson, Ägypten – Die Pharaonenreiche; Reinbek bei Hamburg 1971

Eduard von Keyserling, Wellen – im Meere schlafen
aus: Eduard von Keyserling, Wellen;
Frankfurt 1982

Hermann Hesse, Siddharta – der lehrende Fluß
aus: Hermann Hesse, Siddartha, Frankfurt 1979

Giuseppe Ungaretti, Il fiumi
aus: Vita di un uomo; Arnoldo Mondadori 1969

Jacobus Biesheuvel, Brommer op zee
aus: Jacobus Biesheuvel, Brommer op zee.
Aus Zeerverhalen; Amsterdam 1985

Basho, De smalle weg naag het hoge noorden;
Amsterdam 1988

Jan Slauerhoff, Het lente eiland
aus: Jan Slauerhoff, Het lente eiland en andere verhalten; s' Gravenhage-Rotterdam 1975

Marcellus Emants, Op de nijl
aus: Marcellus Emants, Langs de nijl, santekeningen van een tourist;
Utrecht/Antwerpen 1983

Ben Borgart, Het nieuwe land
aus: Rooiers; Amsterdam 1978

Henry Bavlig, Les plateaux du Colorado
aus: Géographie Universelle; Paris 1935

Paul et Germaine Veyret, Les Eaux des Alpes
aus: Paul et Germaine Veyret, Au cœur de l'Europe, les Alpes, Paris 1967

Gaurier Ludovic, Les lacs des Pyrinées françaises;
aus: Géographie Universelle; Paris 1935

Jean Laporte, Le Nil Somerset
aus: Jean Laporte, Première Descente du Nil de l'Equateur à la Mediteranee;
Editions Temoignage Chrétien 1959

Ernest Hemingway, The old man an the sea;
München 1970

R.P. Mansani, Holy wells an tanks
aus: R.P. Mansani, Folklore of wells. Being a study of water – Worship in East and West;
Bombay 1918

T.H. Watkins, Into the great umknown
aus: T.H. Watkins and Contributors, The grand Colorado; American West Publishing Company

Robert Brittain, The river in the mind
aus: Robert Brittain, Rivers, man and myths;
New York 1958

Charles Berlitz, A suggestion from the ocean's past
aus: Charles Berlitz; The Bermuda Triangle;
New York 1974

Emil Ludwig, A river gets underway
aus: Emil Ludwig, The life-story of a river;
New York 1943

William Least Heat-Moon, Verborgen in het open land
aus: William Least Heat-Moon, Blauwe wegen, een entdekkingsreis door Amerika;
Amsterdam 1984

Ernst Bloch, Alpen zonder fotografie
aus: Zwitserland, verhalen van een land;
Frankfurt 1984

Wim Offeciers, Water is leven
aus: Wim Offeciers, De blauwe planeet;
Brussel 1960